utb 2891

utb.

Eine Arbeitsgemeinschaft der Verlage

Brill | Schöningh – Fink · Paderborn
Brill | Vandenhoeck & Ruprecht · Göttingen – Böhlau · Wien · Köln
Verlag Barbara Budrich · Opladen · Toronto
facultas · Wien
Haupt Verlag · Bern
Verlag Julius Klinkhardt · Bad Heilbrunn
Mohr Siebeck · Tübingen
Narr Francke Attempto Verlag – expert verlag · Tübingen
Psychiatrie Verlag · Köln
Ernst Reinhardt Verlag · München
transcript Verlag · Bielefeld
Verlag Eugen Ulmer · Stuttgart
UVK Verlag · München
Waxmann · Münster · New York
wbv Publikation · Bielefeld
Wochenschau Verlag · Frankfurt am Main

StandardWissen Lehramt

Die Bände zur Didaktik des Deutschen werden herausgegeben von Jakob Ossner

Bisher sind außerdem erschienen:

J. Ossner: Sprachdidaktik Deutsch
M. Fix: Texte schreiben
J. Ossner: Orthographie
C. Garbe, K. Holle, T. Jesch: Texte lesen
U. Bredel: Sprachbetrachtung und Grammatikunterricht
G. Weinkauff, G. v. Glasenapp: Kinder- und Jugendliteratur
J. Ossner, H. Zinsmeister (Hg.): Sprachwissenschaft für das Lehramt
C. Dawidowski: Literaturdidaktik Deutsch
G. Kniffka, T. Roelcke: Fachsprachenvermittlung im Unterricht
U. Bredel, I. Pieper: Integrative Deutschdidaktik
K. H. Spinner/J. Standke: Erzählende Kinder- und Jugendliteratur
im Deutschunterricht. Textvorschläge – Didaktik – Methodik
S. Ehlers: Der Roman im Deutschunterricht

Gabriele Kniffka / Gesa Siebert-Ott

Deutsch als Zweitsprache

Lehren und Lernen

4., aktualisierte und ergänzte Auflage

BRILL | SCHÖNINGH

Die Autorinnen:

Gabriele Kniffka, Dr. phil. habil., ist Professorin für Sprachwissenschaft und Sprachdidaktik (i.R.) am Institut für deutsche Sprache und Literatur der Pädagogischen Hochschule Freiburg. Schwerpunkte ihrer Arbeit sind Sprachdidaktik Deutsch als Zweitsprache, germanistische Linguistik und Testentwicklung (u.a. TestDaF, Deutsches Sprachdiplom der KMK). Sie ist Studiengangsleiterin des Bachelor-Studienganges Deutsch als Zweit-/Fremdsprache der Pädagogischen Hochschule Freiburg.

Gesa Siebert-Ott, Dr. phil. habil., ist Professorin für Sprachpädagogik und Sprachdidaktik (i.R.) am Germanistischen Seminar der Universität Siegen. Schwerpunkte ihrer Arbeit sind Didaktik der deutschen Sprache, Deutsch als Zweitsprache, sprachliche Bildung im Kontext von Mehrsprachigkeit sowie die Entwicklung von (akademischer) Text- und Diskurskompetenz. Sie ist Mitherausgeberin des Handbuches *Didaktik der deutschen Sprache* (UTB 3237).

Bücher, Online-Angebote oder elektronische Ausgaben sind erhältlich unter **www.utb.de**

Bibliografische Information Der Deutschen Nationalbibliothek
Die Deutsche Nationalbibliothek verzeichnet diese Publikation in der Deutschen Nationalbibliografie; detaillierte bibliografische Daten sind im Internet über https://www.dnb.de abrufbar.

4., aktualisierte und ergänzte Auflage 2023

Printed in Germany
Herstellung: Brill Deutschland GmbH, Paderborn
Einbandgestaltung: Atelier Reichert, Stuttgart, nach einem Entwurf von Alexandra Brand und Judith Karwelies

UTB-Band-Nr: 2891
ISBN: 978-3-8252-5197-0
eISBN: 978-3-8385-5197-5

Vorwort zur Reihe

StandardWissen Lehramt – Studienbücher für die Praxis

Wie das gesamte Bildungswesen wird sich auch die künftige Lehramtsausbildung an Kompetenzen und Standards orientieren. Damit rückt die Frage in den Vordergrund, was Lehrkräfte wissen und können müssen, um ihre berufliche Praxis erfolgreich zu bewältigen. Das Spektrum reicht von fachlichen Fähigkeiten über Diagnosekompetenzen bis hin zu pädagogisch-psychologischem Wissen, um Lehren als Unterstützung zur Selbsthilfe und Lernen als eigenaktiven Prozess fassen zu können.

Kompetenzen werden nicht in einem Zug erworben; Lehrerbildung umfasst nicht nur das Studium an einer Hochschule, sondern ebenso das Referendariat und die Berufsphase. Die Reihe Standard Wissen Lehramt bei UTB bietet daher Lehramtsstudierenden, Referendaren, Lehrern in der Berufseinstiegsphase und Fortbildungsteilnehmern jenes wissenschaftlich abgesicherte Know-How, das sie im Rahmen einer neu orientierten Ausbildung wie auch später in der Schule benötigen. Fachdidaktische und pädagogisch-psychologische Themen werden gleichermaßen in dieser Buchreihe vertreten sein – einer Basisbibliothek für alle Lehramtsstudierenden, Referendare, Lehrerinnen und Lehrer.

Jakob Ossner

Inhaltsverzeichnis:

Lösungsvorschläge zu den Übungen und Testfragen finden Sie online unter
https://www.utb.de/doi/suppl/10.36198/9783838551975

0 Vorwort

Um den Bildungserfolg von Kindern und Jugendlichen aus Zuwandererfamilien ist es oft nicht gut bestellt, obwohl sprachliche und kulturelle Diversität in vielen deutschen Schulen seit gut drei Jahrzehnten zum Alltag gehören. Dafür lassen sich verschiedene Gründe anführen. Eine wesentliche Ursache liegt aber zweifellos in einer unzureichenden Vorbereitung der Lehrkräfte auf diese besondere Aufgabe: In der Vergangenheit wurden sie weder in der ersten noch in der zweiten Ausbildungsphase angemessen auf den Unterricht in sprachlich heterogenen Klassen vorbereitet. Speziell der Vermittlung bildungsrelevanter sprachlicher Kompetenzen wurde nicht genügend Aufmerksamkeit geschenkt. Nun sind aber fundierte Kenntnisse in der deutschen Sprache als Bildungssprache eine wichtige Voraussetzung für den Bildungserfolg aller Schüler:innen. Sprachlernen und Fachlernen sind eng miteinander verwoben: Ohne ausreichende sprachliche Kompetenzen in der Unterrichtssprache Deutsch können häufig auch keine ausreichenden Kenntnisse im Fachunterricht beispielsweise in den Naturwissenschaften erworben werden. Dass dies aber grundsätzlich möglich ist, zeigen ausgereifte Programme, die inhaltliches und sprachliches Lernen verbinden (Content and Language Integrated Learning, CLIL). Wir plädieren daher für einen sprachbewussten und sprachbezogenen Unterricht in allen Fächern. In der Konsequenz bedeutet dies, dass alle Lehrkräfte, unabhängig davon, welche Fächer sie unterrichten, für diese Fragestellung sensibilisiert und in Aus- und Weiterbildung mit Methoden vertraut gemacht werden, die sprachliches und fachliches Lernen – angepasst an den Lernstand der Schüler:innen – miteinander verknüpfen. Inzwischen werden Fragen nach der Bedeutung von Sprache im Fachunterricht und nach den Zusammenhängen von sprachlichem und fachlichem Lernen fachbezogen wie fachübergreifend auch in Deutschland verstärkt diskutiert. In der englischsprachigen Literatur werden diese Zusammenhänge bereits seit Beginn der 2000er Jahre diskutiert: Ein solcher sprachbewusster und sprachbezogener Unterricht wird dort als „scaffolding learning" bezeichnet:

„Scaffolding (...) is not simply another word for help. It is a special kind of help that assists learners to move toward new skills, concepts, or levels of understanding. Scaffolding is thus the temporary assistance by which a teacher helps a learner know how to do something, so that

the learner will later be able to complete a similar task alone. (...) As far as possible, learners need to be engaged with authentic and cognitively challenging learning tasks; it is the nature of the support – support that is responsive to the particular demands made on children learning through the medium of a second language – that is critical for success." (Gibbons 2002, 10f.)

Die vorliegende Einführung „Deutsch als Zweitsprache – Lehren und Lernen" beschäftigt sich mit der Frage, was Lehrkräfte und andere pädagogische Fachkräfte, die sich beruflich mit der sprachlichen Bildung und Förderung von Kindern und Jugendlichen in der Zweitsprache Deutsch beschäftigen, wissen und können müssen, um ihre berufliche Praxis erfolgreich zu meistern. Das Themengebiet „Deutsch als Zweitsprache" bedeutet eine zusätzliche Herausforderung für (angehende) Lehrkräfte an Schulen ebenso wie für pädagogische Fachkräfte in der Elementarerziehung. Sprachförderung stellt in vielen Fällen eine – wenn auch zweifellos zentrale – Zusatzaufgabe dar.

Lehrkräfte, die gezielt die bildungs- und fachsprachlichen Kompetenzen ihrer Schüler:innen fördern wollen, benötigen zunächst ein solides fachwissenschaftliches, fachsprachliches und fachdidaktisches Wissen und Können in ihren jeweiligen Unterrichtsfächern. Dies bedarf aus unserer Sicht unbedingt der Ergänzung durch fundiertes Wissen und Können im Bereich der Vermittlung von „Deutsch als Zweitsprache" nicht nur auf dem Niveau alltagssprachlicher, sondern auch auf dem Niveau bildungs- und fachsprachlicher Kompetenzen. Für viele (angehende) Lehrkräfte machen diese Anforderungen auch einen Perspektivwechsel im Hinblick auf den eigenen Unterricht erforderlich. Lehramtsstudierende, die sich mit dem Fachgebiet „Deutsch als Zweitsprache" beschäftigen, sollten sich außerdem darüber im Klaren sein, dass sie in diesem Fachgebiet grundsätzlich nur einen Teil des erforderlichen Wissens und Könnens für einen erfolgreichen Fachunterricht, der sprachliches und fachliches Lernen verbindet, erwerben können. Grundsätzlich müssen sie zunehmend in der Lage sein, diese vielfältigen Kompetenzen, die sie sich in den verschiedenen Phasen ihrer Ausbildung aneignen, miteinander zu vernetzen. Dies gilt nicht nur für Lehrkräfte an Schulen, sondern in gleicher Weise für pädagogische Fachkräfte in der Elementarerziehung. Diese müssen ebenfalls gezielt für Aufgaben der sprachlichen Bildung und sprachlichen Förderung auch in Verbindung mit der Vermittlung des Deutschen als Zweitsprache durch spezielle Angebote in Aus- und Fortbildung entsprechend qualifiziert werden.

Auch heute noch wird allerdings Unterricht in der Zweitsprache Deutsch von Lehrkräften und anderen pädagogischen Fachkräften erteilt, die für diese spezielle Aufgabe noch nicht hinreichend qualifiziert sind. Dies muss nicht immer ein Nachteil sein, sofern solche Förderangebote und die Ausbildung bzw. die Fortbildung von Lehrkräften und anderen pädagogischen Fachkräften sinnvoll miteinander verbunden werden. Dies haben Erfahrungen mit dem von der Stiftung Mercator geförderten Projekt „Förderunterricht für Kinder und Jugendliche mit Migrationshintergrund" gezeigt. Innerhalb der Projektlaufzeit wurde es auf 35 Standorte in 14 Bundesländern ausgeweitet. Das Projekt ist als besonders nachhaltig zu bewerten, da es sowohl die Bildung von Netzwerken vor Ort als auch den bundesweiten Erfahrungsaustausch der einzelnen Projekte sowie die Verbindung von Sprachförderung mit der Ausbildung und Fortbildung von Lehrkräften, oft unter Beteiligung von Hochschulen, an Schulen gezielt unterstützt hat.

Für eine beispielhafte fachliche Netzwerkbildung auf regionaler Ebene steht in Köln (Stadt und Regierungsbezirk) auch der Auf- und Ausbau des Zentrums für Mehrsprachigkeit und Integration (ZMI), eine Kooperation der Universität zu Köln, der Bezirksregierung Köln, der Stadt Köln und Kölner Schulen. Ziel des ZMI ist die „Etablierung, Fortführung und Ausweitung der gemeinsamen Aktivitäten zu Mehrsprachigkeit und Integration" (https://zmi-koeln.de [04.04.2022]).

Auf einen entscheidenden Beitrag zu „mehr Chancengleichheit im Bildungssystem" zielt außerdem das Mercator-Institut für Sprachförderung und Deutsch als Zweitsprache der Universität zu Köln ab, mit „seiner Forschung und seinen wissenschaftlichen Serviceleistungen zu sprachlicher Bildung in einer mehrsprachigen Gesellschaft" (https://www.mercator-institut-sprachfoerderung.de [04.04.2022]).

Wie wichtig es ist, dass man auf eine kontinuierliche, fachlich fundierte und engagierte Befassung mit den genannten Themen in Theorie und Praxis zurückgreifen und so auch im Krisenfall kompetent reagieren kann, zeigen aktuell die sechs zentralen Empfehlungen in der am 28.03.2022 von den Mitgliedern der Ständigen Wissenschaftlichen Kommission der Kultusministerkonferenz (SWK) verabschiedeten Stellungnahme „Unterstützung geflüchteter Kinder und Jugendlicher aus der Ukraine durch rasche Integration in Kitas und Schulen."

Danken möchten wir an dieser Stelle allen, mit denen wir in verschiedenen Projekten zur sprachlichen Förderung und sprachlichen Bildung im Kontext von Deutsch als Zweitsprache erfolgreich zusammengearbeitet haben, die wir hier allerdings nicht alle auch namentlich erwähnen können. Ein besonderer Dank gilt den Studierenden der ersten Stunde, die sich aktiv in dem oben genannten Projekt „Förderunterricht für Kinder und Jugendliche mit Migrationshintergrund" engagiert haben. Besonders danken möchten wir aber auch unseren SHKs, WHKs und wissenschaftlichen Mitarbeiter:innen, die uns in Projekten in den Bereichen Sprachförderung, sprachliche Bildung und Deutsch als Zweitsprache unterstützt haben und die inzwischen im universitären Bereich oder in Schulkollegien in diesem Bereich in vielfältiger Weise Verantwortung tragen und mit denen wir uns gern ausgetauscht haben und immer noch gern austauschen. Erfahrungen aus unserer gemeinsamen Arbeit gehen in vielfältiger Form in dieses Buch ein.

Ein ausdrücklicher Dank geht an Nina Helmbrecht, die sich der Mühe des Korrekturlesens unterzogen hat, und an Christine Philipsen, die uns bei der Endredaktion unterstützt hat.

April 2023 Gabriele Kniffka und Gesa Siebert-Ott

Einleitung | 1

1.1 Deutschland – ein mehrsprachiges Land?

Innere und äußere Mehrsprachigkeit

Ist Deutschland ein mehrsprachiges Land? Wenn man sich an einer Diskussion über diese Frage beteiligt, sollte man sich darüber Klarheit verschaffen, was die an der Diskussion Beteiligten jeweils unter einem „mehrsprachigen Land“ verstehen. Soll dabei die „innere Mehrsprachigkeit“ berücksichtigt werden, d.h. etwa „die Vielfalt der deutschen Sprache“ unter Berücksichtigung ihrer dialektalen und soziolektalen Varietäten sowie der formelleren und der informelleren Stilebenen oder soll darunter nur die sprachübergreifende, „äußere“ Mehrsprachigkeit verstanden werden (vgl. Ossner 2008, 53ff.)

Territoriale Mehrsprachigkeit

Berücksichtigt man nur die sprachübergreifende Mehrsprachigkeit, so lassen sich mindestens die vier folgenden Formen unterscheiden: mehrsprachige Staaten mit Territorialprinzip, mehrsprachige Staaten mit individueller Mehrsprachigkeit, einsprachige Staaten mit Minderheitenregionen sowie ein- oder mehrsprachige Staaten mit Zuwanderung insbesondere in städtische Regionen (vgl. Riehl 2014, 63ff.).

Bei unseren europäischen Nachbarstaaten Belgien und der Schweiz handelt es sich um territorial mehrsprachige Staaten. Zwar ist die Schweiz ein Land mit mehreren Sprachen: Deutsch, Französisch, Italienisch und Rätoromanisch, jedoch wurden für jeden Kanton eine oder mehrere offizielle Sprachen festgelegt. Ähnlich ist die Situation in Belgien: Das Land ist aufgeteilt in ein flämischsprachiges, ein französischsprachiges und ein deutschsprachiges Gebiet, die „Ostkantone“. In der Hauptstadt Brüssel gelten die beiden größeren Landessprachen Französisch und Flämisch als Amtssprachen. Weder in Belgien noch in der Schweiz ist diese territoriale Mehrsprachigkeit mit einer individuellen Mehrsprachigkeit aller Bürger:innen verknüpft. Anders ist die Situation dagegen in Luxemburg. Hier überwiegt die individuelle Mehrsprachigkeit: Die einheimische Bevölkerung ist weitgehend trilingual. In Luxemburg werden Letzeburgisch, Deutsch und Französisch gesprochen. Mehrsprachigkeit ist im luxemburgischen Bildungswesen außerdem institutionalisiert mit dem Ziel, die individuelle Mehrsprachigkeit aller Schüler:innen zu fördern und die gesellschaftliche Mehrsprachigkeit des Landes zu bewahren (Siebert-Ott 2001, siehe auch Kap.5). Deutschland ordnet Riehl (2014, 66) ein als einsprachigen Staat mit Minderheitenregionen: In Deutschland leben drei zahlenmäßig kleine alteingesessene (autochthone)

Individuelle Mehrsprachigkeit

Alteingesessene (autochthone) Sprachminderheiten

Sprachgemeinschaften: eine dänische, eine friesische und eine sorbische.

Mehrsprachigkeit als Folge von Zuwanderung

Die Entwicklung von Mehrsprachigkeit durch Zuwanderung insbesondere in städtische Regionen dagegen ist allen vier genannten Staaten gemeinsam. Auf die besonderen Anforderungen, die durch diese Form von Mehrsprachigkeit für die Bildungssysteme entstanden sind, wurde in den genannten Ländern erst mit einer gewissen Verzögerung reagiert. Inzwischen sind aber deutliche Bestrebungen erkennbar, in den Bildungssystemen der Länder auch auf diese Form gesellschaftlicher Mehrsprachigkeit zu reagieren und Schüler:innen aus Familien mit Zuwanderungsgeschichte, die die jeweilige Landessprache noch nicht hinreichend beherrschen, um erfolgreich am Unterricht teilzunehmen, gezielt zu fördern. Als Beispiel sei hier das Schweizer Projekt „Qualität in multikulturellen Schulen" (QUIMS) im Kanton Zürich genannt, das sich zum Ziel setzt, Schulen zu unterstützen, „die besonders herausgefordert sind, gute Lernleistungen und gute Bildungschancen zu gewährleisten (...) Ziel ist eine gute und chancengerechte Schule für alle Kinder und Jugendlichen – unbesehen ihrer Schichtzugehörigkeit, ihrer Erstsprache («Muttersprache») und ihrer Nationalität" (www.quims.ch) [05.04.2022]).

Qualität in multikulturellen Schulen

1.2 Deutsch als Zweitsprache – Begriffsbestimmung

Erwerbskontext Inland vs. Ausland

Der Begriff Zweitsprache könnte dazu verleiten, diese als diejenige Sprache anzusehen, die – in der zeitlichen Reihenfolge – als zweite gelernt oder erworben wird. Das mag für manche Fälle zutreffen, ist aber für die wissenschaftliche Begriffsbestimmung nicht relevant. In der Spracherwerbsforschung, aber auch in der Sprachlehrforschung und der Fremdsprachendidaktik wird, abgesehen vom Erstspracherwerb, meist zwischen der Aneignung einer Fremdsprache und der Aneignung einer Zweitsprache unterschieden. Als ein wesentliches Unterscheidungskriterium wird in der Regel der (weitere) Erwerbskontext angeführt, so Henrici/Vollmer 2001, 8: „Von Zweitsprache und Zweitsprachenerwerb spricht man, wenn der Erwerb innerhalb der Zielkultur stattfindet, von Fremdsprache und Fremdsprachenerwerb, wenn der Erwerb im Kontext der Ausgangskultur geschieht."

Wenn also etwa französischsprachige Schüler:innen an einer Schule in Paris Deutsch lernen, so lernen sie es nach der o.g. Definition als Fremdsprache. Lernen Schüler:innen aus Familien mit Zuwanderungsgeschichte, die Deutsch nicht als Familiensprache verwenden, hingegen Deutsch in Alltag und Schule in Deutschland, so lernen sie Deutsch als Zweitsprache. Die Unterscheidung „Inlandsperspektive" vs. „Auslandsperspektive" ist bedeutsam, aber nicht hinreichend. Rösler (1994) weist bereits darauf hin, dass die Identitätsproblematik und auch der Stellenwert, den die Sprache im Leben der Lernenden einnimmt, zu berücksichtigen seien: „Spielt die neue Sprache bei der Erlangung, Aufrechterhaltung oder Veränderung der Identität der Lernenden eine wichtige Rolle und ist sie unmittelbar kommunikativ relevant, dann bezeichnet man sie als ‚Zweitsprache' ansonsten eher als ‚Fremdsprache'." (Rösler 1994, S.8).

Identitätsproblematik und Stellenwert der Sprache

Deutsch als Zweitsprache

Die Gruppe derer, die Deutsch als Zweitsprache sprechen oder lernen, ist sehr heterogen. Sie reicht von neu Zugewanderten, die für diese Zielgruppe verpflichtende Integrationskurse besuchen, bis zu Studierenden mit Zuwanderungsgeschichte, die ihre Schulzeit oder zumindest einen Teil ihrer Schulzeit in Deutschland verbracht und hier die Hochschulreife erworben haben, aber ihre sprachlichen Kompetenzen für das Abfassen akademischer Texte in entsprechenden Kursen, die häufig an universitären Schreibzentren angeboten werden, an der Universität weiter verbessern möchten. Studierende, welche über fundierte akademische Textkompetenzen verfügen, haben deutlich bessere Aussichten, ihr Studium mit gutem Erfolg zu beenden. Für Personen, deren Herkunftssprache nicht nur die innerhalb der Familie verwendete Sprache ist, sondern in ihrem Alltag auch Umgebungssprache, die etwa für Kontakte in der Nachbarschaft oder bei alltäglichen Besorgungen verwendet wird, ist Deutsch in diesem Fall zumindest potentiell Zweitsprache, wenn es auch in den hier beschriebenen Situationen nur bedingt alltagsrelevant ist.

Zweitsprache oder Fremdsprache?

Auf der anderen Seite ist auch denkbar, dass auswärtige englischsprachige Mitarbeitende international operierender Unternehmen an den Standorten eines Unternehmens in Deutschland in ihrem beruflichen Alltag regelmäßig auch die deutsche Sprache verwenden (können) müssen. Für diese Mitarbeitenden wäre dann, besonders bei längerfristigen Aufenthalten, neben dem Englischen auch das Deutsche unmittelbar kommunikativ relevant. Gut denkbar ist aber auch, dass sich in international operierenden Unternehmen wie die der Automobilbranche in Deutschland, für die im Ausland viele Arbeitskräfte angeworben worden sind, mehrsprachige Sprachpraxen ausgebildet haben, in denen in Abhängigkeit von den beruflichen Funktionen und Positionen der Beschäftigten im Berufsalltag als Arbeitssprachen neben dem Englischen und dem Deutschen auch die Herkunftssprachen der Mitarbeitenden eine zentrale Rolle spielen können.

Die Beispiele zeigen, dass sich eine strikte Unterscheidung zwischen Fremd- und Zweitsprache nicht ohne Weiteres aufrechterhalten lässt (vgl. Kap. 2).

Stellenwert der Sprache für Schüler:innen

Für Schüler:innen aus Familien mit Zuwanderungsgeschichte ist das Deutsche aber in aller Regel Zweitsprache im o.g. Sinne: Die Sprache wird im Zielland angeeignet und ist zumindest in bestimmten Bereichen im Alltag auch unmittelbar kommunikativ relevant. Der Stellenwert guter, für schulische Bildung, Ausbildung oder Studium relevanter Kenntnisse in der deutschen Sprache ist – wie dargelegt – besonders hoch für Schüler:innen, Auszubildende und Studierende. Ihre sprachlichen Kompetenzen können Schullaufbahn und Erfolge in Ausbildung und/oder Studium erheblich beeinflussen und damit Weichenstellungen im Lebenslauf maßgeblich mitbestimmen. Leider ist es in Deutschland um die Schulerfolge von Schüler:innen aus Familien mit Zuwanderungsgeschichte nach wie vor nicht zum Besten bestellt, wie internationale Schulvergleichsstudien wie PISA oder IGLU zeigen: In Deutschland sind Schüler:innen aus Familien mit Zuwanderungsgeschichte noch immer überproportional häufig weniger bildungserfolgreich als solche aus Familien ohne Zuwanderungsgeschichte. Diese Umstände sind zum einen dadurch zu erklären, dass in Deutschland verglichen mit anderen Ländern, in denen die PISA-Studien durchgeführt werden, Bildungserfolg deutlich stärker von der sozialen Herkunft abhängig ist und außerdem ein höherer Prozentsatz der Schüler:innen aus Familien mit Zuwanderungsgeschichte einen ungünstigeren sozioökonomischen Hintergrund hat als Schüler:innen aus Familien ohne Zuwanderungsgeschichte. Ungünstige sozioökonomische Verhältnisse können auch die Förderung guter, für die schulische Bildung relevanter Kenntnisse in der Zweitsprache Deutsch beeinträchtigen. Offensichtlich gelingt es an Schulen in Deutschland im internationalen Vergleich nicht so gut, diese bildungsrelevanten Unterschiede auszugleichen und rezeptive und produktive sprachliche Kompetenzen auf einem Niveau zu vermitteln, das als solide Grundlage für eine erfolgreiche Schullaufbahn dienen kann, – und dies, obwohl seit gut einem halben Jahrhundert sprachliche und kulturelle Diversität in der überwiegenden Zahl der Schulen in Deutschland zum schulischen Alltag gehören (vgl. Kap. 5).

Erwerbskontext Schule

Wie sieht der Erwerbskontext für Deutsch als Zweitsprache im Rahmen von Schule aus? An Schulen in Deutschland ist die Unterrichtssprache in der Regel Deutsch. Es gibt zwar zweisprachige Angebote, doch sind diese Angebote zum einen nicht flächendeckend und zum anderen sind sie oft auf wenige Sprachen beschränkt (vgl. Kap. 5). Das heißt, Schüler:innen aus Familien mit Zuwanderungsgeschichte, die am Regelunterricht an einer Schule in Deutschland teilnehmen wollen, müssen dies in aller Regel im Medium der deutschen Sprache leisten, auch wenn ihre Deutschkenntnisse hierfür noch nicht hinreichend sind. Deutsch ist in diesem Fall im Unterricht gleichzeitig Medium der Unterrichtskommunikation und Gegenstand zweitsprachlicher Aneignungsprozesse: Während die Schüler:innen die Unterrichtssprache Deutsch noch lernen, sind sie schon gefordert, sich mittels dieser Sprache Fachwissen, etwa in den Fächern Physik oder Biologie, anzueignen und – wie ihre erstsprachlich deutschen Mitschüler:innen auch – dabei gleichzeitig auch noch fachsprachliche Kompetenzen zu entwickeln. Zu den fachsprachlichen Kompetenzen gehört, in der Lage zu sein, angemessene Unterrichtsdiskurse zu führen und bestimmte fachsprachliche Texte, etwa eine Versuchsbeschreibung, anfertigen zu können. Viele Schüler:innen scheitern hier, denn die durch den Unterricht gestellten sprachlichen Anforderungen und die tatsächliche Sprachkompetenz klaffen oft noch zu weit auseinander.

Um dieser Problemlage mit geeigneten Maßnahmen begegnen zu können, ist es zunächst erforderlich, die sprachlichen Anforderungen genau zu beschreiben: (1) Was genau zeichnet die so genannte „Bildungssprache“ bzw. die schulische Fachsprache aus? (2) Was genau müssen Deutsch als Zweitsprache-Lernende mit Blick auf die bildungs- und fachsprachlichen Anforderungen der Schule können, um erfolgreich am Regelunterricht teilzunehmen?

1.3 Konzeptionelle Mündlichkeit und konzeptionelle Schriftlichkeit

Schulische Fachsprachen gehören zu den sprachlichen Varietäten, die dem Bereich der „konzeptionellen Schriftlichkeit" zugeordnet werden können. Wir wollen im Folgenden kurz umreißen, was unter „konzeptioneller Schriftlichkeit" verstanden wird.

Medium vs. Konzeption

In der wissenschaftlichen Literatur werden etwa seit der Mitte der 1980er-Jahre zwei Dimensionen von Mündlichkeit und Schriftlichkeit diskutiert: Medium und Konzeption (vgl. Koch & Oesterreicher 1986). Mit „Medium" ist eine dichotome Dimension gekennzeichnet, d.h. ein Text oder eine Äußerung wird entweder über Schallwellen (phonische Dimension) oder über Schriftzeichen (grafische Dimension) übertragen. Mit „Konzeption" ist hingegen ein Kontinuum bezeichnet: Texte oder Äußerungen sind mehr oder weniger konzeptionell mündlich oder schriftlich, vgl. Abb. 1. Dieses „Mehr" oder „Weniger" an konzeptioneller Schriftlichkeit lässt sich an sprachlichen Merkmalen und Kommunikationsbedingungen festmachen, vgl. Abb. 2. So finden wir beispielsweise bei den Kommunikationsbedingungen auf der Seite der Mündlichkeit eher Dialogizität und Interaktivität, auf der Seite der Schriftlichkeit eher Monologizität. Alltagsgespräche sind ein Beispiel für den Gebrauch der gesprochenen Sprache. Sie sind interaktiv und dialogisch, da mehrere Gesprächspartner:innen beteiligt sind. Oft sind sie situationsabhängig, d.h. eine Äußerung ist manchmal nur innerhalb der Gesprächssituation verstehbar. Beispiel: „Guck mal, der grüne liegt da hinten." Was mit „der grüne" bezeichnet wird, ist außerhalb des Äußerungskontextes ebenso unverständlich wie „da hinten". Die Äußerung ist also kontextgebunden. Im Gegensatz dazu ist Schriftlichkeit eher monologisch und kontextunabhängig. Jemand, der einen Bericht verfasst, muss diesen so abfassen, dass er unabhängig vom Äußerungskontext zu verstehen ist. Bei den sprachlichen Merkmalen herrschen bei der Mündlichkeit parataktische Strukturen (syntaktische Verknüpfung durch Nebenordnung, z.B. *und*) vor. Mündlichkeit ist gekennzeichnet durch ein geringeres Maß an Kompaktheit und Integration, d.h. es gibt weniger komplexe Satzstrukturen. Deiktika (sprachliche Mittel wie *hier, jetzt, ich*) und Zeigegesten ersetzen (lexikalische) Referenten. Auch wird in gesprochener Sprache (Gesprächen) eher semantisch merkmalsarmes Vokabular verwendet. Diese Merkmale des konzeptionell-mündlichen Sprachgebrauchs entsprechen dem Rezeptionsprozess des Hörens:

Merkmale des konzeptionell-mündlichen Sprachgebrauchs

„The speaker planning the here-and-now, possibly threatened with his interlocutor wanting to take a turn, typically repeats himself a good deal, using the same syntactic structure, the same lexical items, using the first word that comes to mind rather than hunting for the 'mot juste', filling in pauses with 'fillers' The overall effect is of information produced in a less dense manner than is characteristic of written language. We must assume that the density of information packing in spoken language is appropriate for the listener to process comfortably" (Brown/Yule 1983, 18).

Die Dimensionen von Schriftlichkeit und Mündlichkeit

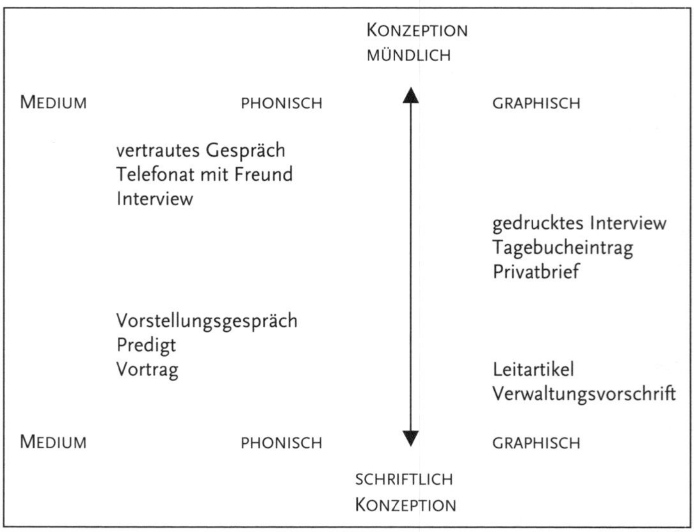

Abb. 1 Die Dimensionen von Schriftlichkeit und Mündlichkeit, vgl. Günther 1997, 66

Demgegenüber ist konzeptionell schriftlicher Sprachgebrauch eher gekennzeichnet durch komplexere Strukturen, ein höheres Maß an Informationsdichte, elaboriertere Register, merkmalsreichere Lexik. Für das Deutsche wurde beispielsweise nachgewiesen, dass in konzeptionell-schriftlichem Sprachgebrauch das Mittelfeld von Sätzen mit mehr Elementen gefüllt ist als in konzeptionell-mündlichem Sprachgebrauch, in dem das Mittelfeld tendenziell „entleert" ist. (Uhmann 1993).

Kennzeichen von Mündlichkeit / Schriftlichkeit

Mündlichkeit	⟷	Schriftlichkeit
	Kommunikationsbedingungen	
dialogisch, interaktiv		monologisch
Vertrautheit der Partner		Fremdheit der Partner
face-to-face-Interaktion		raumzeitliche Trennung
privat		öffentlich
spontan		reflektiert
Situationsverschränkung		Situationsentbindung
Affektivität		Objektivität
	Versprachlichungsstrategien	
Prozesshaftigkeit		Vergegenständlichung
Vorläufigkeit		Endgültigkeit
parataktisch		hypotaktisch
geringere:		höhere:
	Kompaktheit Integration Komplexität Elaboriertheit Planung Informationsdichte	
Mündlichkeit	⟷	Schriftlichkeit

Abb. 2 Präferenzen konzeptioneller Mündlichkeit/Schriftlichkeit nach Günther 1997, 67

Übung 01

Bearbeiten Sie die folgende Aufgabe:
Analysieren Sie die nachstehenden Texte auf Merkmale von konzeptioneller Mündlichkeit / Schriftlichkeit und ordnen Sie sie auf der Dimensionsskala (vgl. Abb. 1) ein. Was glauben Sie: Handelt es sich um die Wiedergabe von gesprochenen Texten oder von geschriebenen Texten?

1. „Masken gibt es viele: cremige, schaumige und solche aus Gel. Masken gibt es für alle Gelegenheiten: als Muntermacher, zur intensiven Pflege, zur gründlichen Reinigung. Interessiert es Sie, wie sie sich unterscheiden, wie sie wirken?"
2. „Einige Generationen von Arbeiterfamilien hatten in den Zechensiedlungen mit den Nutztieren zusammengelebt. In diesem Zeitraum hatte sich ein kleiner Bereich der bäuerlichen Arbeits- und Lebensweise in den industriellen einfügen lassen. Die Industrialisierung, die innerhalb eines Jahrhunderts Westeuropa radikal verändert hatte, ging in den Sechzigerjahren zu Ende. Der wirtschaftliche Strukturwandel erschütterte das ganze Ruhrgebiet. Allein bis 1969 wurden sechzig Bergwerke stillgelegt. Parallel dazu verlief die Zerstörung vieler Zechensiedlungen. Neubauten, besonders wenn sie mehr als zwei Stockwerke hoch sind, versprechen den Spekulanten höhere Mieten und höhere Profite. Die Arbeiterfamilien, die neue Wohnungen oft nur in Betonburgen finden und bezahlen konnten, verloren etwas, was in der postindustriellen Welt schwer zu finden ist: Heimat."

Die Unterscheidung von konzeptioneller Mündlichkeit/Schriftlichkeit ist nicht nur bei der Analyse und Kategorisierung von Texten relevant, sondern spielt auch beim Spracherwerb eine entscheidende Rolle: So weist Hartmut Günther (1998) darauf hin, dass der Schriftspracherwerb eines Kindes wie der Erwerb einer zweiten Sprache einzustufen ist, denn der Schriftspracherwerb umfasst nicht nur den Orthografie-Erwerb und das Lesen-Lernen: Ein Kind soll sich im Laufe der (Grund)Schulzeit konzeptionell-schriftsprachliche Varietäten seiner Muttersprache aneignen. Beim Zweitspracherwerb wird zwischen dem von Cummins (1979) geprägten Begriffspaar BICS

BICS vs. CALP

(„Basic Interpersonal Communicative Skills“) und CALP („Cognitive Academic Language Proficiency“) unterschieden. Jemand, der über Fertigkeiten in der Alltagskommunikation verfügt (BICS), vermag konzeptionell-mündliche Texte und Äußerungen zu produzieren. „Bildungssprachliche Varietäten“ hingegen erfordern vor allem konzeptionell-schriftsprachliche Fähigkeiten (CALP). Während erstere in einem zweitsprachlichen Erwerbskontext recht schnell erworben werden, dauert die Herausbildung letzterer mehrere Jahre (vgl. Kap. 3).

Defizite im konzeptionell-schriftsprachlichen Bereich werden oftmals nicht sofort erkannt: Lehrende schließen aus guten konzeptionell-mündlichen Fertigkeiten auf eine allgemein gute Sprachkompetenz in der Zweitsprache, die die konzeptionell-schriftsprachlichen Fertigkeiten einschließt. Dies erweist sich jedoch oftmals als Fehlschluss.

1.4 Sprachliche Anforderungen in der Schule

Sprachliche Anforderungen an den Fachunterricht

Wie in den vorangehenden Abschnitten konstatiert, tragen konzeptionell-schriftsprachliche Kompetenzen entscheidend zur aktiven und erfolgreichen Teilnahme am Regelunterricht bei. Vorerfahrungen im Umgang mit den entsprechenden sprachlichen Varietäten begünstigen den Schulerfolg schon in der Grundschule. In der Sekundarstufe I werden Schüler:innen mit erhöhten sprachlichen Anforderungen konfrontiert: Der Fächerkanon wird erweitert und mit jedem Fach müssen neben neuen Fachinhalten die entsprechenden Fachsprachen, also neue konzeptionell-schriftsprachliche Register/Varietäten gelernt werden (vgl. Kapitel 1.2). Das heißt, für die einzelnen Fächer müssten neben den inhaltlichen Zielen auch sprachliche Ziele formuliert werden. Mit Bezug auf die Fachsprache(n) sollte erarbeitet werden, welche Fachlexik, welche grammatischen Strukturen und welche Textsorten für einen bestimmten Teilbereich kennzeichnend sind. Außerdem wäre es wichtig, die damit verbundenen Sprachhandlungen zu analysieren (z.B. etwas beschreiben, argumentieren, präsentieren etc.).

Lehrpläne für den DaZ-Unterricht

Nicht in allen Bundesländern wird ein Fach „Deutsch als Zweitsprache“ angeboten und nicht in allen Bundesländern wurden Lernzielbeschreibungen für den Unterricht in Deutsch als Zweitsprache vorgelegt. In einigen Bundesländern sind jedoch entsprechende Vorgaben erarbeitet worden: Der Lehrplan Deutsch als Zweitsprache des Freistaates Sachsen (Sächsisches Staatsministerium für Kultus 2000, 2021) beschreibt einen sprachlichen Integrationsprozess, der sich in drei Etappen vollzieht und zur Teilnahme am Regelunterricht führt (vgl. Kap. 4). Das Land Bayern hat sowohl für das Fach Deutsch als auch für das Fach Deutsch als Zweitsprache Lehrpläne für die Grund- und Mittelschule (für alle Schulformen) vorgelegt, die gut miteinander vernetzt sind (Bayerisches Staatsministerium für Bildung und Kultus, Wissenschaft und Kunst 2014 und 2016). Diese Lehrpläne basieren auf den Bildungsstandards im Fach Deutsch für den Primarbereich (Beschlüsse der Kultusministerkonferenz vom 15.10.2004) sowie den Bildungsstandards im Fach Deutsch für den Mittleren Schulabschluss (Beschlüsse der Kultusministerkonferenz vom 04.12.2003).

Bildungsstandards und Kompetenzerwartungen

Die von der Kultusministerkonferenz beschlossenen Bildungsstandards beschreiben, welche Kompetenzen von den Schüler:innen in bestimmten Unterrichtsfächern zu einem bestimmten Zeitpunkt erwartet werden. Für den Mittleren Schulabschluss (Jahrgangsstufe 10) liegen Bildungsstandards vor für die Fächer Deutsch und Mathematik, die erste Fremdsprache (für Englisch und Französisch) und die naturwissenschaftlichen Fächer Biologie, Chemie und Physik. Für den Primarbereich (Jahrgangsstufe 4) liegen Bildungsstandards für die Fächer Deutsch und Mathematik vor. Für alle hier genannten Fächer werden jeweils auch für den (fach) sprachlichen Bereich Kompetenzerwartungen formuliert.

Lernziele für den DaZ-Unterricht entwickeln

Selbst dann, wenn in einem Bundesland kein Fach Deutsch als Zweitsprache angeboten wird und keine entsprechenden Richtlinien und Lehrpläne für das Fach Deutsch als Zweitsprache vorliegen, kann die Orientierung an den in den Bildungsstandards und Lehrplänen für die o.g. Unterrichtsfächer formulierten fachlichen und (fach-)sprachlichen Kompetenzerwartungen hilfreich sein: Auf dieser Grundlage lassen sich Lernziele für den Unterricht in Deutsch als Zweitsprache formulieren, der in „Willkommensklassen“, „Internationalen Förderklassen“ oder in anderen Organisationsformen angeboten oder im Rahmen des Regelunterrichts erteilt wird. Es ist also auch unter diesen Bedingungen möglich, Schüler:innen auf die erfolgreiche Teilnahme am Regelunterricht vorzubereiten bzw. ihnen im Rahmen des Regelunterrichtes eine an den Kompetenzerwartungen für alle Schüler:innen orientierte fachliche und fachsprachliche Förderung in der Zweitsprache

Deutsch zuteilwerden zu lassen. Wünschenswert ist allerdings, dass alle Bundesländer für das Fach Deutsch als Zweitsprache, unabhängig davon, in welchen Organisationsformen dieser Unterricht jeweils erteilt wird, Lehrpläne vorlegen, die – basierend auf den Bildungsstandards für das Fach Deutsch – gut mit den Lehrplänen des jeweiligen Bundeslandes für das Fach Deutsch vernetzt sind.

Stellenwert von Sprachförderung und sprachlicher Bildung

In seiner Rede anlässlich der Verleihung des Erhard-Friedrich-Preises für Deutschdidaktik im Rahmen des 14. Symposion Deutschdidaktik an der Universität Jena im September 2002 geht Peter Sieber ausführlich auf die Rezeption der Ergebnisse der ersten PISA-Studie aus dem Jahr 2000 ein: „Die PISA-Untersuchungen haben einer breiteren Öffentlichkeit etwas ins Bewusstsein gerückt, was unter Fachleuten eigentlich längst bekannt ist: Noch zu keiner Zeit war Sprachförderung so nötig und so wichtig, wie in der Gegenwart, niemals bisher sahen sich so viele Menschen so hohen sprachlichen Anforderungen gegenüber wie heute." Nach der Publizierung der Ergebnisse dieser ersten PISA-Studie müsse man Sprachförderung „in einem anderen Licht" sehen (Sieber 2003, 4). Das betrifft aus seiner fachlichen Sicht als Deutschdidaktiker (1) mit Blick auf die Ausbildung der Schüler:innen verstärkte Anstrengungen bei der Vermittlung von Schlüsselqualifikationen wie Lesekompetenz, (2,3) mit Blick auf die Ausbildung von Lehrer:innen verstärkte Anstrengungen bei der die Vermittlung von Diagnose- und Förderkompetenzen und (4) mit Blick auf Entscheidungsträger:innen in der Bildungspolitik, den Blick nicht nur auf die Formulierung von Lernzielen zu richten, sondern verstärkt auch die Ergebnisse von Lehr- und Lernprozessen in den Blick zu nehmen durch eine Ausrichtung von Sprachförderung / sprachlicher Bildung „auf verbindliche Standards" (Sieber 2003, 15f.). Grundlagen und Handlungsfelder von sprachlicher Bildung und Sprachförderung sind – auch im Kontext von Deutsch als Zweitsprache und gesellschaftlicher Mehrsprachigkeit – seit dem Beginn der 2000er Jahre verstärkt in den Fokus sprachwissenschaftlicher, sprachdidaktischer und erziehungswissenschaftlicher Forschung gerückt (vgl. Becker-Mrotzek / Roth 2017). Dies deutlich zu machen, ist ein Ziel der überarbeiteten 4. Auflage von „Deutsch als Zweitsprache – Lehren und Lernen".

Zweitspracherwerbsforschung – ein Überblick | 2

Lehrkräfte, die – in welchen Kontexten auch immer – Deutsch als Zweitsprache unterrichten, müssen täglich Entscheidungen darüber treffen, welche Lehrmethode für ihre Lerngruppe angemessen ist. Sie wählen geeignete Materialien aus und bestimmen geeignete Arbeits- und Sozialformen für jede Unterrichtsstunde. Ihre unterrichtlichen Entscheidungen basieren dabei vielfach auf den eigenen Unterrichtserfahrungen und dem erworbenen Fachwissen im Bereich deutsche Sprache und Literatur und ihre Didaktik, verstanden als Muttersprachendidaktik. Dies wird der heutigen Unterrichtssituation an vielen deutschen Schulen nicht mehr gerecht, an denen – regional unterschiedlich – die Schülerschaft multikulturell und die Sprachenvielfalt groß ist. Zwar wird den hieraus erwachsenden Anforderungen in der Lehrer:innenausbildung und in Angeboten zur Fort- und Weiterbildung zunehmend Rechnung getragen: So sehen bereits die Empfehlungen der KMK zum Thema Deutsch als Zweitsprache als Bestandteil der Lehrer:innenausbildung aus dem Jahr 2002 sowie die rechtlichen Vorgaben der Bundesländer für die Lehrer:innenausbildung in den Folgejahren die Beschäftigung mit dem Thema sprachliche und kulturelle Heterogenität von Lerngruppen vor, allerdings in unterschiedlicher Breite und Tiefe (Baur, Scholten-Akoun & Stiftung Mercator 2010, Morris-Lange, Wagner & Altinay 2016). So fehlt auch heute noch vielen Lehrkräften das für ihren Unterricht notwendige Fachwissen aus den Bereichen Zweitspracherwerbs- und Mehrsprachigkeitsforschung sowie Didaktik und Methodik des Unterrichts in sprachlich und kulturell diversen Lerngruppen. Fundiertes Wissen über Spracherwerb – speziell über Zweitspracherwerbsprozesse und die Entwicklung von Mehrsprachigkeit – kann aber allen Lehrkräften helfen, für ihre Lerngruppe angemessene methodisch-didaktische Entscheidungen zu treffen und dabei lebensweltlich mehrsprachig aufwachsende Mitglieder ihrer jeweiligen Lerngruppen gezielt zu fördern.

Das Ziel dieses Kapitel ist es, die wichtigsten Aspekte des Zweitspracherwerbs kurz darzustellen und einige neuere Erkenntnisse der Zweitspracherwerbsforschung zu vermitteln. In Kapitel 2.1 werden zunächst theoretische Grundlagen gelegt: Einige Schlüsselbegriffe der Spracherwerbsforschung werden eingeführt und verschiedene Ansätze zum Spracherwerb vorgestellt. In Kapitel 2.2 werden der (bilinguale) Erstspracherwerb und der (frühe) Zweitspracherwerb im Kindesalter fokussiert und die Unterschiede zwischen diesen Erwerbsformen kurz beschrieben. Im Kapitel 2.3 steht der Zweitspracherwerb im Mittelpunkt. Hier wird zunächst erarbeitet, was unter „Lernersprache“ zu verstehen ist und welche Merkmale sie kennzeichnen. Einen besonderen Stellenwert nimmt dabei die Diskussion um Erwerbssequenzen ein. Im weiteren Verlauf des Kapitels werden diejenigen Faktoren beschrieben, die den Zweitspracherwerbsprozess – positiv oder negativ – beeinflussen.

2.1 Spracherwerb: Empirie und Theorie

Wie unterscheidet sich die menschliche Sprache von den Kommunikationsformen anderer Lebewesen, etwa der Kommunikation von Walen, Zugvögeln oder Bienen? Wie hat sich die menschliche Sprachfähigkeit im Laufe der Entwicklungsgeschichte des Menschen herausgebildet? Wie sind die unterschiedlichen Sprachen entstanden? Wie lernt das kleine Kind sprechen, welche Fähigkeiten sind ihm angeboren und wo ist es auf die Unterstützung seiner Umgebung angewiesen? Wie viele Sprachen kann ein Mensch erfolgreich lernen? Braucht man für das Sprachenlernen eine besondere Begabung? Lernt man als Kind eine Sprache schneller und besser als als Jugendliche/r oder als Erwachsene/r? Fragen wie diese beschäftigen die Menschen schon seit langer Zeit und geben der Forschung auch heute noch manches Rätsel auf.

Empirische Studien

Inzwischen liegen zahlreiche empirische Studien vor, die sich mit der sprachlichen Entwicklung von Kindern, Jugendlichen und Erwachsenen beschäftigen. Früher wurden diese Studien mit Papier und Bleistift in Form von „Tagebuchstudien“ durchgeführt: Bekannt sind zum Beispiel die Studien von Ronjat (1913) und Leopold (1949), die die sprachliche Entwicklung ihrer eigenen zweisprachig aufwachsenden Kinder auf diese Weise ausführlich dokumentierten. Heute stehen der Spracherwerbsforschung für Untersuchungen andere technische Möglichkeiten zur Aufzeichnung und Speicherung sprachlicher Daten zur Verfügung. Diese Untersuchungen werden häufig von größeren Forschergruppen durchgeführt und entweder als Längsschnittstudien oder als Querschnittsstudien an-

Tagebuchstudien

Längsschnittstudien

Querschnittsstudien

gelegt. In Längsschnittstudien, auch als Longitudinalstudien bezeichnet, wird die sprachliche Entwicklung über einen längeren Zeitraum beobachtet. Eine solche Studie kann sich durchaus über mehrere Jahre erstrecken. In Querschnittsstudien wird die sprachliche Entwicklung zu einem bestimmten Zeitpunkt oder in einem kurzen Entwicklungszeitraum untersucht. Die Datensammlung kann sich auf spontane Äußerungen der beobachteten Personen in natürlichen Gesprächssituationen beschränken. Das hat allerdings den Nachteil, dass unter Umständen eine Struktur, über deren Erwerb die Forscher etwas wissen wollen, in eben diesen spontanen Äußerungen nicht vorkommt. Dann können zusätzlich Tests durchgeführt werden, mit denen man bestimmte sprachliche Phänomene gezielt untersucht. Das heißt, man versucht, Äußerungen, die die zu untersuchenden sprachlichen Phänomene enthalten, durch gezielte Aufgabenstellungen „hervorzulocken" (zu elizitieren). Solche Tests, die schon mit Proband:innen im Kindesalter durchführbar sind, ermöglichen den Forschenden auch Erkenntnisse über das (kindliche) Sprachverständnis. Aufschlussreich können außerdem Grammatikalitätsurteile von Versuchspersonen sein. Auch Kinder kann man schon um solche Grammatikalitätsurteile bitten: „Hört sich das komisch bzw. falsch oder richtig an?" Das Interesse der Forschung konzentriert sich bei all diesen Untersuchungen in aller Regel auf bestimmte Bereiche des sprachlichen Wissens, zum Beispiel auf die Entwicklung des Wortschatzes oder auf die Entwicklung des grammatischen Wissens.

Sprachliches Wissen

Wenn Spracherwerbsforscher:innen von sprachlichem Wissen sprechen, unterscheiden sie häufig zwischen einem ‚gewusst wie' oder ‚knowing how' und einem ‚gewusst dass' oder ‚knowing that'. Diesen Unterschied kann man sich leicht mit Hilfe eines Beispiels verdeutlichen: Ein kleines Kind, das „Max gehte" sagt, verfügt offenbar über ein Muster zur Bildung einer Vergangenheitsform von Verben (knowing how), es kennt aber nicht die Regel, dass nur das Präteritum schwacher Verben im Deutschen mit der Endung -te gebildet wird (knowing that). Es verfügt also noch nicht über das knowing how und das knowing that, dass es und warum es „Max ging" heißen muss. Dieses sprachliche knowing how wird gelegentlich auch als ‚stilles Wissen' oder ‚tacit knowledge' bezeichnet.

Übung 01

> Bearbeiten Sie die folgende Aufgabe:
> Welche Rolle spielen Ihrer Einschätzung nach Korrekturen durch Erwachsene beim kindlichen Erstspracherwerb?

Lernen und Erwerben

Bei der Erforschung sprachlicher Aneignungsprozesse wird häufig zwischen „Lernen" und „Erwerben" unterschieden. Von Lernen wird gesprochen, wenn die sprachlichen Aneignungsprozesse durch Unterricht gelenkt werden. In diesem Fall wird auch von „gesteuertem" Spracherwerb gesprochen. Davon unterschieden werden sprachliche Aneignungsprozesse, die nicht durch Sprachunterricht gelenkt werden. In diesem Fall wird auch von „ungesteuertem" oder „natürlichem" Spracherwerb gesprochen. Ein Beispiel für ausschließlich ohne formalen Unterricht erworbene Sprachkenntnisse bietet die kindliche Sprachentwicklung in den ersten Lebensjahren. Aber auch in späteren Lebensjahren kann eine Sprache völlig ohne Unterricht erworben werden. Viele Zuwanderer, die erst als Erwachsene nach Deutschland kamen, haben ihre Deutschkenntnisse ausschließlich ungesteuert am Arbeitsplatz und in der Freizeit erworben. Zugewanderte Kinder und Jugendliche, die eine deutsche Schule besuchen, erhalten in vielen Fällen Deutsch-als-Zweitsprache-Unterricht, gleichzeitig erwerben sie Sprachkenntnisse in alltäglichen Situationen. Ihre sprachlichen Aneignungsprozesse setzen sich also aus gesteuerten und ungesteuerten Elementen zusammen. In der Sprachlehrforschung und in der Spracherwerbsforschung werden für diese unterschiedlichen Aneignungskontexte verschiedene Begriffe verwendet: Als Fremdsprache wird diejenige Sprache bezeichnet, die ausschließlich oder vorwiegend im Unterricht erworben wird. Eine Sprache, die überwiegend ohne Unterricht in alltäglichen Kontaktsituationen erworben wird, bezeichnet man hingegen als Zweitsprache. Eine strikte Trennung zwischen „erworbenen" und „erlernten" Sprachkenntnissen lässt sich allerdings häufig nicht aufrechterhalten, wie sich am Spracherwerb zugewanderter Kinder und Jugendlicher zeigt (Ahrenholz 2017a und 2017b). Aber auch der moderne Fremdsprachenunterricht setzt immer mehr gezielt auf eine Ergänzung durch das Angebot „natürlicher" Erwerbssituationen, etwa in Form von Austauschprogrammen oder längeren Auslandsaufenthalten, oder er versucht, durch den Einsatz der Fremdsprache als Unterrichtssprache in anderen Unter-

Gesteuert und ungesteuert

Fremdsprache und Zweitsprache

richtsfächern eine solche „natürliche" Erwerbssituation künstlich zu erzeugen (Siebert-Ott & Decker 2017).

In der internationalen Literatur, vor allem in der Spracherwerbsforschung, wird der Begriff „Zweitsprache" weiter gefasst. Dort bezeichnet er – ungeachtet des jeweiligen Aneignungskontextes – eine Sprache, die nach der Erstsprache angeeignet wird. Oft wird dafür das Kürzel L2 verwendet.

Immersion

Programme, in denen eine Fremdsprache als Unterrichtssprache im Fachunterricht eingesetzt wird, werden als Immersionsprogramme (oder bilinguale Programme) bezeichnet. In Deutschland werden solche Programme an weiterführenden Schulen seit etwa vierzig Jahren angeboten. Meist werden zwei oder drei Unterrichtsfächer in der Fremdsprache unterrichtet. Bevorzugte Sprachkombinationen sind deutsch-englisch und deutsch-französisch. Seit einiger Zeit werden solche Programme auch im Vorschul- und Grundschulbereich erprobt. In diesen „early immersion-Programmen" kann die Fremdsprache für einen begrenzten Zeitraum als Unterrichtssprache dominieren.

Erstsprache und Zweitsprache

Auch wenn eine klare Differenzierung zwischen „Erwerben" und „Lernen" in vielen Fällen nicht möglich ist, ist es dennoch durchaus sinnvoll, bei der Erforschung sprachlicher Aneignungsprozesse deutlich zwischen verschiedenen Formen von Aneignungsprozessen zu unterscheiden. Auf besonderes Interesse in der Forschung ist die Sprachentwicklung von kleinen Kindern gestoßen. Dabei ist zu unterscheiden zwischen Kindern, die mit einer Sprache aufwachsen, und Kindern, die von frühester Kindheit an mit zwei Sprachen aufwachsen. Den ersten Fall bezeichnet man gelegentlich als monolingualen Erstspracherwerb. Im zweiten Fall spricht man von bilingualem Erstspracherwerb. Beginnt der Erwerb einer der beiden Sprachen mit einer deutlichen zeitlichen Verzögerung, dann unterscheidet man zwischen Erstspracherwerb und Zweitspracherwerb (im weiteren Sinne). Über die Altersgrenze, ab der man nicht mehr von zwei Erstsprachen spricht, sondern Erstsprache und Zweitsprache unterscheidet, besteht in der Forschung keine völlige Einigkeit. Als eine häufig genannte Grenze für eine Unterscheidung zwischen (bilingualem) Erstspracherwerb und

Bilingualer Erstspracherwerb

Früher Zweitspracherwerb

frühem Zweitspracherwerb findet man in der Literatur das Alter von drei bis vier Jahren (Ahrenholz 2017a, Chilla et al. 2010, Rothweiler 2015, Siebert-Ott 2017, Thoma & Tracy 2006).

Tertiärsprachen

Gelegentlich wird neben den Begriffen „Erstsprache" und „Zweitsprache" auch noch der Begriff „Tertiärsprachen" verwendet. Damit werden weitere Sprachen, die nach der Erst- und der Zweitsprache angeeignet werden, bezeichnet. Häufig ist damit auch die zweite Schulfremdsprache gemeint. Mit diesen Unterscheidungen soll dem Umstand Rechnung getragen werden, dass die Aneignung weiterer Sprachen immer auch vor dem Hintergrund des bereits vorhandenen sprachlichen Wissens vonstattengeht. Dieser Faktor sollte sowohl in der Spracherwerbs- und Sprachlernforschung als auch im Sprachunterricht Berücksichtigung finden. Aufgrund der vorliegenden Erkenntnisse ist davon auszugehen, dass es nachweisbare Unterschiede in den sprachlichen Aneignungsprozessen von Schüler:innen gibt, die eine erste Fremdsprache lernen, und von solchen, die eine zweite Fremdsprache lernen, d.h. bereits Erfahrungen mit der Aneignung einer Fremdsprache haben. Dabei hat offenbar auch die Sprachenfolge Einfluss auf die sprachlichen Aneignungsprozesse. So ist es durchaus sinnvoll zu unterscheiden, ob jemand Deutsch als erste Fremdsprache oder Deutsch als zweite Fremdsprache (Tertiärsprache) beispielsweise nach Englisch als erster Fremdsprache lernt.

Übung 02

> Bearbeiten Sie die folgende Aufgabe:
> Führen Sie eine kleine Untersuchung in Ihrem Bekanntenkreis durch zu der Frage, was Kinder in die Lage versetzt, erfolgreich den Erwerb ihrer Erstsprache zu meistern, und notieren Sie wichtige Resultate in Stichworten.

Spracherwerbstheorien

Es gibt inzwischen eine ganze Anzahl von Versuchen, Antworten auf die Frage zu finden, welche inneren Voraussetzungen und welche äußeren Bedingungen zum Gelingen von sprachlichen Aneignungsprozessen beitragen. Unterschiedliche theoretische Annahmen, die die Entwicklung sprachlichen Wissens im Kindesalter sowie im Jugend- und Erwachsenenalter erklären sollen, sind formuliert, kritisch diskutiert und zum Teil auch wieder verworfen worden. Nach wie vor existieren in der Spracherwerbsforschung konkurrierende Erklärungsmodelle sowohl für den Erstspracherwerb als auch für den Zweitspracherwerb.

Dies ist aber nicht als Mangel zu verstehen: Für Wissenschaftskommunikation ist die fachliche Auseinandersetzung zu einem Thema „gegenstandskonstitutiv“. Durch Diskurs und Kontroverse geprägte wissenschaftliche Erkenntnisprozesse sollten dargestellt und damit nachvollziehbar gemacht werden (Feilke/Lehnen/Steinseifer 2019, 13ff.). Dies gilt grundsätzlich auch für Darstellungen mit einführendem Charakter.

Wird in der einschlägigen Fachliteratur ein Überblick über Erklärungsansätze und Hypothesen in der Erst- und Zweitspracherwerbsforschung gegeben und die Entwicklung der Theoriediskussion nachgezeichnet, so wird in Verbindung damit häufig zugleich verdeutlicht, welcher Beitrag zu dieser Diskussion durch die eigene Forschung geleistet werden soll und welche Konzepte infrage gestellt werden sollen (Feilke/Lehnen/Steinseifer 2019, 24), vgl. hierzu etwa Chilla et al. 2010, Jeuk 2013, Rohlfing 2019, Rothweiler 2007 und 2015, Siebert-Ott 2001, Tracy 2020.

Behaviorismus

Zu erwähnen ist zunächst einmal der behavioristische Erklärungsansatz, der den menschlichen Spracherwerb als einen Konditionierungsprozess deutet (Skinner 1957). Lernen – auch sprachliches Lernen – erfolgt danach mit Hilfe von Versuch und Irrtum. Das Kind reagiert auf einen sprachlichen Reiz seiner Umgebung, indem es versucht, die Äußerungen der Erwachsenen nachzuahmen. Kindliche Äußerungen können positiv verstärkt werden, wenn sie den Erwartungen der Umgebung entsprechen, andernfalls kann auch eine negative Reaktion auf die kindliche Äußerung erfolgen: „Es heißt nicht Max gehte, es heißt Max ging.“ Der behavioristische Erklärungsansatz in der hier skizzierten Form (Reiz-Reaktion, Spracherwerb als Konditionierungsprozess) gilt in der Spracherwerbsforschung als überholt, vgl. hierzu bereits Chomsky (1957, 1959). Die Frage nach der Bedeutung der Nachahmungsfähigkeit für den Spracherwerb bleibt aber weiter im Fokus der Forschung. Im Alltagsverständnis wird sie oft als Hauptantriebskraft für die kindliche Sprachentwicklung angesehen.

Mentalismus / Nativismus

Mentalistische (nativistische) Ansätze erklären die kindliche Sprachentwicklung demgegenüber mit sprachspezifischen kognitiven Voraussetzungen des Menschen. Pinker (1996) spricht in diesem Zusammenhang von einem „Sprachinstinkt“ und bezieht sich dabei auf Chomsky und die von ihm formulierte und in zahlreichen Publikationen weiterentwickelte Theorie der Universalgrammatik (vgl. etwa Chomsky 1965, 1972, 1986): Anders als der Behaviorismus postulierte, müssen Kinder nach Chomsky „mit einem mentalen Plan ausgestattet sein, der den Grammatiken sämtlicher Sprachen gemeinsam ist – mit einer Universalgrammatik, die ihnen sagt, wie aus der gesprochenen Sprache ihrer Eltern syntaktische Muster herauszufiltern sind“ (Pinker 1996, 26).

Universalgrammatik

Die Theorie der Universalgrammatik geht davon aus, dass es sprachspezifische kognitive Fähigkeiten zum Erkennen sprachlicher Muster gibt, die – als genetische Anlagen – grundsätzlich allen Menschen zur Verfügung stehen. Diese grundlegenden Fähigkeiten ermöglichen dem Kleinkind den Erwerb einer beliebigen Sprache als Erstsprache und erklären die erstaunliche Schnelligkeit, mit der das kleine Kind im Kontakt mit seiner Umwelt die komplexen grammatischen Strukturen seiner Erstsprache(n) erfolgreich meistert.

Kognitivismus

Mit Blick auf Erklärungsansätze in der Spracherwerbsforschung, die speziell für die Untersuchung des Spracherwerbs im Kindesalter von Bedeutung sind, wird häufig die Unterscheidung getroffen zwischen mentalistischen, kognitivistischen und interaktionistischen Erklärungsansätzen. Von kognitivistischen oder kognitiven Ansätzen wird gelegentlich umfassend gesprochen, wenn man nicht-behavioristische Ansätze meint. Von kognitiven Ansätzen im engeren Sinne spricht man im Hinblick auf Spracherwerbstheorien, die versuchen, die sprachliche Entwicklung des Kindes in Verbindung mit dessen kognitiver Entwicklung zu erklären. Dieser Ansatz geht zurück auf Piaget und die Genfer Schule. Die Sprachentwicklung steht danach in engem Zusammenhang mit der Entwicklung der Symbolisierungsfähigkeit und der allgemeinen kognitiven Entwicklung. Der Zugang zu formalen Strukturen im Spracherwerb erfolgt nach dieser Theorie auch über die Bedeutung. Theorien, die Form-Funktions-Zusammenhänge fokussieren, werden auch als funktionalistisch bezeichnet (Rothweiler 2015, 292).

Funktionalismus

„Mutterisch“ („Motherese“, „child directed speech“)

Interaktionismus

Im Gegensatz zu mentalistischen (nativistischen) Ansätzen berücksichtigen interaktionistische Ansätze in der Erstspracherwerbsforschung besonders den Beitrag der Umgebung zur sprachlichen Entwicklung. Ein bedeutender Vertreter dieses Ansatzes ist Bruner. Er betont die Rolle der Gesprächspartner:innen des Kindes für die sprachliche Entwicklung. Deren Fähigkeiten, auf den Entwicklungsstand des Kindes einzugehen und ihm sprachliche Vorbilder zu bieten, die ihm den nächsten Entwicklungsschritt ermöglichen, seien neben den notwendigen kognitiven Voraussetzungen – die Existenz angeborener sprachspezifischer Fähigkeiten für den Grammatikerwerb wird von Bruner nicht infrage gestellt – die Hauptantriebskraft für die kindliche Sprachentwicklung (vgl. Bruner 1983). Dass eine sprachanregungsreiche Umgebung und ein intensives Eingehen auf die Kommunikationsbedürfnisse des Kindes für seine sprachliche Entwicklung förderlich sind, wird in der Spracherwerbsforschung nicht grundsätzlich in Zweifel gezogen. Es wird allerdings in Zweifel gezogen, dass eine solche sprachliche Anpassung, speziell für den Erwerb grammatischen Wissens, notwendig ist (Rothweiler 2015).

Gebrauchsbasierte (usage based) Erwerbsmodelle

Gebrauchsbasierte Erwerbsmodelle

Für gebrauchsbasierte Erwerbsmodelle spielen Äußerungsformen (Konstruktionen), die „Form-Funktionsbeziehungen festhalten“, eine zentrale Rolle (Rohlfing 2019, 28). Mit Bezug auf Tomasello (2005) und Behrens (2009) charakterisiert Rothweiler diese Erwerbsmodelle als eine Zusammenführung von Aspekten kognitivistischer, funktionalistischer und interaktionistischer Modelle: „Generelle kognitive Erwerbsmechanismen und soziale und kommunikative Fähigkeiten allein sind in diesem Ansatz für den Spracherwerb ausreichend“ (Rothweiler 2015, 292).

Zepter (2018, 130ff.) diskutiert die Frage, ob und ggf. wie sich gebrauchsbasierte Erwerbsmodelle auch auf den Zweitspracherwerb übertragen und für die Zweitsprachendidaktik nutzen lassen. Sie sieht hier eine Parallele zu den in Kap. 2.3 diskutierten Überlegungen zur schrittweisen Erschließung einer Zielsprache im Zweitspracherwerb (Interlanguage-Theorie), bei der ‚Chunks‘, d.h.

Konstruktionen

„Sprachkompetenz konstituiert sich als strukturiertes Inventar von bedeutungstragenden sprachlichen Konstruktionen. Diese Konstruktionen werden als eine Art holistischer Muster, als konventionalisierte Form-Bedeutungspaare gefasst. Die Verbindung von Form und Inhalt ist bereits Teil der Konstruktion. Konstruktionen können abstrakt sein, sind aber nie leere Regeln ohne semantischen Gehalt oder kommunikative Funktion. Eine mentale Grammatik ist damit nicht mehr und nicht weniger als ein strukturiertes Netzwerk von Konstruktionen.“ (Zepter 2018, 130)

nicht-analysierte sprachliche Einheiten, die zunächst als Ganzes angeeignet werden und deren Strukturen bzw. Muster sich den Lernenden erst nach und nach erschließen, eine wesentliche Rolle spielen.

Erstspracherwerb und Zweitspracherwerb: identisch oder verschieden?

Kontrastivhypothese

Die Diskussion um die Frage, ob sprachliche Aneignungsprozesse im Erstspracherwerb und im Zweitspracherwerb äußerlich identisch verlaufen und auch durch dieselben kognitiven Prozesse gesteuert werden, hat schon früh die Hypothesenbildung in der Zweitspracherwerbsforschung bestimmt. Die Kontrastivhypothese, die auf der Grundlage eines behavioristischen Erklärungsansatzes formuliert wurde, geht davon aus, dass das bereits vorhandene erstsprachliche Wissen für den Zweitspracherwerb eine entscheidende Rolle spielt. Strukturelle Unterschiede zwischen den Sprachen werden als wesentliche Fehlerursache angesehen. Besondere Lernschwierigkeiten und Fehler beim Zweitspracherwerb lassen sich der Kontrastivhypothese zufolge durch die jeweiligen Unterschiede zwischen Erst- und Zweitsprache erklären. Entwicklungsverläufe im Zweitspracherwerb variieren danach in Abhängigkeit von der jeweiligen Erstsprache. In dieser starken Form wurde die Kontrastivhypothese verworfen.

Identitätshypothese

Die Identitätshypothese, die auf der Grundlage des nativistischen Erklärungsansatzes – basierend auf der Theorie einer Universalgrammatik – formuliert wurde, geht demgegenüber davon aus, dass das sprachliche Vorwissen für den Zweitspracherwerb keine besondere Rolle spielt. Erstspracherwerb und Zweitspracherwerb unterliegen nach dieser Hypothese denselben Prinzipien. In dieser starken Form wurde auch die Identitätshypothese verworfen. Empirische Untersuchungen haben gezeigt, dass es zwar einerseits durchaus Gemeinsamkeiten zwischen Erstspracherwerb und Zweitspracherwerb gibt, dass sich andererseits aber auch deutliche Unterschiede beobachten lassen. Die Diskussion über die Frage, inwieweit sprachliche Aneignungsprozesse im Erst- und im Zweitspracherwerb durch identische kognitive Prozesse gesteuert werden, ist damit aber noch nicht abgeschlossen. Eine entscheidende Rolle spielt hier offenbar das Alter bei Erwerbsbeginn (Dimroth 2007, Haberzettl 2014, Meisel 2007, Siebert-Ott 2001 und 2017).

Interlanguage-hypothese

Die Beobachtung, dass sich Unterschiede im Erst- und Zweitspracherwerb nicht allein durch Unterschiede im sprachlichen Vorwissen erklären lassen, führte auch zur Formulierung der Interlanguage-Hypothese. Lerner:innen durchlaufen nach dieser Hypothese bei der Aneignung einer Zweitsprache verschiedene Zwischenstadien, die als „Interlanguages" bezeichnet werden. Diese Zwischenstadien, für die auch die Begriffe „Lernersprachen", „Zwischensprachen" oder „Interimssprachen" verwendet werden, weisen einerseits Merkmale der Ausgangssprache(n) und der Zielsprache auf, haben andererseits aber auch charakteristische Merkmale, die sich weder aus Eigenschaften der Ausgangssprache(n) noch aus Eigenschaften der Zielsprache erklären lassen. Darauf wird in Kapitel 2.3 näher eingegangen.

Spracheneinfluss: Interferenzen und Transfer

Dass das bereits verfügbare sprachliche Wissen nicht nur für den Zweitspracherwerb, sondern bereits für den bilingualen Erstspracherwerb eine bedeutsame Rolle spielt, wird allerdings auch von der modernen Spracherwerbsforschung nicht in Frage gestellt. Unterschieden werden dabei zwei Arten von Spracheneinfluss: Interferenzen und Transfer. Von einigen Forscher:innen wird Interferenz als ein Performanzphänomen interpretiert, also ein sporadisch auftretendes Phänomen im Sprachgebrauch, das – ähnlich wie ein Versprecher – keine direkten Rückschlüsse auf das verfügbare sprachliche Wissen erlaubt. Transfer wird demgegenüber der Kompetenz, also dem sprachlichen Äußerungen zugrunde liegenden sprachlichen Wissen, zugeordnet. Dabei wird unterschieden zwischen positivem Transfer und negativem Transfer. Positiver Transfer beschleunigt den Spracherwerb. Er ist möglich, wenn bestimmte sprachliche Muster oder sprachliche Mittel in Ausgangs- und Zielsprache identisch sind und Sprachlernende ihr verfügbares Sprachwissen für den Spracherwerb erfolgreich nutzen können. Negativer Transfer verzögert dagegen den Spracherwerb. Die Übertragung sprachlichen Wissens führt dann zu Fehlern, etwa bei der Aussprache, der Verwendung bestimmter grammatischer Muster oder bei der Verwendung von Wörtern oder Redewendungen (Müller, Kupisch, Schmitz & Cantone 2011).

Übung 03

> Bearbeiten Sie die folgende Aufgabe:
> Nennen Sie Beispiele für typische Transferfehler englischsprachiger Deutschlerner:innen im Bereich der Wortstellung und des Wortschatzes.

Ausblick

Eine einheitliche Spracherwerbstheorie, die alle hier erwähnten sprachlichen Aneignungsprozesse nicht nur umfassend beschreiben, sondern auch deren kognitive Grundlagen angemessen erklären kann, liegt gegenwärtig noch nicht vor und ist auch – zumindest in näherer Zukunft – nicht zu erwarten. Trotz dieser – besonders für Studienanfänger:innen – nicht ganz übersichtlichen und vielleicht auch nicht ganz befriedigenden Ausgangslage lässt sich das Interesse für die Resultate aktueller empirischer Spracherwerbsforschung und die Entwicklung ihrer theoretischen Grundlagen auch mit seiner Praxisrelevanz begründen: Die Spracherwerbsforschung ist zunehmend in der Lage, Erkenntnisse zu liefern, die eine solide Ausgangsbasis für eine erfolgreiche Steuerung von sprachlichen Aneignungsprozessen bei Kindern und Jugendlichen im Rahmen des Unterrichts oder in besonderen Fördermaßnahmen bieten können.

2.2 Bilingualer Erstspracherwerb und früher Zweitspracherwerb

Empirische Untersuchungen zum Zweitspracherwerb

Für die Beantwortung der Frage, welche Gemeinsamkeiten und Unterschiede bei der Lösung von Erwerbsaufgaben – etwa im Bereich des Satzbaus – zwischen Erstspracherwerb und Zweitspracherwerb bestehen, spielt offenbar das Alter bei Erwerbsbeginn eine besondere Rolle. Von bilingualem Erstspracherwerb wird häufig gesprochen, wenn der Kontakt mit beiden Sprachen spätestens bis zum Alter von drei Jahren begonnen hat, und von frühem Zweitspracherwerb, wenn der Kontakt mit der zweiten Sprache im Alter von drei bis zum Alter von fünf bzw. sechs Jahren begonnen hat (Rothweiler 2007 und 2015). Für die Differenzierung nach Altersgruppen schlägt Ahrenholz (2017a, 6) weiter eine Unterscheidung der Altersabschnitte von sechs bis acht und von acht bis zwölf Jahren vor. Für den Erwerb der Syntax des Deutschen, einem empirisch besonders gut erforschten Bereich, wurden hier Profile der beobachteten Entwicklungsphasen erstellt, die auch für Diagnostik und Therapie von Sprachentwicklungsstörungen genutzt werden können (für einen Überblick vgl. Siebert-Ott 2017).

Erwerbs-phase	Verbstellung	Beispiele (konstruiert)
Phase 0	Einkonstituenten-Äußerungen	*Brot, ein Brot*
Phase I	Mehrkonstituenten-Äußerungen Subjekt+Prädikat+weitere Konstituente	*Ich komme nachher.* *Ich kaufe Brot.*
Phase II	Voranstellung von Adverbialen	*Nachher ich kaufe Brot* *Nachher ich will kaufen Brot*
Phase III	Bildung der Verbklammer	*Nachher ich will Brot kaufen*
Phase IV	Verbzweitstellung (‚Subjekt-Verb-Inversion)	*Nachher will ich Brot kaufen*
Phase V	Satzinterne Stellung von Adverbialen	*Ich will nachher Brot kaufen*
Phase VI	Nebensätze mit Endstellung des finiten Verbs	*dass ich nachher Brot kaufen will*

Abb. 3 Zweitspracherwerb Erwachsener (Clahsen et al. 1983, Siebert-Ott 2017, 165)

Zum ungesteuerten Zweitspracherwerb von Jugendlichen und Erwachsenen mit Zuwanderungsgeschichte wurden bereits in den siebziger und achtziger Jahren empirische Untersuchungen vorgelegt (Heidelberger Forschungsprojekt „Pidgin-Deutsch" 1975, Clahsen, Meisel & Pienemann 1983). Die folgende Übersicht über die Phasen, in denen die Verbstellung des Deutschen im Zweitspracherwerb erworben wird, basiert auf den Ergebnissen einer umfangreichen empirischen Studie von Clahsen, Meisel und Pienemann (1983) zum ungesteuerten Zweitspracherwerb Jugendlicher und Erwachsener mit einer romanischen Ausgangssprache (Sprachen mit Verb-Objekt-Abfolge) sowie einer ergänzenden Studie mit Jugendlichen im Alter von vierzehn bis sechzehn Jahren mit Türkisch als Ausgangssprache (Sprache mit Objekt-Verb-Abfolge) (Clahsen & Muysken 1986).

Die Ergebnisse dieser Studien wurden mit den Ergebnissen empirischer Studien zum Erstspracherwerb von Kindern verglichen, die monolingual mit Deutsch als einziger Sprache aufwuch-

Erwerbs-phase	**Äußerungslänge, Verbstellung**	**Beispiele / Verbflexion**
Phase I (1;0-1;6)	Überwiegend Einwortäußerungen	*Ball*
Phase II (1;6-2,0)	Ein-, Zwei- und Mehrwortäußerungen Verbendstellung überwiegt	Endungslose Formen und Infinitive *Ball haben*
Phase III (1,9-2;6)	Überwiegend Mehrwortäußerungen mit Verbendstellung; erste Beispiele für Bildung der Verbklammer	-t (3.Pers.Sg.), in der linken Verbklammer gehäuft Modelverben und flektierte Formen von sein *Turm baut, will Ball haben*
Phase IV (2;0-3;0)	Überwiegend zielsprachliche Verbstellung (einschließlich Subjekt-Verb-Inversion) Verbklammer zielsprachlich	-st (2.Pers.Sg.), kaum Fehler bei der Verbflexion (bei Person und Numerus) *Da kommt Mama.* *Den Ball will Paul haben*
Phase V (2;6-3;0)	Erstmaliges Auftreten von Nebensätzen (überwiegend mit Zielsprachlicher Verbstellung)	... *weil Paul den Ball haben will*

Abb. 4 monolingualer Erstspracherwerb (Clahsen 1986 und 1988; Siebert-Ott 2017, 162)

sen. Die Übersicht in Abb. 4 gibt Erwerbsabfolgen aus den Bereichen Verbstellung und Verbflexion wieder.

Unterschiede in den Erwerbsabfolgen sind bei der Herausbildung der zielsprachlichen Verbstellung zu beobachten: Während die erwachsenen Zweitsprachlerner:innen zunächst Verbzweitstellung (S)VX präferieren, dominiert beim kindlichen Erstspracherwerb zunächst die Verbendstellung (S)XV. Aus diesen Beobachtungen wurde geschlossen, dass der Zweitspracherwerb älterer Jugendlicher und Erwachsener auf anderen kognitiven Strategien basiert als der Spracherwerb im frühen Kindesalter (Clahsen & Muysken 1986, Clahsen 1988). Diskutiert wird allerdings auch weiterhin die Frage nach dem Einfluss der jeweiligen Ausgangssprachen auf den Zweitspracherwerb von Kindern, Jugendlichen und Erwachsenen.

Ein Mangel an empirischer Forschung zur Entwicklung von Mehrsprachigkeit im Kindesalter erlaubte zunächst keine schlüssigen Antworten auf die grundsätzliche Frage, ob der Zweitspracherwerb im Kindesalter mehr Gemeinsamkeiten mit dem monolingualen und ggf. dem bilingualen Erstspracherwerb oder mit dem Zweitspracherwerb älterer Lerner:innen aufweist. Inzwischen liegen nicht nur zum bilingualen Erstspracherwerb, sondern auch zum Zweitspracherwerb im Kindesalter etliche empirische Studien vor, vgl. hierzu etwa den Überblick bei Chilla, Rothweiler & Babur 2010, Haberzettl 2014, Müller& Schmitz 2020 und Tracy 2020.

Das Drei-Phasen-Modell des bilingualen Erstspracherwerbs

3-Phasen-Modell

Empirische Untersuchungen zu Spracheneinfluss und Sprachentrennung haben gezeigt, dass bilingual aufwachsende Kinder bereits ab einem frühen Alter grundsätzlich zur Sprachentrennung in der Lage sind. In Zweifel gezogen wird in der neueren Forschung das Drei-Phasen-Modell des bilingualen Erstspracherwerbs, das von Taeschner und Volterra auf der Basis einer Längsschnittuntersuchung bilingual deutsch-italienisch aufwachsender Kinder formuliert wurde. Nach diesem Modell lassen sich in der ersten Phase des bilingualen Erstspracherwerbs weder beim Erwerb grammatischen Wissens noch beim Erwerb lexikalischen Wissens die beiden Sprachen voneinander unterscheiden. In der zweiten Phase entwickeln bilinguale Kinder zunächst im Bereich des Wortschatzes die Fähigkeit zur Trennung zwischen den beiden Sprachen. Erst in einer dritten Phase entwickeln bilingual aufwachsende Kinder nach diesem Modell auch die Fähigkeit zur Unterscheidung zwischen den grammatischen Systemen beider Sprachen.

Sprachentrennung

Neuere empirische Studien zum bilingualen Erstspracherwerb, die sich zum Teil ausdrücklich auf dieses Drei-Phasen-Modell beziehen, gelangen dagegen zu dem Ergebnis, dass Kinder bereits zu einem sehr frühen Zeitpunkt zur Sprachentrennung in der Lage sind. Das gilt sowohl im Hinblick auf die Entwicklung ihres Wortschatzes als auch im Hinblick auf die Entwicklung ihres grammatischen Wissens. Untersucht wurde zum Beispiel bei bilingual deutsch-italienisch aufwachsenden Kindern, ob diese über lexikalische Äquivalente verfügen. Kennt ein bilinguales Kind, das in der Kommunikation mit einem deutschsprachigen Gesprächspartner das Wort ‚cane' verwendet, tatsächlich nicht das deutsche Äquivalent ‚Hund'? Dem Drei-Phasen-Modell zufolge sollten sich in der ersten Entwicklungsphase im Wortschatz bilingualer Kinder kaum derartige Äquivalente finden lassen. Dies bestätigt sich in neueren empirischen Untersuchungen nicht (Müller, Kupisch, Schmitz & Cantone 2011).

Lexikalische Äquivalente

Spracheneinfluss: positiver und negativer Transfer

Positiver und negativer Transfer

Empirische Untersuchungen haben allerdings auch gezeigt, dass bereits im bilingualen Erstspracherwerb Spracheneinfluss eine bedeutsame Rolle spielen kann. Unterschieden werden dabei zwei Arten von Spracheneinfluss: Interferenzen und Transfer. Positiver Transfer ist möglich, wenn bestimmte sprachliche Muster oder sprachliche Mittel in beiden Sprachen identisch sind und Sprachlerner:innen ihr bereits verfügbares Sprachwissen aus der einen Sprache erfolgreich für den Erwerb der anderen Sprache nutzen können. Auch kann positiver Transfer den Erwerb bestimmter sprachlicher Muster deutlich beschleunigen. Beobachtet wurde aber auch negativer Transfer in Fällen, in denen die übertragenen sprachlichen Muster in Ausgangs- und Zielsprache nicht identisch waren. Auf negativen Transfer kann aus charakteristischen Fehlern geschlossen werden. Negativer Transfer kann den Erwerb bestimmter sprachlicher Muster deutlich verzögern (Müller, Kupisch, Schmitz & Cantone 2011).

Spracheneinfluss

Müller, Kupisch, Schmitz & Cantone 2011 beschreiben die Auswirkungen von Spracheneinfluss in Form von positivem und negativem Transfer mit Beispielen aus dem Erwerb der Wortstellung bei bilingual mit Deutsch und einer romanischen Sprache (Französisch oder Italienisch) aufwachsenden Kindern. Als Bezugsgröße dient dabei der Erwerb der Wortstellung im monolingualen Erstspracherwerb. Eine Beschleunigung gegenüber Entwicklungsverläufen im monolingualen Erstspracherwerb konnte beim Erwerb der Verbzweitstellung im Deutschen beobachtet werden. Bei monolingualen Kindern dominiert im Deutschen in frühen Entwicklungsphasen die Verbendstellung. Dagegen finden sich in Untersuchungen zum bilingualen Erstspracherwerb Beispiele dafür, dass bilingual aufwachsende Kinder diese Entwicklungsphase abkürzen oder gar überspringen können. Sie benötigen deutlich weniger Zeit für den Erwerb der Verbzweitstellung im einfachen Satz. Eine Entwicklungsverzögerung konnte dagegen bei bilingual aufwachsenden Kindern beim Erwerb der Endstellung des finiten Verbs im Nebensatz beobachtet werden. Diese Entwicklungsphase verläuft bei monolingual deutschsprachigen Kindern in aller Regel problemlos: Sobald Nebensätze mit Konjunktionen verwendet werden, die eine Endstellung des finiten Verbs verlangen, wird diese Stellung auch weitgehend fehlerfrei verwendet. Dagegen finden sich in Untersuchungen zum bilingualen Erstspracherwerb auch Beispiele dafür, dass bilinguale Kinder deutlich mehr Zeit benötigen als monolinguale Kinder, bis sie diese Strukturen fehlerfrei beherrschen. Müller, Kupisch, Schmitz & Cantone 2011 betonen aber ausdrücklich, dass solche Entwicklungsverzögerungen und Entwicklungsbeschleunigungen in diesen Studien keineswegs bei allen untersuchten Kindern in gleichem Maße beobachtet werden konnten. Sie betonen außerdem, dass Transfer auch bei ausgewogen bilingualen Kindern auftritt und die Richtung des Transfers nicht als Folge von Sprachdominanz, also als Beeinflussung der schlechter beherrschten „schwachen" durch die besser beherrschte „starke Sprache", erklärt werden kann.

Übung 04

> Vergegenwärtigen Sie sich mit Hilfe einer Grammatik Besonderheiten der Stellung des finiten Verbs im Deutschen: Verberst-, Verbzweit-, Verbendstellung.

Deutsch als frühe Zweitsprache: zweite Erstsprache?

In einer Studie zum frühen Zweitspracherwerb (Thoma & Tracy 2006) wurden Entwicklungsverläufe im Bereich der Wortstellung im Deutschen mit Ergebnissen entsprechender Studien zum monolingualen Erstspracherwerb und zum Zweitspracherwerb älterer Lerner:innen verglichen. Beobachtet wurden Kinder mit den Erstsprachen Türkisch, Russisch und Arabisch, die erst im Alter von drei bis vier Jahren in nennenswertem Umfang in Kontakt mit der Zweitsprache Deutsch gekommen waren. Die Untersuchung ergab, dass die beobachteten Entwicklungsverläufe im frühen Zweitspracherwerb im Deutschen unabhängig von der jeweiligen Erstsprache den aus dem Erstspracherwerb bekannten Verläufen ähnelten. Nicht alle beobachteten Kinder meisterten während des beschriebenen Untersuchungszeitraums alle in Abbildung 4 beschriebenen Entwicklungsschritte. Art und Abfolge der beobachteten Entwicklungsschritte beim Erwerb der Wortstellung im Deutschen als frühe Zweitsprache wiesen aber in allen Fällen eine deutliche Ähnlichkeit mit dem hier beschriebenen Entwicklungsverlauf im Deutschen als Erstsprache auf. Nach Einschätzung von Thoma & Tracy (2006) konnten außerdem alle beobachteten Kinder auch im Hinblick auf den Faktor Entwicklungsdauer durchaus mit einsprachig aufwachsenden Kindern mithalten. Beobachtet wurden allerdings auch Unterschiede in der Art und Abfolge der Entwicklungsschritte zwischen Erstspracherwerb und frühem Zweitspracherwerb sowohl im Bereich der grammatischen Entwicklung (zum Beispiel im Bereich der Nominalflexion) sowie bei der Entwicklung des Wortschatzes. Erste empirische Beobachtungen von Kindern mit unterschiedlichen Erstsprachen, die im Alter von drei bis vier Jahren mit dem Erwerb der Zweitsprache Deutsch beginnen, zeigen also, dass zumindest Teilbereiche des grammatischen Wissens noch in einer dem Erstspracherwerb qualitativ und quantitativ vergleichbaren Art und Weise erworben werden können, wenn die Kinder geeignete Erwerbsbedingungen vorfinden. Entwicklungsrückstände gegenüber Kindern, die Deutsch als Erstsprache lernen, können hier offenbar noch erstaunlich schnell aufgeholt werden. In anderen Bereichen benötigen Zweitsprachlerner:innen dagegen mehr Zeit, um den Entwicklungsstand ihrer einsprachigen Altersgenoss:innen zu erreichen (vgl. auch Chilla, Rothweiler & Babur 2010). Bei Kindern, die erst nach dem Alter

Entwicklungsverlauf

Entwicklungsdauer

von drei bis vier Jahren in nennenswerter Weise mit der Zweitsprache Deutsch in Kontakt kamen, zeigten sich in empirischen Studien abhängig von der jeweiligen Erstsprache Unterschiede in den Entwicklungsverläufen: Sind für die Erstsprache (wie im Türkischen) Objekt-Verb-Abfolgen charakteristisch, so entsprechen – anders als bei Erstsprachen, für die (wie im Russischen) Verb-Objekt-Abfolgen charakteristisch sind – die Entwicklungsverläufe auch bei älteren Kindern noch weitestgehend den im monolingualen Erstspracherwerb beobachteten Entwicklungsverläufen, vgl. Abbildung 5. Strukturen mit einem Platzhalter (‚Dummy‘) werden dabei als „‚sinnvolle‘ Zwischenetappe beim Erwerb der komplexen deutschen Satzstruktur“ charakterisiert (Haberzettl 2014, 10).

Erwerbsphase	Alter bei Erwerbsbeginn: vor dem Alter von 3–4 Jahren	Alter bei Erwerbsbeginn: nach dem Alter von 3–4 Jahren	
		Erstsprache mit OV	Erstsprache mit VO
Phase I	SOV-Abfolgen	SOV-Abfolgen	SVO-Abfolgen
Phase IIa		S *Dummy* X Vinfin S Vinfin O	
Phase II	S Vfin O (S *Dummy* X Vinfin)	S Vfin O	S Vfin O
Phase IIIa			S Vfin Vinfin O
Phase III	S Vfin X Vinfin O	S Vfin X Vinfin O	S Vfin X Vinfin O
Phase IVa			Nebensatz mit S Vfin O
Phase IV	Nebensatz mit S O Vfin	Nebensatz mit S Vfin O	Nebensatz mit S Vfin O

Abb. 5 Erwerb zweier Sprachen im Kindesalter (Haberzettl 2014,11; Siebert-Ott 2017, 162)

Zusammenfassung und Ausblick

Empirische Studien zeigen, dass der früh, im Alter von drei bis vier Jahren, einsetzende Erwerb des Deutschen als Zweitsprache qualitativ und quantitativ noch deutliche Ähnlichkeiten mit dem monolingualen Erstspracherwerb hat. Danach nehmen die Ähnlichkeiten mit den Erwerbsverläufen im frühen Kindesalter ab, eine sensible Phase in der sprachlichen Entwicklung geht hier offenbar zu Ende (Meisel 2007, Dimroth 2007). Während der Erstspracherwerb in der einschlägigen Forschung „als immer ‚erfolgreich' und als im Verlauf ‚uniform' charakterisiert wird" (Meisel 2007, 95), kann der Erwerb einer Zweitsprache bei älteren kindlichen Lerner:innen und später im Jugend- und Erwachsenenalter zwar immer noch erfolgreich verlaufen, „in der Regel ist dafür jedoch ein größerer Aufwand nötig – vor allem aber spielen individuelle Fähigkeiten mit zunehmendem Alter eine immer gewichtigere Rolle" (Meisel 2007, 110).

2.3 Die Entwicklung der Lernersprache

In Abschnitt 2.1 wurden kurz einige einflussreiche Spracherwerbstheorien und Zweitspracherwerbshypothesen vorgestellt. Es wurde deutlich, dass der sprachliche Aneignungsprozess von recht unterschiedlichen Disziplinen und theoretischen Standpunkten aus betrachtet wird und die Ergebnisse durchaus nicht immer konvergent sind. Dabei ist zu berücksichtigen, dass die Erkenntnisse und Hypothesen teilweise auf ganz unterschiedlichen Arten von Daten basieren, die nur schwer vergleichbar sind. So ermittelt eine Längsschnittstudie, die beispielsweise den Spracherwerbsprozess einer/s einzelnen Lernenden über einen längeren Zeitraum hinweg beschreibt, eine anders geartete Datengrundlage als eine Untersuchung, die eine große Anzahl von Lerner:innen zu einem bestimmten Zeitpunkt erfasst, und kommt folglich zu anderen Erkenntnissen als diese. Des Weiteren ist zu berücksichtigen, dass eine einzelne Untersuchung zum Zweitspracherwerb sich immer nur mit bestimmten Teilaspekten des Zweitspracherwerbsprozesses beschäftigen kann, da er hochkomplex ist. Es verwundert daher nicht, dass trotz enormer Forschungsaktivitäten in den letzten Jahrzehnten bislang keine einheitliche, umfassende Zweitspracherwerbstheorie vorliegt.

Wenn es auch noch weiterer umfangreicher Forschungen bedarf, ehe eine umfassende Zweitspracherwerbstheorie vorliegt, so können doch eine Reihe von Einsichten in den Zweitspracherwerbsprozess als weithin anerkannt bezeichnet werden. Diese werden im Folgenden dargestellt.

2.3.1 Lernersprache / Interlanguage

Zu Zeiten behavioristischer Lerntheorien galt die Vorstellung, dass Lernende einer Fremd- oder Zweitsprache sprachliche Vorbilder ihrer Umgebung auswendig lernen und imitieren (vgl. Kap. 2.1). Dies ist längst widerlegt. Wenn auch nach heutigem Erkenntnisstand ein gewisses Maß an Imitation und Auswendiglernen formelhafter Wendungen – insbesondere zu Beginn des Zweitspracherwerbsprozesses – angenommen werden muss, so produzieren Lerner:innen von Anfang an auch Äußerungen, die nicht einfach aus ihrer sprachlichen Umgebung übernommen sind. Lerner:innen entwickeln im Prozess der Aneignung einer Zielsprache ihre eigenen sprachlichen Systeme. Diese bezeichnete Pit Corder 1971 als ‚idiosyncratic dialects'. Selinker prägte 1972 dafür den Begriff ‚Interlanguage', der sich dann in der Forschung etabliert hat. Im Deutschen finden sich dafür die Termini ‚Interimssprache', ‚Intersprache' und der heute am häufigsten verwendete Begriff ‚Lernersprache'.

Lernersprache

Als Lernersprache oder Interlanguage wird das sich entwickelnde L2-System von Lernenden bezeichnet. Es kann Merkmale der L1 der Lernenden oder einer zuvor erlernten Fremdsprache enthalten, außerdem Merkmale der zu erlernenden L2 und Merkmale, die keinem der beiden Sprachsysteme zuzuordnen sind. Lernersprachen sind in sich systematisch. Sie sind dynamisch, d.h. sie sind ständiger Veränderung unterworfen.

Wenn man sich Lernersprachen genauer ansieht, so wird deutlich, dass sie Merkmale ganz unterschiedlicher Art enthalten. Dies können erstens Merkmale sein, die auf den Einfluss zuvor erlernter Sprache(n), der Erstsprache(n) (L1, 2L1) oder einer Fremdsprache, rückführbar sind. Zweitens enthalten Lernersprachen natürlich auch Merkmale der Zielsprache. Drittens gibt es lernersprachliche Merkmale, die weder der L1 noch der zu lernenden Sprache zugeordnet werden können.

Betrachten wir beispielsweise die folgende Äußerung eines DaZ-Lernenden, dessen Muttersprache Englisch ist: *Ich möchte für drei Tage bleiben.* Die Phrase *für drei Tage* scheint aus engl. *for three days* abgeleitet zu sein, und zwar in einer Wort-für-Wort-Übertragung. Im Deutschen würde man aber einfach sagen *drei Tage (lang)*. Insofern ist die Verwendung des *für* in diesem Kontext ein aus der Erstsprache des Lernenden übertragenes Merkmal. Aber der Lernende verwendet in seiner Äußerung auch zielsprachliche Formen: So bildet er die Flexionsform des Verbs zielsprachengerecht und realisiert die Distanzstellung beim Prädikat (*möchte ... bleiben*) ebenfalls korrekt.

Neben L1- und L2-Charakteristika finden sich in Lernersprachen sehr häufig Merkmale, die weder der Erst- noch der Zielsprache der Lernenden eigen sind, sondern als „lernersprachenspezifisch" zu bezeichnen sind. Dazu gehören Formen wie *kommte* in dem Satz *Ein Vogel kommte*, den ein türkischer Schüler schrieb. *Kommte* ist weder eine zielsprachengerechte Form noch ist sie auf das Türkische rückführbar. Sie entsteht vielmehr dadurch, dass der Lerner eine Regel der Zielsprache, hier die regelmäßige Präteritumsbildung, auf ein unregelmäßiges Verb übertragen hat. Dieses Phänomen wird als Übergeneralisierung bezeichnet.

Formen, die durch Übergeneralisierung zustande kommen, kennzeichnen Lernersprachen allgemein, d.h. sie finden sich in allen Lernersprachen, unabhängig von der jeweiligen Erstsprache und vom Alter bei Erwerbsbeginn. Weitere „lernersprachenspezifische" Merkmale sind beispielsweise die Weglassung von Funktionswörtern (z.B. Präpositionen, Pronomen) oder die Weglassung von morphologischen Elementen wie Flexionsendungen, vgl. *Ich gehen Haus*.

Man kann sich den Zweitspracherwerbsprozess von Lerner:innen insgesamt vorstellen als eine Abfolge von sprachlichen Übergangssystemen, als Abfolge sich ständig verändernder Lernersprachen (Interlanguages), die dem Sprachsystem der Zielsprache – idealiter – immer ähnlicher werden.

Apeltauer 2010 charakterisiert Interlanguages als (1) systematisch, d.h. regelbasiert; (2) variabel, d.h. veränderlich und (3) instabil, d.h. unter Einfluss von Faktoren wie Müdigkeit oder mangelnder Konzentration treten Fehler auf (vgl. Apeltauer 2010, 835).

Schrittweise Erschließung zielsprachlicher Strukturen

Diese Dynamik der Lernersprache ist partiell dadurch zu erklären, dass L2-Lerner:innen sich die Zielsprache bzw. zielsprachliche Teilbereiche schrittweise erschließen, d.h. sie lernen ein ganzes grammatisches Subsystem nicht auf einmal, sondern nach und nach. Wode nennt dieses Vorgehen der L2-Lerner „Dekomposition": „Dekomposition bezeichnet das schrittweise Herausfiltern von Merkmalen der Zielsprache. Aus diesen dekomponierten Merkmalen werden später die Zielstrukturen rekonstruiert. Auch die einzelnen Strukturen bzw. Strukturbereiche einer Sprache werden in den seltensten Fällen als Ganzes auf einmal gemeistert. Komplexe Strukturbereiche, z.B. die Interrogation, die Negation, Wortstellungsregeln, das Lautsystem oder eine Wortbildungsregel, werden so gelernt, dass nach und nach einzelne Charakteristika des zielsprachlichen Inputs herausgefiltert und anschließend zu den Zielstrukturen reintegriert werden." (Wode 1993, 81ff).

Bei dieser schrittweisen Erschließung der Zielsprache bilden die L2-Lernenden Hypothesen über die (vermeintlichen) Regeln der Zielsprache („Herausfiltern von Merkmalen der Zielsprache"). Sie formulieren sozusagen ihr lernersprachliches Grammatiksystem der L2. Das basiert auf dem jeweiligen sprachlichen Vorwissen der Lernenden (u.a. L1, L2-Interlanguage). Diese lernersprachlichen Regeln/Hypothesen werden an Daten der Zielsprache erprobt und mit steigendem sprachlichem Kontakt bzw. mit mehr sprachlichem Input dann revidiert und dem neuen Erkenntnisstand angepasst („zu den Zielstrukturen reintegriert").

Erwerbssequenz

In bestimmten grammatischen Teilbereichen läuft der Erwerb in einer bestimmten chronologischen Reihenfolge ab. Diese Abfolgen nennt man Erwerbssequenzen.

In bestimmten grammatischen Teilbereichen folgt die schrittweise Erschließung der zielsprachlichen Strukturen einer festen Phasenabfolge. Das heißt, der Erwerb läuft in diesen Bereichen in einer bestimmten chronologischen Reihenfolge ab. Diese Abfolgen werden Erwerbssequenzen genannt. Belegt sind solche Erwerbssequenzen etwa für den Erwerb der Satzstellung, der Objektkasus, der Verbalmorphologie und der Negation. Als Beispiel für empirische Untersuchungen zum Zweitspracherwerb Deutsch wollen wir die Longitudinalstudie Deutsch in Genfer Schulen (DiGS) von Erika Diehl et al. 2000 vorstellen. Die Forscherinnen untersuchten den gesteuerten Erwerb des Deutschen als Fremdsprache durch Genfer Schüler:innen, deren Erstsprache Französisch ist. Die Ergebnisse dieser umfangreichen Untersuchung zeigen, dass sich der Erwerb der Satzstellung (Satzmodelle), der Objektkasus und der Verbalflexion in jeweils festen Abfolgen vollzieht. In Abb. 6 sind diese Phasenabfolgen im Überblick wiedergegeben:

A Verbalbereich	**B Satzmodelle**	**C Kasus (ohne Präpositionen)**
I Präkonjugale Phase (Infinitive; Personalformen nur als chunks)	I Hauptsatz (Subjekt-Verb)	
II regelmäßige Konjugation im Präsens	II Koordinierte Hauptsätze W-Fragen Entscheidungsfragen	I Ein-Kasus-System (nur Nominativ-Formen)
III Konjugation der unregelmäßigen Verben im Präsens Modalverb + Infinitiv	III Distanzstellung (Verbalklammer)	II Ein-Kasus-System (beliebig verteilte Nominativ-, Akkusativ-, Dativ-Formen)
IV Auxiliar + Partizip	IV Nebensatz	
V Präteritum	V Inversion (X-Verb-Subjekt)	III Zwei-Kasus-System Nominativ + Objektkasus (Nominativformen + beliebig verteilte Akkusativ- und Dativ-Formen)
VI Übrige Formen	Erwerb der Satzmodelle I-V abgeschlossen	IV Drei-Kasus-System Nominativ + Akkusativ + Dativ (Nominativformen + Akkusativformen + Dativformen)

Abb. 6 Erwerbssequenzen für das Deutsche (nach: Diehl et al. 2000, 364)

Wir wollen uns die einzelnen Phasen der drei Erwerbsabfolgen nun ein wenig genauer ansehen und die wichtigsten Charakteristika in groben Zügen umreißen.

Erwerbssequenz A: Entwicklung der Verbalflexion

Verbalflexion: 6 Phasen

Die Verbalflexion wird in sechs Phasen erworben. In der ersten Phase der Entwicklung der Verbalflexion – eigentlich eine „Vorphase" – verwenden Lernende vorwiegend Verben in der Infinitivform. Diehl et al. (2000, 136) führen aus ihrem Korpus folgende Belege an:

Laura <u>machen</u> ein Kuchen oud Vater <u>lesen</u> das Repzet (...)

Aber man findet bei Lernenden, die noch am Anfang stehen, durchaus auch flektierte Formen, z.B. *Ich heiße Fatima. Ich komme aus Kairo.* Dabei handelt es sich um so genannte ‚chunks', unanalysierte Einheiten, die als Ganzes gelernt werden. Das bedeutet, dass Lernende zwar Formen wie *ich heiße* ... oder *ich habe* ... verwenden, aber nicht in der Lage sind, analog dazu etwa die richtige Flexionsform zu *ich + tanzen/malen/schreiben* zu bilden. Im DiGS-Korpus finden sich zielsprachengerecht flektierte Verbformen in der Phase I vor allem bei den Verben „sein", „haben" und „machen". Sie werden häufig in der ersten Person Singular verwendet.

Übung 05

> Bearbeiten Sie die folgende Aufgabe:
> Überlegen Sie, wie Sie sich, etwa im Urlaub, sprachlich verhalten, wenn Sie die Landessprache nicht gelernt haben. Greifen Sie auf formelhafte Wendungen zurück, die Sie auswendig gelernt haben? Halten Sie Ihre Überlegungen in Stichworten fest.

In der zweiten Phase der Verbalflexion – dem ersten eigentlichen Erwerbsschritt – entwickeln die Lernenden die Konjugation der regelmäßigen Verben im Präsens, d.h. sie lernen, die Subjekt-Verb-Kongruenz am Verb zu markieren. Zu Beginn dieser Phase kann es dabei zur Übergeneralisierung einzelner Personalformen kommen, d.h. eine Personalform wird mit einem Subjekt kombiniert, zu dem sie nicht passt. Häufig wird die Flexionsform *-t* der 3. Per-

Chunks

„Schulkinder [reproduzieren] gehörte Sätze aus dem Gedächtnis, ohne die Verbalflexion eigenständig zu bearbeiten. Es handelt sich (...) um nichtanalysierte formelhafte Wendungen, die wir (...) als Chunks bezeichnen.“ (Diehl et al. 2000, 136)

son Singular übergeneralisiert, und es werden Formen gebildet wie *Du trinkt cafée.*

In dieser Erwerbsphase wird die regelmäßige Konjugation auch auf unregelmäßige Verben angewendet, was ebenfalls eine Übergeneralisierung ist, so dass Formen wie *er lest* und *sie nehmt* in der Lernersprache zu finden sind. Möglicherweise wurden diese unregelmäßigen Verben – als Chunks – vorher zielsprachenkonform verwendet. Dieses Phänomen der „falschen Formen“ ist somit keineswegs als Rückschritt zu werten, vielmehr zeigt die Verwendung von Formen wie *(er/sie) nehmt* und *lest*, dass Lernende dabei sind, sich die Regeln der Zielsprache zu erschließen. Sie sind dabei zunächst völlig auf die regelmäßige Bildung der Personalformen im Präsens konzentriert, die Anhebung des Stammvokals, die bei unregelmäßigen Verben wie *nehmen* und *lesen – nimmt* und *liest* – erforderlich wäre, ist noch nicht im Blickfeld der Lernenden.

Die beginnende Erschließung (a) der unregelmäßigen Verbalflexion und (b) der ersten zweigliedrigen Prädikate kennzeichnen die Phase III in dieser Erwerbssequenz. Die Konjugation erster unregelmäßiger Formen gelingt nun zielsprachengerecht. Eine Beherrschung von unregelmäßiger Flexion wird aber in dieser Phase nicht erwartet: „Das Definiens von Phase III ist also keineswegs der vollständige Erwerb der unregelmäßigen Flexion, sondern die Kenntnisnahme ihrer Existenz und erste Versuche, ihre Gebrauchsbedingungen zu erkunden“ (Diehl et al. 2000, 142). Von der Phase III aus finden kontinuierlich weitere unregelmäßige Verbformen Eingang in die Lernersprache. Von nun an erarbeiten sich die Lernenden kontinuierlich weitere unregelmäßige Paradigmen.

In Phase III tauchen auch die ersten zweigliedrigen Prädikate in der Lernersprache auf, z.B. *Kannst du tanzen?* (a.a.O. 143). Es handelt sich hier um die erste analytische („zusammengesetzte“) Verbform, die von den Lernenden bearbeitet wird. Sie besteht aus einem flektierten Teil, dem finiten (Modal-)Verb, und einem infiniten Teil, einem Verb im Infinitiv.

Anzumerken ist an dieser Stelle, dass parallel zum Erwerb der zweigliedrigen Prädikate innerhalb der Erwerbssequenz der Satzmodelle die Distanzstellung (Verbklammer) erworben wird (vgl. u.). Bei zweigliedrigen Prädikaten bildet das finite Verb den linken Teil der Verbklammer und das Verb im Infinitiv den rechten Teil der Verbklammer.

Übung 06

> Bearbeiten Sie die folgende Aufgabe:
> Informieren Sie sich in einer Grammatik des Deutschen, etwa der DUDEN-Grammatik, über die Regeln der Partizip Perfekt-Bildung.

In Phase IV wird das Perfekt bearbeitet, die erste analytische Zeitform. Analytische Zeitformen bestehen aus mehreren Wörtern. Im Falle des Perfekts aus zweien, einem Hilfsverb (*sein* oder *haben*) und dem Partizip Perfekt eines Vollverbs. Lernende, die sich das Perfekt erschließen, haben einige Regeln zu beachten: (1) Sie müssen – in Abhängigkeit vom Vollverb – zwischen den Hilfsverben *sein* und *haben* wählen; (2) das Hilfsverb muss – im Präsens –flektiert werden; (3) das Partizip Perfekt des Vollverbs muss gebildet werden; (4) bei der Partizipbildung sind verschiedene Formen zu unterscheiden, regelmäßige und unregelmäßige Verben (*gemacht* versus *gesungen*), aber auch die Partizip-Perfekt-Bildung bei trennbaren und untrennbaren Präfixen (*eingekauft* versus *beantwortet*). Nach den Untersuchungen von Diehl et al. bereiteten die beiden ersten Anforderungen, Wahl des richtigen Hilfsverbs und dessen Flexion, den Lernenden keine nennenswerten Schwierigkeiten, wohl aber die Partizipbildung des Vollverbs. Anfangs haben Lernende offensichtlich Probleme, zwischen Infinitiv und Partizip des Vollverbs zu unterscheiden (vgl. o. Phase III, Modalverb + Infinitiv), und verwenden den Infinitiv statt des Partizip Perfekt (*Sie haben ... machen*). Auch die eigentliche Partizipbildung bereitet Lernenden Schwierigkeiten: Es gibt Formen wie geschwimmen, gegehen, gemalen. „Die einleuchtendste Repräsentation von Partizipien scheint für eine Mehrheit unserer Probanden die Kombination von ge-Präfix, Präsensstamm und –en-Suffix zu sein, gleichermassen für regelmässige und unregelmässige Verben. In ihren Texten präsentiert sich das Ergebnis dieser Strategie folgendermassen: (33) *Seine Eltern waren gar nicht glücklich und hatten Peter gesagen ....*“ (Diehl et al. 2000, 146–147).

In Phase V beginnt der Erwerb des Präteritums. Das Präteritum ist eine synthetische Tempusform, d.h. Präteritumsformen bestehen aus nur einem Wort, Tempus wird ‚im Wort‘ markiert: Bei regelmäßigen Verben wird das Tempusmorphem *–t-* mit der Personalendung dem Verbstamm angehängt: *tanz-t-e*. Bei starken/ unregelmäßigen Verben ist die Präteritumsbildung mit einem Stammvokalwechsel verbunden (meist Ablaut): *sang, sprang, gab, lag* usw. Außerdem werden die erste und die dritte Person Singular nicht mit einem expliziten Flexionsmorphem markiert: *ich/er sang; ich/er sprang* etc. Während das Perfekt – zumindest den Lernenden im DiGS-Projekt – verhältnismäßig wenige Schwierigkeiten bereitete, stellt die Präteritumsbildung für Lernende doch eine Hürde dar, was sicher damit zusammenhängt, dass es sich beim Präteritum eben um eine synthetische Vergangenheitsform handelt, die offenbar schwieriger zu erfassen ist. Es verwundert auch nicht, dass die regelmäßigen Präteritumsformen von den Lernenden eher erworben werden als die irregulären. Diehl et al. 2000 konstatieren hierzu: „Irreguläre Formen erweisen sich (...) auch im Bereich des Präteritums für den Erwerb unter jedweden Bedingungen als äusserst erwerbsresistent; auch durch unterrichtliche Steuerung ist dem nicht abzuhelfen“ (a.a.O., 156). Das heißt, dass bei unregelmäßigen Präteritumsformen auch bei fortgeschrittenen Lernenden mit Fehlern gerechnet werden muss.

Die letzte Phase beim Erwerb der Verbalmorphologie, Phase VI, von Diehl et al. 2000 mit „Ausbau und Konsolidierung“ bezeichnet, umfasst den Erwerb aller weiteren Formen: Plusquamperfekt, Konjunktiv I und II sowie Passiv. Sie können aus dem Inventar der in den Phasen II – IV erworbenen Formen gebildet werden. Im DiGS-Projekt erreichten jedoch nur wenige Lernende dieses Erwerbsstadium.

Übung 07

Bearbeiten Sie die folgende Aufgabe:
In der Übersicht von Diehl et al. (vgl. Abb. 6) wird bei der Erwerbssequenz A das „Futur“ nicht aufgeführt. An welcher Stelle könnte es – theoretisch – erworben werden? Begründen Sie Ihre Entscheidung.

Erwerbssequenz B: Entwicklung der Satzmodelle

Satzmodelle: 5 Phasen

Bei der Entwicklung der Satzmodelle sind fünf Phasen zu verzeichnen.

In Phase I werden einfache Sätze nach dem Muster Subjekt + Verb gebildet: *Ich bin Myriam* (a.a.O., 75). Daran schließt sich zu Beginn der Phase II der Erwerb koordinierter Sätze mit Subjekt + Verb an: *Ich spiel Tennis outh ich spiel fussball* (a.a.O., 76).

In Phase II folgt anschließend die Bearbeitung von W-Fragen und erster Ergänzungsfragen: *Wie heisst du? Wo wohnst du? Was ist ein Téléphone numer?* Dabei werden W-Fragen von den Lernenden tendenziell leichter bearbeitet als Ergänzungsfragen. Bei Letzteren finden sich zunächst ‚Intonationsfragen', bei denen das Subjekt + Verb-Satzmodell verwendet wird: *Du badest tich? Du machst die famillie?* (a.a.O., 77). Entscheidungsfragen des Typs *Kommt er?* werden etwas später erworben.

Phase III ist dadurch gekennzeichnet, dass Lernende beginnen, sich die Verbalklammer zu erschließen. Als Verbalklammer oder Satzklammer bezeichnet man ein Grundprinzip der deutschen Wortstellung, das durch Distanzstellung der Prädikatsteile gekennzeichnet ist: Das finite Verb steht – je nach Satztyp – in der ersten oder zweiten Position, die weiteren Prädikatsteile – trennbare Verbzusätze, Infinitive, Partizipien – am Schluss: *Peter <u>geht</u> nächsten Mittwoch mit Ulla und ihrer Freundin <u>aus</u>. <u>Wollen</u> Sie den Kaffee nicht mal <u>probieren</u>?* Deutschlernende starten bei der Erschließung dieses Wortstellungsprinzips zunächst mit Kontaktstellung der zusammengehörigen Prädikatsteile, z.B. *Wir <u>können spielen</u> Karten* (a.a.O., 88) und kommen erst nach und nach zur Distanzstellung.

In Phase IV wird die Nebensatzstellung erworben, genauer: Die Lernenden bearbeiten in dieser Phase eingeleitete Nebensätze mit obligatorischer Verbendstellung, wie *Er kam nicht rechtzeitig zum Fest, <u>weil</u> sein Zug Verspätung <u>hatte</u>.* In der DiGS-Studie zeigte sich, dass die Lernenden sich die Nebensatzstellung offenbar schrittweise erschließen, und zwar ‚lexemspezifisch'. Das heißt, die Schüler:innen produzierten zielsprachengerechte Strukturen vorwiegend bei denjenigen satzeinleitenden Konjunktionen, die sie als erste Nebensatzmodelle im Unterricht durchgenommen hatten, bei *weil* und – etwas seltener – bei *dass*. Eine „automatische" Übertragung des Prinzips auf andere Konjunktionen, beispielsweise temporale, schien für die Lernenden eine Hürde zu sein. Für jede weitere Konjunktion musste – zumindest nach den Erkenntnissen des Genfer Projektes – die Verbendstellung offenbar neu erarbeitet werden.

Die letzte Phase in dieser Erwerbssequenz, Phase V, ist durch die Erarbeitung der Inversion gekennzeichnet. Inversion bezeichnet die „Umkehrung von syntaktischen Elementen im Satz" (Bußmann, 2002, 319). So wird für das Deutsche die Abfolge „Subjekt + finites Verb" als Grundordnung im Hauptsatz angesehen. Durch die Inversion wird sie umgekehrt: „finites Verb + Subjekt". Diese Abfolge entsteht immer dann, wenn ein anderes Satzglied an den Satzanfang rückt, also beispielsweise eine Temporal- oder Lokalangabe wie *Heute komme ich später./In Köln scheint die Sonne.* Im DiGS-Projekt bereitete diese Struktur den Lernenden – bis auf den Gebrauchskontext der W-Fragen – einige Schwierigkeiten und blieb bis in höhere Klassen hinein störungsanfällig.

Eine ähnliche Erwerbssequenz bezüglich der Satzstrukturen stellten Clahsen, Meisel und Pienemann 1983 für den ungesteuerten Erwerb des Deutschen als Zweitsprache durch Gastarbeiter:innen fest (vgl. Kap. 2.2). Allerdings erfolgt in ihrer Studie der Erwerb der Inversion vor dem Erwerb der Nebensatzstruktur.

Von entscheidender Bedeutung ist, so ein wesentliches Ergebnis der Genfer Studie, dass diese Phasen durch Unterricht offenbar nicht manipuliert werden können. Dazu stellen Diehl et al. 2000 fest: „Keine dieser Phasen kann übersprungen werden; kurzfristige Trainingserfolge im entgegengesetzten Sinn erweisen sich auf die Dauer als wirkungslos und werden früher oder später von dieser natürlichen Reihenfolge wieder eingeholt." (a.a.O., 111)

Erwerbssequenz C: Kasus

Objekt-Kasus: 4 Phasen

Der dritte Bereich, in dem die Genfer Forschergruppe feste Phasenabfolgen ermittelte, war der des Kasuserwerbs. Kasus ist eine grammatische Kategorie, die dazu dient, die syntaktische Funktion, beispielsweise von Nomina, im Satz zu kennzeichnen. Kasus wird bestimmt (bzw. „regiert") einerseits von Verben, andererseits von Präpositionen. In dieser Erwerbssequenz geht es ausschließlich um durch Verben regierte Kasus, und zwar um die Objektkasus, nicht aber um Kasus, die durch Präpositionen bestimmt werden (z.B. *bei + Dativ*).

Übung 08

> Bearbeiten Sie die folgende Aufgabe:
> Machen Sie sich mit dem Begriff der „(Verb)Valenz" vertraut (etwa bei Bußmann 2002). Geben Sie Beispiele von Verben mit unterschiedlicher Valenz.

Insgesamt ließen sich vier Phasen ausmachen, in denen drei Kasus erworben wurden: Nominativ, Dativ und Akkusativ. Dass der Genitiv als Objektkasus bis zum Ende der Schulzeit nicht erworben wurde, hängt wahrscheinlich damit zusammen, dass es im Deutschen nur sehr wenige Verben gibt, die ein Genitivobjekt regieren (*jdn. einer Sache beschuldigen*), und dass diese Verben überdies nicht gebrauchshäufig sind.

Wenn man die Übersicht über die Erwerbsphasen (vgl. Abb. 6) genauer betrachtet, so fällt auf, dass der Erwerb der Kasus verhältnismäßig spät beginnt. Über lange Zeit verbleiben die Lernenden in Phase I, in der sie den Nominativ als einzigen Kasus in allen Positionen verwenden, z.B. *Liebst du der Kafé* (a.a.O., 233). In Phase II beginnen die Lernenden, sich weitere Kasus zu erarbeiten und mit den Kasusendungen zu experimentieren. Sie vermögen jedoch nicht, die Kasusmorpheme so zu verwenden, „dass diese dazu dienen würden, die syntaktischen Funktionen von Subjekt, direktem und indirektem Objekt formal zu differenzieren" (a.a.O., 233). Oft werden Nominativ und Akkusativ verwechselt oder auch Akkusativ- und Dativformen vertauscht, wie bei folgenden Beispielen: *Der Mann ist nass, weil es so viel regnet. Er hat keinen Regenmantel und seinen Regenschirm ist kaputt. [...] Er hat der Bus verpassen [...]* (a.a.O., 234). Phase III ist durch ein Zwei-Kasus-System gekennzeichnet, Subjekt- und Objektkasus werden systematisch markiert. Die Lernenden erkennen, dass der funktionale Unterschied zwischen Subjekt und Objekt im Deutschen morphologisch markiert wird. Verwechslungen von Nominativ und Akkusativ kommen in dieser Phase seltener vor, allerdings ist die Unterscheidung von Akkusativ und Dativ weiterhin nicht klar. Tendenziell wurden mehr Akkusativformen verwendet als Dativformen. In Phase IV tritt ein Drei-Kasus-System hervor, und Subjekt, Akkusativobjekt und Dativobjekt werden, wenn auch nicht durchgehend fehlerfrei, systematisch markiert.

Phasen

Wir haben anhand der Ergebnisse der Genfer Studie gezeigt, wie der Zweitspracherwerb in bestimmten grammatischen Bereichen abläuft, und haben uns die Erwerbsabfolgen/Phasen genauer angesehen. Zum besseren Verständnis sei zusätzlich darauf hingewiesen, dass diese einzelnen Phasen keine in sich abgeschlossenen Einheiten sind:

Phasen: keine in sich abgeschlossene Einheiten

Lerner:innen, die im Verbalbereich in Phase III die unregelmäßige Konjugation erarbeiten, haben den Erwerb der regelmäßigen Verbkonjugation durchaus noch nicht vollständig abgeschlossen und „hinter sich gelassen". Jedoch überwiegt die Zahl der korrekt gebildeten regelmäßigen Formen. Der Erwerb der nächsten Phase zeigt sich in Versuchen, unregelmäßige Formen zu bilden, wobei sich hier Normverstöße zeigen. Diese Normverstöße sind ein Indikator für den produktiven Umgang mit der neuen Form. L2-Lernende wenden dabei häufig die Strategien der Vereinfachung und der Übergeneralisierung an. Schauen wir uns zur Verdeutlichung dieser Zusammenhänge noch einmal den Erwerb des Präteritums an. Wie wir bereits gesehen haben, ist der Übergang zwischen regelmäßiger Präteritumsbildung und unregelmäßiger Präteritumsbildung dadurch gekennzeichnet, dass neue Formen, also beispielsweise *ging, hatte* ..., in der Lernersprache erscheinen und immer häufiger zielsprachengerecht verwendet werden, während gleichzeitig die nicht zielsprachengerechten (übergeneralisierten regelmäßigen) Formen (*gehte*) in der Häufigkeit abnehmen.

Wie aus der Übersicht hervorgeht (vgl. Abb. 6), laufen die Phasen in den einzelnen grammatischen Bereichen parallel ab, sind teilweise interdependent, so der Erwerb der Distanzstellung/Verbklammer und der Erwerb von zweiteiligen Prädikaten (Modalverb + Infinitiv).

Sind die festgestellten Erwerbssequenzen universell? Werden sie von allen Lernenden durchlaufen, unabhängig davon, welche Ausgangssprache sie sprechen? Diese Fragen sind derzeit nicht eindeutig beantwortbar. Es gibt Parallelen in anderen Untersuchungen, beispielsweise in der sehr einflussreichen ZISA-Studie von 1983. Hier wurde in Bezug auf Satzstellung eine ähnliche, aber nicht identische Erwerbsabfolge feststellt.

Diehl et al. 2000 weisen ihre Ergebnisse explizit für die von ihnen untersuchten Probandengruppen aus, d.h. für Lernende mit Französisch als Erstsprache. Auch die ZISA-Studie untersuchte den Zweitspracherwerb von Lernenden mit romanischer Ausgangssprache (Italienisch, Spanisch, Portugiesisch). Es ist nicht auszuschließen, dass die Übereinstimmungen in den Erwerbsabfolgen auf die Ähnlichkeit der Ausgangssprachen zurückzuführen sind.

Fest steht in jedem Fall, dass die Ausgangssprache von Lerner:innen Einfluss auf die Erwerbsabfolge nimmt. Zur Klärung der Frage, ob die aufgeführten Erwerbssequenzen mehr oder weniger universell sind, bedarf es weiterer Langzeituntersuchungen an Lernenden unterschiedlicher L1.

Nicht alle Bereiche des L2-Erwerbs unterliegen festen Abfolgen. In der Genfer Studie konnten beispielsweise für den Erwerb der Präpositionalkasus keine Erwerbssequenzen festgestellt werden. Auch der Genuserwerb scheint nicht phasiert abzulaufen – im Gegenteil: Hier lassen sich auch bei Lernenden mit sehr hoher Sprachkompetenz immer wieder Fehler feststellen. Der Wortschatzerwerb verläuft ebenfalls nicht in einer festen Phasenabfolge.

Übung 09

> Bearbeiten Sie die folgende Aufgabe:
> Machen Sie eine kleine Umfrage in Ihrer näheren Umgebung: Wie sieht es heute mit den Kenntnissen und dem Gebrauch von Fremdsprachen aus, die in der Schule gelernt oder bei einem Auslandsaufenthalt erworben wurden? Halten Sie die Ergebnisse in Stichworten fest.

Bei weitem nicht alle Lernenden durchlaufen alle untersuchten Phasen bis zum Ende. In Abhängigkeit von Einflussfaktoren wie Alter, Motivation, Lernzielen etc. kann sich der Erwerb auch auf einer bestimmten Erwerbsstufe stabilisieren bzw. verfestigen, weil beispielsweise die erreichte Kompetenz in der Zweitsprache für die kommunikativen Bedürfnisse im Rahmen ihrer bilingualen Lebenssituation ausreicht oder weil es in der zu erwerbenden Sprache „offensichtlich schwieriger oder leichter zu erwerbende Strukturen und Formen“ gibt (Diehl et al. 2000, 28).

Selinker 1972 bezeichnet den Umstand, dass sich eine Lernersprache offensichtlich nicht mehr weiterentwickelt, als „Fossilisierung“. Das heißt, der Erwerbsprozess endet, bevor die entsprechenden zielsprachlichen Regelstandards erreicht werden. Der

Nachweis darüber, dass sich die L2 einer/s Lerner:in nicht mehr weiterentwickelt, ist jedoch schwierig zu erbringen. Longitudinalstudien hierzu stehen noch aus. Einige Forscher:innen sprechen daher von der „Stabilisierung sprachlicher Formen" (Long 2003).

Fossilisierung

Fossilisierung bezeichnet einen Zustand beim Zweitspracherwerb, in dem Lerner:innen auf einer Erwerbsstufe verbleiben, d.h. Lerner:innen machen weder Fort- noch Rückschritte.

Regression

Unter gewissen Umständen kann es auch zu Rückschritten in frühere Erwerbsphasen kommen (Regression). Dafür können unterschiedliche Ursachen ausgemacht werden. Ein gängiger Fall von Regression lässt sich beobachten, wenn eine Fremdsprache, etwa eine Schulfremdsprache, nicht weiter gepflegt wird. Migrant:innen, die erfolgreich einen Integrationskurs abgeschlossen haben, können Sprachverlust im Deutschen erleiden, wenn sie die Sprache im Alltag nicht häufig benutzen. Außerdem scheint das erreichte Kompetenzniveau eine Rolle zu spielen: „Lernersprachen werden zusätzlich von Vergessen bedroht (...), wenn noch kein hoher Sprachstand entwickelt wurde" (vgl. Apeltauer 2010, 834).

Ultimate attainment

Art und Umfang der erreichten bzw. erreichbaren Kompetenz in einer L2 hängen in hohem Maße von den Erwerbsbedingungen ab. So kann eine grammatische Struktur beispielsweise leichter erworben werden, wenn sie (a) wahrnehmbar ist (Salienz) und (b) im Input häufig genug vorkommt (Frequenz). Diese Bedingungen sind aber nicht immer gegeben. In einer ungesteuerten L2-Erwerbssituation, in der (mündliche) Alltagskommunikation überwiegt, treten bestimmte sprachliche Strukturen selten oder überhaupt nicht auf. Ein informelles Alltagsgespräch ist u.a. dadurch gekennzeichnet, dass merkmalsarme Lexik verwendet wird, die Satzstrukturen eher einfach sind, tendenziell eher parataktische als hypotaktische Strukturen vorkommen und das Mittelfeld meist nur mit einem Element besetzt ist. Die Nominalflexion ist in einem medial mündlich geprägten Erwerbskontext schwer wahrnehmbar, da die Flexionsendungen in unbetonten Reduktionssilben stecken. So verwundert es nicht, dass die Nominalkasus des Deutschen verhältnismäßig spät – und oft unvollständig – erworben werden. Um diese wahrzunehmen, bedarf es der Konfrontation mit der Schrift.

Im Handlungsfeld Schule ist eine hohe Kompetenz in der L2 Deutsch von entscheidender Bedeutung für den Schulerfolg. Hohe Kompetenz bedeutet hier, dass Schüler:innen, die Deutsch als Zweitsprache lernen, über hinreichende rezeptive wie produktive Fähigkeiten in den bildungs- und fachsprachlichen Varietäten des Deutschen verfügen müssen, um eine erfolgreiche Bildungsbeteiligung zu erreichen. Bildungs- und fachsprachliche Varietäten weisen auf der strukturellen Oberfläche viele Merkmale konzeptioneller Schriftlichkeit (vgl. Kap. 1.3) auf.

Der Erwerb dieser Art Strukturen und der damit verbundenen sprachlichen Praktiken (vgl. Morek & Heller 2012) ist nicht allein Aufgabe von DaZ-Lernenden. Schüler:innen machen generell im Alter zwischen 8 und 13 Jahren im Zuge ihrer kognitiven Entwicklung, die u.a. den Ausbau von Abstraktionsfähigkeit, die Aneignung des Inferenzierens oder das Verstehen von Ironie umfasst, eine damit korrespondierende sprachliche Entwicklung durch.

Literater Sprachausbau

Ohm (2016) bezeichnet diese sprachliche Entwicklung als literaten Sprachausbau. Damit sind sowohl strukturell als auch funktional substanzielle Veränderungen im Sprachgebrauch gemeint. Sie betreffen u.a. grammatische Kategorien wie Definitheit oder Passiv, die zu ihrem vollen Funktionsumfang ausgebaut werden. Aber auch das Verständnis von Referenzsystemen bzw. Verweisstrukturen und das Verständnis und der Gebrauch metaphorischer Ausdrücke werden weiterentwickelt bzw. konsolidiert. Mit der Erweiterung des Fächerkanons, insbesondere in der Sekundarstufe I, werden Denkmuster wie etwa das des Argumentierens weiter ausdifferenziert (vgl. Lucy 2016, Holder 2019).

Der literate Sprachausbau erfolgt nicht in gleicher Weise ungesteuert wie der L1-Erwerb, sondern bedarf der expliziten unterrichtlichen Unterweisung. Darauf hat Cummins in der Vergangenheit immer wieder hingewiesen (vgl. Cummins 2008). Außerdem ist zu berücksichtigen, dass konzeptionell mündliche Fähigkeiten in einem zweitsprachlichen Erwerbskontext, auch ungesteuert, relativ schnell erworben werden können, während sich der Erwerb konzeptionell schriftsprachlicher Kompetenzen – der literate Sprachausbau – über einen längeren Zeitraum hinweg erstreckt. Hierbei sind Zweitsprachlernende gegenüber ihren muttersprachlichen Peers im Nachteil: Sie können häufig noch nicht auf sprachliche Kompetenzen zurückgreifen, die den Ausgangspunkt für den literaten Sprachausbau bilden. Insbesondere Schüler:innen, die als sogenannte Quer- oder Seiteneinsteiger:innen in das deutsche Schulsystem integriert werden, sind auch nach dem Besuch einer Vorbereitungsklasse meist noch nicht in der Lage, den sprachlichen Anforderungen des Regelunterrichts in vergleichbarer Weise gerecht zu werden wie ihre deutschsprachigen Schulkamerad:innen. Ihre Sprachentwicklung bedarf daher besonderer Aufmerksamkeit.

2.3.2 Faktoren, die den Zweitspracherwerbsprozess beeinflussen

Wir haben im vorangegangenen Unterkapitel darauf hingewiesen, dass der Erfolg von Zweitsprachlerner:innen – im Unterschied zu L1-Lernenden – recht unterschiedlich ausfallen kann. Nicht nur schreiten L2-Lernende im Erwerbsprozess unterschiedlich schnell voran, auch der Lernerfolg im Sinne von Kompetenz in der L2 variiert sehr stark.

Übung 10

Bearbeiten Sie die folgende Aufgabe:
Was glauben Sie, welche Merkmale kennzeichnen „gute" Zweit- bzw. Fremdsprachlerner:innen? Kreuzen Sie an:

1. hohe Intelligenz
2. gutes Gehör
3. gute Gedächtnisleistungen
4. Extrovertiertheit
5. Fleiß
6. Sprachbegabung
7. sprachanalytische Fähigkeiten

weitere: ______________________

Die Spracherwerbsforschung beschäftigt sich seit längerem mit den Fragen, was ‚gute' Zweitsprachlerner:innen ausmacht und wie individuelle Unterschiede im Lernerfolg erklärt werden können. Es gibt verschiedene Erklärungsansätze für diese so genannten ‚Lernervariablen', die zu drei Hauptgruppen zusammengefasst werden: Kognitive, affektive und soziale Faktoren.

Lernervariablen

1. Die Kategorie der kognitiven Variablen umfasst u.a. Sprachlerneignung bzw. Sprachbegabung (language aptitude), Intelligenz, (Sprach-)Lernstile und Sprachlernerfahrung.
2. In der zweiten Kategorie werden häufig affektive und attitudinale Faktoren zusammengefasst. Dazu gehören u.a. die Einstellung zur L2 bzw. zur Zielkultur, Motivation, Ängste und Persönlichkeitsattribute (z.B. Extrovertiertheit, Introvertiertheit).
3. In der Kategorie der sozialen Faktoren sind die soziokulturellen Erfahrungen von L2-Lernenden subsumiert.

Weitere Einflussgrößen beim Zweitspracherwerb sind Alter und Geschlecht der Lernenden.

Die Forschungssituation bezüglich der Einflussfaktoren ist alles andere als eindeutig. Das hat u.a. mit dem Forschungsgegenstand zu tun, denn das meiste, was unter dem Terminus Lernervariablen subsumiert wird, ist nicht direkt beobachtbar (z.B. die Einstellungen, die Lernende haben) und erfordert ein recht ausgeklügeltes Forschungsdesign. Eine weitere Schwierigkeit bei der Bewertung der Forschungslage ist, dass die vorgelegten Studien manchmal schwer vergleichbar sind, weil sie auf unterschiedlichen Daten basieren oder die Untersuchungsdesigns verschieden sind.

Vor diesem Hintergrund und mit der Einschränkung, dass noch einiges an Forschung zu leisten ist, wollen wir einige Ergebnisse zum Einfluss von Lernervariablen auf den Zweitspracherwerb vorstellen.

Die kognitiven Variablen Sprachlerneignung – Intelligenz – Lernstile

Sprachlerneignung

Als „Sprachlerneignung“, engl. „language (learning) aptitude“, wird die Fähigkeit von Lernenden bezeichnet, eine Fremd- bzw. Zweitsprache in einem relativ kurzen Zeitraum zu erwerben. Untersuchungen zu Sprachlerneignung und die Entwicklung von Tests, die Sprachlerneignung messen, waren vor allem in den 60er und 70er Jahren des letzten Jahrhunderts populär. Sprachlerneignung setzt sich – nach diesen Studien – aus verschiedenen Komponenten zusammen, im Wesentlichen handelt es sich dabei um sprachanalytische Fähigkeiten und die Kapazität des Arbeitsgedächtnisses. Untersucht wurden vor allem Lernende, die eine L2 im unterrichtlichen Kontext erwarben. Gemessen wurden Fähigkeiten, die sich eher auf konzeptionell-schriftsprachliche Kompetenzen bezogen als auf mündliche Fähigkeiten (vgl. Ellis 1994, 498). Diese Ergebnisse lassen sich also nicht ohne weiteres auf ungesteuerte Erwerbskontexte übertragen und erfassen auch mündlich-kommunikative Fertigkeiten nicht. Neuere Untersuchungen (z.B. Ranta 2002) ergaben, dass Kinder, die über gute sprachanalytische Fähigkeiten verfügten, besonders erfolgreich in Sprachlernprogrammen (Englisch als Zweitsprache) waren, in denen Grammatik ausschließlich indirekt vermittelt wurde. Der Faktor Sprachlerneignung ist in der Spracherwerbsforschung bis heute nicht vollständig geklärt.

Übung 11

Bearbeiten Sie die folgende Aufgabe:
Sehen Sie sich die nachstehende Aufgabe aus einem amerikanischen Spracheignungstest an. Beschreiben Sie, was hier von den Probanden verlangt wird.
In each of the following questions, we will call the first sentence the key sentence. One word in the key sentence will be underlined and printed in capital letters. Your task is to select the letter of the word in the second sentence that plays the same role in the sentence as the underlined word in the key sentence. Look at the following sample question:
<u>JOHN</u> took a long walk in the woods.
<u>Children</u> in blue <u>jeans</u> were <u>singing</u> and <u>dancing</u> in the <u>park</u>.
A B C D E
(Quelle: Modern Language Aptitude Test (MLAT), lltf.net/mlat-sample-items/mlat-part-iv, zuletzt aufgerufen am 15.01.2023)

Intelligenz

Es gibt Studien, die einen Zusammenhang zwischen Intelligenz(quotient) und Erfolg beim Zweitspracherwerb aufzeigen. Aber auch hier ist – wie bei den Korrelationen zwischen Sprachlerneignung und Erfolg im Sprachenlernen – zu berücksichtigen, dass viele Intelligenztests zumindest partiell sprachanalytische Fähigkeiten messen und dass daher die Korrelationen zwischen dem Intelligenzquotienten und metasprachlichen Fähigkeiten von Lernenden höher ausfallen.

So wird beispielsweise im HAWIK III, einem häufig eingesetzten Test für Proband:innen zwischen 6,0 und 16,11 Jahren, in einem Untertest nach Oberbegriffen gefragt, z.B. „Was ist die Gemeinsamkeit von Schrank und Stuhl?" Erwartet wird als Antwort etwa „Möbelstück".

Mit anderen Worten: Intelligenztests geben dann eine verlässliche Prognose über Sprachlernerfolg ab, wenn die Sprachlernprogramme auf Sprachanalyse und Regellernen ausgerichtet sind. Kommunikative Fähigkeiten, die heute eine sehr große Rolle spielen, werden hingegen eher nicht erfasst.

Lernstile

Der Begriff Lernstil wird in der Fachliteratur nicht einheitlich verwendet. Wir folgen hier der Definition von Grotjahn 2003a, der „Lernstil" als Oberbegriff zu „kognitivem Stil" verwendet. Demnach bezeichnet der Begriff Lernstil „intraindividuell relativ stabile, zumeist situations- und aufgabenunspezifische Präferenzen (Dispositionen, Gewohnheiten) von Lernern sowohl bei der Verarbeitung von Informationen als auch bei der sozialen Interaktion." (Grotjahn 2003a, 327). In der Fachliteratur wird ein breites Spektrum von Lernstilen unterschieden. Nachfolgend werden die wichtigsten Dimensionen von Lernstilen aufgeführt und näher erläutert:

1. analytischer vs. globaler Stil
2. Reflexivität vs. Impulsivität
3. Ambiguitätstoleranz vs. Ambiguitätsintoleranz
4. Tendenz zur Bevorzugung eines bestimmten Wahrnehmungskanals
5. kulturspezifische interindividuelle Unterschiede

Analytischer vs. globaler Stil

L2-Lernende mit einem analytischen Stil gehen eher von Einzelheiten aus und fügen diese zu einem Ganzen zusammen. Das kann dazu führen, dass sie das Ganze schon mal aus dem Blick verlieren. Analytische Lernende scheinen auch L2-Lernsituationen zu bevorzugen, in denen der Fokus auf sprachlicher Korrektheit liegt. Demgegenüber tendieren L2-Lernende mit einem eher globalen Stil dazu, erst einmal das Ganze zu erfassen. Das mag dazu führen, dass diese Lernenden gelegentlich Einzelheiten nicht erkennen. L2-Lernende mit globalem Stil scheinen auch in einem kommunikativen L2-Unterricht erfolgreicher zu sein.

Reflexivität vs. Impulsivität
Diese Dimension bezieht sich auf die Art, wie sich L2-Lernende beim Lösen komplexer Probleme verhalten. So reagieren die als „reflexiv“ beschriebenen Lernenden langsamer als die impulsiven Lernenden und scheinen dann insgesamt weniger Fehler zu machen. Allerdings kann ein allzu starkes Streben, die Zielsprache möglichst fehlerfrei zu verwenden, dazu führen, dass L2-Lernende Angst vor Sprachverwendungssituationen, insbesondere dem Sprechen, empfinden, was den L2-Erwerb eher negativ beeinflusst.

Ambiguitätstoleranz vs. Ambiguitätsintoleranz
Der Terminus Ambiguitätstoleranz bezeichnet die Bereitschaft von L2-Lernenden, unvollständige oder widersprüchliche Informationen zu verarbeiten. In natürlichen Kommunikationssituationen sind L2-Lernende ständig gefordert, sich mit neuem sprachlichem Material auseinander zu setzen oder Verstehensleistungen in Situationen zu erbringen, denen sie noch nicht gewachsen sind, wenn z.B. Gesprächspartner:innen schnell oder einen Dialekt sprechen. Im unterrichtlichen Kontext ist dagegen weitaus weniger Ambiguitätstoleranz gefordert. L2-Lernende, die eher ambiguitätsintolerant sind, bringen sich – auch im unterrichtlichen Kontext – in Schwierigkeiten, indem sie beispielsweise bei einem neuen Text jedes einzelne Wort, das sie nicht kennen, nachschlagen. Sie glauben, den Text sonst nicht verstehen zu können. Schüler:innen, die zu Ambiguitätsintoleranz neigen, könnten im (weniger strukturierten) bilingualen Sachfachunterricht oder als Seiteneinsteiger:innen in einer Regelklasse, wo Sprachenlernen nicht im Vordergrund steht, Probleme haben.

Tendenz zur Bevorzugung eines bestimmten Wahrnehmungskanals
Die meisten L2-Lernenden bevorzugen einen Wahrnehmungskanal: Weithin bekannt ist die Unterscheidung zwischen primär visuellen und primär auditiven Lernenden. Weitaus seltener finden sich Lernende, die primär kinästhetisch-haptisch/taktil lernen. Diese brauchen körperliche Aktivität, z.B. in Form von „learning by doing“ oder auch Lernformen, die Bewegung einschließen, z.B. Laufdiktat.

Kulturspezifische interindividuelle Unterschiede
Eine Reihe jüngerer Untersuchungen weist darauf hin, dass Lernstile durchaus kulturspezifisch sind. So scheinen japanische und

chinesische L2-Lernende zu reflexivem und Fehler vermeidendem Verhalten zu neigen, während spanischsprachige L2-Lernende aus Südamerika eher einen impulsiven Lernstil vorziehen. Letztere zeigen auch eine Tendenz zu globalem Lernstil und einem höheren Maß an Ambiguitätstoleranz.

Inwieweit der Lernstil einer/s Lerner:in Einfluss auf seinen Lernerfolg hat, ist nach heutiger Forschungslage nicht eindeutig bestimmbar. Es gibt zwar eine Vielzahl von Untersuchungen, doch sind die Ergebnisse zum Teil widersprüchlich. Einigermaßen gesichert scheint allenfalls die Erkenntnis, dass der Einfluss der Lernstile ein indirekter ist. Festzuhalten bleibt mit Hinblick auf den L2-Unterricht, dass dieser so gestaltet sein muss, dass Lernende aller (potenziellen) Sprachlerneignungs- und Lernstil-Profile davon profitieren können.

Affektive und attitudinale Variablen

Affektive Variablen: Persönlichkeitsmerkmale

In engem Zusammenhang mit den kognitiven Variablen stehen die affektiven und attitudinalen Variablen, unter die Faktoren wie Motivation, Einstellungen sowie bestimmte Persönlichkeitsmerkmale subsumiert werden.

Es ist leicht vorstellbar, dass extrovertierte L2-Lernende den Kontakt zu Sprecher:innen der L2 suchen und vielleicht auch einen impulsiveren Lernstil haben als eher introvertierte L2-Lernende und dass sie infolgedessen auch einen höheren Lernerfolg verzeichnen als diese. Die Forschungslage zum Einfluss von einzelnen Persönlichkeitsmerkmalen auf den L2-Lernerfolg, u.a. von Introvertiertheit vs. Extrovertiertheit, ist jedoch nicht eindeutig, was sicher auch damit zu tun hat, dass es sich um einen Untersuchungsgegenstand handelt, der sehr schwierig zu erfassen ist.

Angst

Häufiger Gegenstand von Untersuchungen war der Faktor Angst/Ängstlichkeit im Zusammenhang mit dem L2-Erwerb. Über lange Zeit wurde Angst/Ängstlichkeit als ein (konstantes) Persönlichkeitsmerkmal angesehen, heute geht man davon aus, dass Angst/Ängstlichkeit eine dynamische Größe ist, die sich in Abhängigkeit von den äußeren Umständen ändert. So mag ein/e L2-Lerner:in Angst haben, vor Publikum in der L2 zu sprechen, beispielsweise eine DaZ-Schülerin, die vor der Klasse ein Referat auf Deutsch halten muss. Sie hat möglicherweise aber keinerlei

Hemmungen und Ängste, wenn sie sich im informellen Kontext mit ihren Klassenkamerad:innen und Freund:innen unterhält. Gleichwohl kann (Sprech-)Angst dazu führen, dass Lerner:innen bestimmte Fertigkeiten in der L2 nicht oder nur unzureichend erwerben, d.h. Ängstlichkeit beeinflusst ihren Zweitspracherwerbsprozess negativ. Vgl. MacIntyre (1995): „ [...] because anxious students are focused on both the task at hand and their reactions to it ... [they] will not learn as quickly as relaxed students" (MacIntyre 1995, 96).

Zusammenfassend lässt sich vorläufig festhalten, dass die Persönlichkeit einer/s L2-Lerner:in auf den Zweitspracherwerbsprozess einwirkt. Einzelne Faktoren lassen sich nicht als allein wirksam herausfiltern. Sie wirken in hochkomplexem Zusammenspiel mit anderen Faktoren.

Motivation und attitudinale Faktoren

Motivation, Haltung zur Kultur und Sprachgemeinschaft, deren Sprache gelernt wird, sowie weitere attitudinale Faktoren haben ebenfalls Einfluss auf den Zweitspracherwerb. Schwierig ist hier allerdings nachzuweisen, ob eine positive Einstellung Lernerfolg bewirkt oder ob Lernerfolg eine positive Einstellung zur Folge hat. Wenngleich die wissenschaftliche Beweisführung bislang ausgeblieben ist, so scheint es doch hinreichend Belege dafür zu geben, dass eine positive Einstellung mit einem gewissen Lernwillen einhergeht (vgl. Lightbown / Spada 2013, 87).

Übung 12

Bearbeiten Sie die folgende Aufgabe:
Wie verstehen Sie die Äußerung einer Lehrerin, die von ihren Schüler:innen Folgendes sagt „Die Kinder sind sehr motiviert". Versuchen Sie, diese Äußerung zu paraphrasieren.

Motivation

Was wird nun unter Motivation verstanden? Lehrende setzen den Terminus ‚Motivation' gelegentlich gleich mit ‚Interesse', das Schüler:innen oder Studierende ihrem Lerngegenstand entgegenbringen, wenn sie sich rege am Unterrichtsgeschehen beteiligen oder sich positiv zu einem Unterrichtsthema äußern. Diese Auffassung von „Motivation" bezeichnet einen kurzfristigen Zustand: Schon in der nächsten Seminarsitzung oder in der nächsten Unterrichtsstunde kann dieses Interesse wieder verschwunden sein. Im Gegensatz dazu bezeichnet „Motivation" im Rahmen der Zweitspracherwerbsforschung eine längerfristige stabile Einstellung eines/r Lernenden.

Instrumentelle und integrative Motivation

Einen bedeutenden Beitrag zur Konzeption von „Motivation" lieferten Gardner und Lambert 1972: Sie unterschieden instrumentelle Motivation von integrativer Motivation. Instrumentelle Motivation liegt demzufolge dann vor, wenn Lernende sich vom Erwerb einer weiteren Sprache unmittelbare, eher praktische Vorteile erhoffen, etwa um bessere Chancen auf dem Arbeitsmarkt zu haben oder um als Schüler:in auf ein Schuljahr im Ausland vorbereitet zu sein. Latein wird häufig aus instrumenteller Motivation heraus gelernt, weil es Voraussetzung für manche Studiengänge ist.

Integrative Motivation liegt hingegen vor, wenn Lerner:innen durch den Erwerb einer weiteren Sprache und das Kennenlernen einer neuen Kultur ihre Persönlichkeit entwickeln möchten oder sie sich sehr stark mit der Sprachgemeinschaft und der Zielkultur identifizieren. Es gibt Untersuchungen, die darauf hindeuten, dass Lernende, die für die Zielsprache und -kultur eine hohe Wertschätzung aufbringen und sich aktiv mit ihr auseinandersetzen, etwa indem sie eine Zeitung in der Zielsprache lesen oder regelmäßigen Kontakt mit Sprecher:innen der Zielsprache haben, den Zweitspracherwerbsprozess erfolgreicher durchlaufen als Lernende, die dies nicht tun. In einem Bericht der Europäischen Union, der das Sprachlernverhalten der Europäer:innen dokumentiert, heißt es hierzu: *As a general conclusion, it would appear that those who assess their knowing languages other than their mother tongue as useful also tend to be active language learners of at least one language apart from their mother tongue.* (European Commission, 2006, 30)

Inwieweit „integrative Motivation" als der hauptsächlich bestimmende Faktor hier wirksam ist, ist aber nicht nachweisbar.

Im Rahmen des „Spezial Eurobarometer 386" (2012) zum Sprachenlernen, einer statistischen Erhebung im Auftrag der Europäischen Kommission, wurden europäische Bürger:innen befragt, warum sie eine weitere Sprache lernen. Dabei wurden viele verschiedene Motive angeführt, unter denen die nachstehenden die Rangfolge anführen: 61% der Europäer:innen lernen eine weitere Sprache, um im Ausland arbeiten zu können; 53%, um sie für die Arbeit zu nutzen (einschließlich Geschäftsreisen ins Ausland); 47% wollen ihre Sprachkenntnisse im Urlaub nutzen; 45% erstreben mit weiteren Sprachkenntnissen einen besseren Arbeitsplatz im Heimatland an; 43% möchten im Ausland studieren; 38% möchten Menschen aus anderen Kulturen verstehen können. Immerhin noch je 29% erhoffen sich vom Sprachenlernen persönliche Befriedigung oder sie lernen eine weitere Sprache, um Menschen aus anderen Ländern kennen zu lernen.

Zusammenfassend lässt sich feststellen, dass die berufsbezogenen Motive einen hohen Stellenwert beim Fremdsprachenlernen haben. Dies scheint mit Bezug auf Deutsch als Fremdsprache in besonderem Maße zu gelten. „In Bezug auf Deutsch als Fremdsprache konnte im Rahmen unterschiedlicher Länderstudien ermittelt werden, dass (neben länder- und regionenspezifischen Merkmalen) allgemeine Motivationstendenzen zu beobachten sind, die insbesondere die Instrumentalität und den besonderen Status von Deutschkenntnissen als Bereicherung des mehrsprachigen Profils, in Ergänzung zu Englischkenntnissen, betonen" (Riemer 2016, 268).

Untersuchungen zur Motivation im Rahmen der Zweitspracherwerbsforschung haben in jüngerer Zeit auch psychologische Motivationstheorien aufgenommen. Persönlichkeitsmerkmale, (Lern-) Erfahrungen und äußere Faktoren werden zum Faktor Motivation in Beziehung gesetzt. Motivation wird „aus unterschiedlichen, sich überlappenden, komplementären und interdependenten Komponenten gespeist (...), die in der Persönlichkeit und Biographie des Lernenden, in seinen Einstellungen und Orientierungen gegenüber der zu lernenden Fremdsprache und der damit verbundenen Kultur sowie in den Ausgestaltungen seiner Lernumgebung und seines soziokulturellen Milieus bedingt sind. Motivation kann sich im Laufe der Zeit ändern, manchmal die Ursache, manchmal aber auch die Folge von erfolgreichem Fremdsprachenlernen sein. Motivation ist also multidimensional und dynamisch – und kann nicht direkt beobachtet werden." (Riemer 2010, 168)

Die Variablen Alter und Geschlecht und soziokulturelle Erfahrungen

Alter wird gemeinhin als einer der wichtigsten Einflussfaktoren auf den L2-Erwerbsprozess angesehen. Unter Laien weit verbreitet ist die Annahme, dass Kinder die besseren Lernenden sind und gegenüber älteren Lernenden beispielsweise die Vorteile haben, dass sie schneller lernen und eine höhere Kompetenzstufe erreichen. In

Alter

diesem Zusammenhang wird auch immer wieder auf „die kritische Periode" des Zweitspracherwerbs hingewiesen. Sie besagt, dass es für Lernende nach einer „sensiblen Phase" – womit die Zeitspanne bis zum Beginn der Pubertät gemeint ist – nicht mehr möglich ist, Kompetenzen in einer Zweit- oder Fremdsprache zu erlangen, die kompetente L1-Sprecher:innen erreichen. Das würde in letzter Konsequenz bedeuten, dass ein erfolgreicher Zweitspracherwerb im Erwachsenenalter nicht möglich ist. Diese Sichtweise wird in der Forschung zunehmend als problematisch aufgefasst. Als gesichert kann gelten, dass Kinder gegenüber älteren Lernenden im Vorteil sind, was den Bereich Aussprache angeht. Hier erreichen sie im ungesteuerten Zweitspracherwerb deutlich öfter mit L1-Sprecher:innen vergleichbare Kompetenzen als erwachsene Lernende. Auch in morphosyntaktischen Teilbereichen scheinen junge Lernende einigen Studien zufolge erfolgreicher zu sein, im Lexikerwerb und beim Erwerb der Pragmatik hingegen nicht. Einschränkend muss hier allerdings erwähnt werden, dass die Tests, die zur Überprüfung der Leistungsunterschiede von jüngeren vs. älteren Lernenden angewendet wurden, nicht ausreichen, um hinlänglich valide Aussagen machen zu können.

Insgesamt muss festgehalten werden, dass es schwierig ist, die Variable des Alters zu isolieren und ihren Einfluss auf den Zweitspracherwerbsprozess zu bestimmen. Der Faktor Alter hängt eng mit anderen Einflussfaktoren zusammen. Hier ist zunächst an die kognitive Entwicklung und die Zunahme an Welt- und Erfahrungswissen zu denken. Aber mit zunehmendem Lebensalter ändern sich auch die Motivationsstrukturen sowie Einstellungen, Lernstile etc.

Geschlecht

Ähnlich schwierig ist der Einfluss des Faktors Geschlecht einzuschätzen. Zwar ist es unbestritten und rein statistisch belegbar, dass Mädchen durchschnittlich höhere Erfolge beim Zweit-/Fremdspracherwerb erzielen und Sprachen häufiger von Frauen studiert werden als von Männern, doch eine angeborene günstigere Disposition zum L2-Erwerb bei Frauen ist keineswegs nachweisbar. Hier scheinen eher soziokulturelle Bedingungen wirksam zu sein: „Gender differences in achievement in additional languages are [...] likely to reflect – and perhaps shape – *socially constructed* gender differences." (Sunderland 2000, 205)

Wir haben einige in der Fachliteratur als wichtig angesehene Einflussfaktoren für den Zweitspracherwerb beleuchtet. Diese, so hat sich an verschiedenen Stellen gezeigt, können nicht unabhängig voneinander betrachtet werden. Darüber hinaus, auch das ist hinlänglich bekannt, ist es unerlässlich, den sozialen Kontext bzw. das sozio-kulturelle Milieu, in dem der Zweitspracherwerb stattfindet, zu berücksichtigen. Dieses bestimmt u.a. die Einstellungen der Lernenden und beeinflusst ihre Motivation zu lernen positiv oder negativ. Es bildet den Hintergrund, überspannt – wie im „socio-educational model of second language aquisition" von Gardner & MacIntyre 1993 dargelegt – den gesamten Zweitspracherwerbsprozess.

Zusammenfassung und Ausblick

Wir haben in diesem Kapitel versucht, wichtige Erkenntnisse der Zweitspracherwerbsforschung zusammenzufassen und einen Überblick über zentrale Forschungsergebnisse zu geben. Viele Forschungsarbeiten zum Zweitspracherwerb beschäftigen sich mit dem Erwerbsprozess im gesteuerten Erwerbskontext, d.h. im Fremdsprachenunterricht (vgl. Diehl et al. 2000). Andere, wie beispielsweise die ZISA-Studie, untersuchten den ungesteuerten Erwerb. Darüber hinaus gibt es Erkenntnisse über Zweitspracherwerbsprozesse im Rahmen von bilingualen Programmen. Forschungsdesiderata bestehen hinsichtlich Erwerbsprozessen, die im Regelunterricht stattfinden, also beispielsweise Untersuchungen darüber, wie der Zweitspracherwerb von neu zugewanderten Kindern und Jugendlichen, die am Regelunterricht einer deutschen Schule teilnehmen, verläuft.

Auch ist mit Hinblick auf die oben erwähnten Studien zu berücksichtigen, dass die überwiegende Zahl der Untersuchungen zum Zweitspracherwerb sich dem Erwerb einzelner grammatischer Subsysteme, etwa der Wortstellung oder der Flexion, widmet. Vergleichsweise seltener findet man Untersuchungen etwa zur Aneignung von Diskursstrategien und Textmustern in einer Fremd- oder Zweitsprache.

Erkenntnisse zum Zweitspracherwerb sind mit Bezug auf unterrichtliche Entscheidungen und für die Entwicklung von methodisch-didaktischen Konzeptionen von hoher Relevanz. Neuere methodisch-didaktische Ansätze versuchen, sich explizit auf die Zweitsprachenerwerbsforschung zu beziehen und das vorgeschlagene unterrichtliche Vorgehen daraus zu begründen (vgl. Ellis & Shintani 2014). Darauf wird im folgenden Kapitel näher eingegangen.

Testfragen

01 Bitte erläutern Sie knapp die Begriffe „Längsschnittstudie" und „Querschnittsstudie".

02 Bitte erläutern Sie knapp den Begriff „Zweitsprache".

03 Bitte erläutern Sie knapp, warum eine Unterscheidung zwischen „Deutsch als Fremdsprache"- und „Deutsch als Zweitsprache"-Unterricht sinnvoll sein kann.

04 Ab welchem Alter spricht man nicht mehr von „(bilingualem) Erstspracherwerb", sondern von „frühem Zweitspracherwerb"?

05 Bitte erläutern Sie knapp den Begriff „Mentalismus".

06 Bitte erläutern Sie knapp, inwiefern das Vorhandensein lexikalischer Äquivalente im Wortschatz bilingual aufwachsender Kinder auf deren Fähigkeit zur Sprachentrennung hinweist.

07 Bitte erläutern Sie knapp den Begriff „positiver Transfer".

08 Bitte beschreiben Sie knapp die Entwicklungsverläufe beim Erwerb der Verbstellung im monolingualen Erstspracherwerb.

09 Welche Arten von Merkmalen weisen Lernersprachen auf?

10 Was versteht man unter einer „Erwerbssequenz"?

11 Welche sprachlichen Phänomene werden von Lerner:innen beim Erwerb der Distanzstellung im Deutschen bearbeitet?

12 Warum wird der Genitiv (als Objektkasus) von den Schweizer Schüler:innen nicht im Laufe ihrer Schulzeit erworben?

13 Wodurch ist eine Erwerbsphase gekennzeichnet?

14 Was versteht man unter „Fossilisierung"?

15 Nennen Sie einige kognitive Faktoren, die den Zweitspracherwerbsprozess beeinflussen.

16 Erläutern Sie den Unterschied zwischen instrumenteller und integrativer Motivation.

17 Erläutern Sie kurz den Begriff „Kritische Phase / Periode" des Zweitspracherwerbs".

18 Welchen Vorteil haben jüngere Lerner:innen gegenüber älteren Lerner:innen beim Zweitspracherwerb?

3 Deutsch als Zweitsprache unterrichten: Überlegungen zu Methodik und Didaktik

Deutsch als Zweitsprache (DaZ) wird – wie in Kapitel 1 bereits dargelegt – in recht unterschiedlichen Kontexten unterrichtet: Es gibt obligatorische Sprach- und Integrationskurse für erwachsene Zuwander:innen; ausländische Studienbewerber:innen werden in Studienkollegs sprachlich auf ihr Studium an einer deutschen Hochschule vorbereitet; Schüler:innen lernen Deutsch als Zweitsprache in so genannten Vorbereitungsklassen an deutschen Regelschulen. Diese unterschiedlichen DaZ-Kurse haben unterschiedliche sprachliche Ziele. So sollen Teilnehmende der vom Bundesamt für Migration und Flüchtlinge (BAMF) zertifizierten Sprachkurse Deutschkenntnisse auf dem B1-Niveau des Gemeinsamen europäischen Referenzrahmens (GER) erwerben und ausländische Studienbewerber:innen müssen, je nach Fachrichtung, mit dem Abschluss ihres studienvorbereitenden Deutschkurses Kenntnisse auf dem Niveau C1 des GER nachweisen. Was an Kenntnissen und Kompetenzen auf den einzelnen Niveaus verlangt wird, ist für die großen standardisierten Prüfungen (z.B. Deutschtest für Zuwanderer / DTZ, TestDaF, Deutsches Sprachdiplom / DSD I und DSD II) genau festgelegt und weltweit einheitlich.

Ganz anders stellt sich die Situation für Schüler:innen dar. Während ausländische Studienbewerber:innen wissen, dass sie für die Aufnahme in eine bestimmte Hochschule Sprachkenntnisse auf dem Niveau C1 nachweisen müssen, so ist bislang für Schulen nicht verbindlich festgelegt, welches Niveau des GER erforderlich ist, um erfolgreich am Regelunterricht teilnehmen zu können. Im Unterschied zu Studienanwärter:innen werden Schüler:innen oft genug bereits mit geringen Sprachkenntnissen in den Regelunterricht aufgenommen, denn es werden nicht flächendeckend schulische Deutsch-als-Zweitsprache-Kurse bzw. Vorbereitungsklassen für neu zugewanderte Kinder und Jugendliche angeboten. Diese „Quer- oder Seiteneinsteiger:innen" erhalten dann häufig zusätzlichen Förderunterricht in Deutsch. In den Regelklassen herrscht – vor allem in städtischen Ballungsgebieten – ein hohes Maß an sprachlicher und kultureller Heterogenität (vgl. Kap. 4), welche einen anderen als am monolingualen Klassenzimmer ausgerichteten Unterricht erfordert.

Das allgemeine Ziel der schulischen DaZ-Bemühungen ist, Lernende sprachlich zu befähigen, aktiv am schulischen Regelunterricht teilzunehmen, damit sie das für den Schulerfolg nötige Wissen und Können erwerben. Diese für den Schulerfolg maßgeblichen sprachlichen Kompetenzen liegen, so haben wir gesehen, im Wesentlichen im konzeptionell-schriftsprachlichen bzw. bildungssprachlichen Bereich. Der Erwerb dieser Kompetenzen erstreckt sich für alle Schüler:innen im Grunde über die gesamte Schulzeit. DaZ-Lernende, die als Seiteneinsteiger:innen in das deutsche Schulsystem integriert werden, benötigen in der Regel mehrere Jahre, bis sie ein Niveau erreicht haben, welches dem von Schüler:innen gleichen Alters mit einer Bildungskarriere in Deutschland entspricht. Um den Erwerb bildungssprachlicher Kompetenzen effektiv zu fördern, ist es erforderlich, ihn bereits in der Vorbereitungsklasse zu initiieren und im Fachunterricht der Regelklasse fortzusetzen. Das bedeutet, dass einerseits der DaZ-Unterricht in Vorbereitungsklassen konsequent und systematisch auf die Teilnahme am Regelunterricht vorbereitet („fachsensibler Sprachunterricht“) und andererseits, dass der schulische Fachunterricht systematisch schrift- und fachsprachliche Kompetenzen auf- und ausbaut („sprachsensibler Fachunterricht“). Dazu bedarf es freilich eines qualitativ anderen Unterrichts – eines Unterrichts, der sich methodisch und inhaltlich einerseits vom modernen L2-Unterricht und andererseits vom gängigen Fachunterricht unterscheidet.

Wie ein fach- bzw. sprachsensibler Unterricht aussehen könnte, wird im letzten Teil dieses Kapitels (3.3) vorgestellt. Zunächst wollen wir, in Teilkapitel 3.1, einen historischen Überblick über die einflussreichsten Vermittlungsmethoden des fremdsprachlichen Unterrichts geben, denn in der Diskussion um Methoden ging es traditionell immer auch darum, Unterricht besser und effektiver zu gestalten. Wir greifen in diesem Zusammenhang auf den Bereich des fremdsprachlichen Unterrichts zurück, da eine Diskussion um Methoden und unterrichtliche Ansätze im zweitsprachlichen Unterricht erst in jüngerer Zeit begonnen hat, und führen in Teilkapitel 3.2 die zentralen Leitprinzipien eines modernen L2-Unterrichts zusammen.

3.1 Methoden des Fremdsprachenunterrichts – ein historischer Überblick

Der Fremdsprachenunterricht verzeichnet im 20. Jahrhundert einen ungeheuren Aufschwung. War das schulische Lernen fremder Sprachen, etwa in Deutschland, zu Beginn des 20. Jahrhunderts noch einer kleinen Elite vorbehalten, so hatte an seinem Ende fast jedes

Schulkind einige Jahre am Fremdsprachenunterricht teilgenommen. In dieser Zeit weist der Fremdsprachenunterricht eine recht wechselvolle Geschichte auf. Nach Richards und Rodgers 2014[3] ist er, teilweise bedingt durch wissenschaftliche Erkenntnisse im Bereich der Psychologie, der Zweitsprachenerwerbsforschung, durch Erkenntnisse und Einflüsse der Sprachwissenschaft etc., durch häufige Veränderungen, Innovationen und oftmals widersprechende Auffassungen gekennzeichnet. Es wurden – jeweils mit Rückgriff auf neueste wissenschaftliche Erkenntnisse – Methoden entwickelt, wieder verworfen, neue ausprobiert. Stets ging es darum, den Fremdsprachenunterricht zu verbessern: „Methods typically make the same claim, namely that they reflect a correct understanding of language learning and that adapting the newest method will lead to better results than the method that preceded it." (Richards & Rodgers 2014[3], 1). Unsere heutigen Vermittlungsmethoden sind also auch immer vor dem Hintergrund dieser Entwicklungen zu betrachten. Zum einen haben eine Reihe vermeintlich moderner Prinzipien der Fremdsprachenvermittlung eine lange Tradition, z.B. das Prinzip der Einsprachigkeit. Und manches, das vor Jahren als überkommen verworfen wurde oder schlicht in Vergessenheit geriet, wird heute wieder diskutiert. Hier wäre beispielsweise der Stellenwert der Ausspracheschulung zu nennen: Es gab Zeiten, in denen ihr eine besondere Bedeutung eingeräumt wurde, und Zeiten, in denen sie gar keine Rolle spielte. Aktuell wird – beeinflusst durch die neuen Deskriptoren im Begleitband des Gemeinsamen europäischen Referenzrahmens (2020) – der Sprachmittlung (*mediation*) ein deutlich höherer Stellenwert beigemessen als noch vor einigen Jahren. Merkmale, die an Sprachmittlung erinnern, finden wir in Form von Übersetzungen bereits zu Zeiten der Grammatik-Übersetzungsmethode (vgl. 3.1.1).

Das Wissen um Vermittlungsmethoden, von neueren Ansätzen wie *Content and Language Integrated Learning* (CLIL) oder *Translanguaging* bis zu etablierten Ansätzen wie dem Kommunikativen Ansatz, gehören zum Professionswissen einer jeden Fremd-/Zweitsprachenlehrkraft. Es bildet die Grundlage bei der Entscheidungsfindung im Unterrichtsalltag und kann beispielsweise Kriterien zur Materialauswahl liefern.

In der englischsprachigen Fachliteratur wird zwischen Ansatz (*approach*) und Methode (*method*) unterschieden. Ansatz umfasst theoretische Positionen und Annahmen zum Lehren, zur Sprache,

Methode

Der Terminus „Methode" geht zurück auf das griechische Wort „méthodos", das so viel wie ‚Weg zu etwas hin' bedeutet. In der Fachdiskussion werden eine enge und eine weiter gefasste Begriffsbestimmung unterschieden:
„Methodik" im engeren Sinn bezieht sich nur auf die konkreten unterrichtlichen Prozesse auf der Ebene des Fachunterrichts. Es werden unterrichtliche Steuerungsprozesse beschrieben, die auch Anweisungen zur Unterrichtsplanung und Entwicklung von Unterrichtsmaterial umfassen. (...)
„Methode" im weiteren Sinn umfasst auch Faktoren der Lernstoffauswahl, -abstufung und -gliederung.
(Neuner & Hunfeld 1993, 14)

zum Sprachenlernen, zu Lernenden, institutionellen und gesellschaftlichen Faktoren sowie zu Zielsetzungen eines (Sprach-)Kurses und deren Anwendbarkeit in einem spezifischen Bildungskontext (Brown & Lee 2015, 16). Unter Methoden werden diejenigen unterrichtlichen Steuerungsprozesse verstanden, mit denen bestimmte sprachliche Ziele erreicht werden sollen. Im Rahmen von Methodenkonzeptionen werden die Rollen von Lehrenden und Lernenden bestimmt, sprachliche und inhaltliche Ziele, die Unterrichtsphasierung sowie die Materialauswahl festgelegt (a.a.O., vgl. auch Neuer/Hunfeld 1993).

Deutsch als Fremd-/Zweitsprache historisch gesehen

Die Geschichte des Praxisfeldes Deutsch als Fremd- bzw. Zweitsprache lässt sich bis ins Mittelalter zurückverfolgen. Deutsch wurde schon früh vor allem in Nord-, Mittel- und Osteuropa gelehrt und gelernt, von Schüler:innen an höheren Bildungseinrichtungen ebenso wie von Kaufleuten, Militär- und Verwaltungspersonal. Auch ist anzunehmen, dass die Studierenden aus nord- und osteuropäischen Regionen, die die ersten, im 14. Jahrhundert gegründeten Universitäten (z.B. Heidelberg und Köln) besuchten, für den alltäglichen Umgang Deutsch lernen mussten.

Frühe Zeugnisse für diesen Deutsch-als-Fremd- bzw. Zweitsprache-Unterricht sind Wörterbücher, Lerngrammatiken und Sprachbücher, die z.T. aus dem 16. Jahrhundert datieren. Es finden sich darüber hinaus didaktisch-methodische Hinweise, Tipps und Anleitungen, wie man das Deutsche am besten vermittelt, vgl. Glück 2000, 136: „Mit solchen Unterrichtsanleitungen für Lehrer und Sprachbüchlein für Schüler begann der Unterricht im Deutschen als Fremdsprache. Ihre Ansprüche waren bescheiden. Sie wollten einem praktischen Bedürfnis dienen, und sie hatten keine akademischen Ansprüche. Diese praktischen Bedürfnisse haben sie offenbar erfüllt, schon Jahrhunderte vor der Erfindung der Sprachlehrforschung."

Für zahlreiche andere Sprachen sind Unterrichtsmaterialien aus früheren Jahrhunderten dokumentiert – das ist nicht verwunderlich, wenn man berücksichtigt, dass mehr als die Hälfte der Menschheit mehrsprachig war und ist. Das Praxisfeld hat also eine lange Tradition, und die Vermittlung von Fremdsprachen war über Jahrhunderte hinweg in vielen Bereichen des öffentlichen Lebens von großer praktischer Bedeutung. Auch die zentralen Fragen, die sich Sprachlehrer:innen in vergangenen Jahrhunderten stellten, sind noch heute aktuell: Wie kann ich eine Fremd- oder Zweitsprache meiner Zielgruppe angemessen vermitteln? Wie steigere ich die Effektivität meines Unterrichts? Diese Fragen stellten sich nicht nur an der Schule oder Hochschule: Zeitgenössische Sprachen wie Deutsch, Englisch, Französisch oder Italienisch wurden in früheren Jahrhunderten eher im Privatunterricht und nicht in den Schulen vermittelt. Dort wurden als Fremdsprachen Latein und Griechisch gelehrt – Latein war über Jahrhunderte hinweg die *lingua franca* der Wissenschaft.

Erst etwa ab der Mitte des 18. Jahrhunderts fanden moderne Fremdsprachen den Eingang in die Curricula der Schulen. Sie wurden nach dem Vorbild des Unterrichts der „toten" Sprachen Latein und Griechisch vermittelt. Vorrangiges Ziel des Sprachunterrichts war die Vermittlung von „klassischer" Bildung bzw. von Lesekompetenz und weniger von mündlichen Kompetenzen wie Sprechen und Hören (vgl. 3.1.1). Diese Methode entwickelte sich in den nachfolgenden Jahrzehnten zum Standard und wurde später die „Grammatik-Übersetzungsmethode" genannt.

3.1.1 Grammatik-Übersetzungsmethode

Die Grammatik-Übersetzungs-Methode war vor allem im 18./19. Jahrhundert populär. Sie wurde von deutschen Gelehrten wie Karl Plötz, H.S. Ollendorf und Franz Ahn propagiert und fand weltweite Verbreitung. Nach Richards & Rodgers 2014 dominierte diese Methode den Fremdsprachenunterricht in Europa gut 100 Jahre lang, etwa von 1840–1940, und sie wird in einigen Teilen der Welt noch heute, wenn auch in modifizierter Form, praktiziert. Einige der wichtigsten Prinzipien und Merkmale der Grammatik-Übersetzungsmethode sind die folgenden:

Merkmale der Grammatik-Übersetzungsmethode

1. Sprachenlernen wird als eine „mentale Disziplin“ verstanden, die der „allgemeinen formalen Bildung“ (Tanger 1888, 12) dient.
2. Ziel des fremdsprachlichen Unterrichts ist, das grammatische Regelsystem einer Sprache zu lernen. Sprachkenntnis wird somit gleichgesetzt mit Grammatikkenntnis. Grammatische Regeln werden deduktiv vermittelt und auswendig gelernt. Anschließend wird das Gelernte angewendet, indem Sätze – der Satz bildet die zentrale Einheit im Sprachunterricht – aus der L1 in die L2 übersetzt werden und umgekehrt.
3. Unterrichtssprache ist die Erstsprache der Lernenden. Neues Vokabular und Erklärungen zu den Grammatikregeln werden in der Erstsprache der Lernenden präsentiert.
4. Die Lernenden sollen in die Lage versetzt werden, die (hohe) Literatur der Zielkultur lesen zu können, das heißt, es werden klassische bildungsbürgerliche Inhalte und Werte vermittelt, sprich (elitäre) Hochkultur, keine Alltagskultur. Lesen und Schreiben bilden den Fokus des Sprachunterrichts, die Vermittlung von Hörverstehen und Sprechen spielt allenfalls eine marginale Rolle.
5. Die Rollen von Lehrenden und Lernenden sind traditionell: Der Unterricht ist stark lehrerzentriert. Die Lehrenden sind die Expert:innen, die Lernenden folgen den Anweisungen der Lehrenden, werden eher als (passive) Wissensempfänger angesehen.

Übung 01

> Bearbeiten Sie die folgende Aufgabe:
> Überlegen Sie, welche Wissensbestände, sprachlichen Fertigkeiten und Kompetenzen in einem Unterricht erworben werden können, der der Grammatik-Übersetzungsmethode folgt. Welche werden eher nicht erworben?

Die Übertragung der Grammatik-Übersetzungsmethode auf die Vermittlung „lebender" Sprachen erwies sich bald als problematisch. Mit zunehmenden internationalen wirtschaftlichen und kulturellen Kontakten waren andere Sprachkompetenzen gefordert, als der Schulunterricht hervorbrachte. So gab es Proteste seitens engagierter Sprachlehrer:innen und Sprachwissenschaftler:innen, die ab ca. 1870 zu einer (europäischen) Reformbewegung führten. Einer der führenden deutschen Vertreter dieser Reformbewegung war der Marburger Universitätsprofessor Wilhelm Viëtor (1850–1918). Nach Viëtor erfüllte der neusprachliche Unterricht die Anforderungen der Gesellschaft nicht. Das lag seiner Meinung nach u.a. daran, dass der Fremdsprachenunterricht die Schüler:innen mit einem Zuviel an stupidem Regellernen auf Kosten aktiver Sprachkompetenz überforderte („Überbürdung").

Reformbewegung

Wilhelm Viëtor

Er kritisierte in seiner Streitschrift „Der Sprachunterricht muss umkehren! Ein Beitrag zur Überbürdungsfrage" von 1882/1886 die überaus dürftigen Ergebnisse des Fremdsprachenunterrichts: „Lässt ihn die Schule frei, so ist dem abgehetzten Schüler (...) das lebendige Englisch und Französisch der Gegenwart im wahren Sinne des Wortes fremd wie zuvor. Sechs oder neun Jahre hat er Schalen geknackt; nun geht er davon, ohne dass er den Kern gekostet hätte" (Viëtor 1882).

Viëtor zufolge sollte die Entwicklung fremdsprachlicher Sprech-/ Kommunikationsfähigkeit das vorrangige Ziel des Fremdsprachenunterrichts darstellen, während der Grammatik eher eine untergeordnete Rolle zukommen sollte. Kontrastive Wortlisten und isolierte Sätze wurden abgelehnt, Wörter sollten, so das Gebot, im Kontext gelernt und Sätze in einem sinnvollen Textzusammenhang angeboten werden. Die Entwicklung von Sprechfähigkeit in der Fremdsprache sollte dadurch unterstützt werden, dass der Unterricht einsprachig, d.h. in der zu lernenden L2, durchgeführt wurde.

Insgesamt wird der gesprochenen Sprache der Vorrang zugewiesen. Ein besonderes Gewicht erhält die Ausspracheschulung, die nachdrücklich für jeden neusprachlichen Unterricht gefordert wird. Diese Forderung ist zu verstehen vor dem Hintergrund der Entwicklung der Phonetik, die in diesen Jahren starken Auftrieb erfährt. Im Jahr 1886 wurde die *Association Phonétique Internationale* zunächst als eine Vereinigung von Phonetiklehrer:innen gegründet, deren Präsident Wilhelm Viëtor 1888 wurde.

Henry Sweet

Ein anderer herausragender Vertreter der Reformbewegung war der Brite Henry Sweet (1845–1912). Er versuchte in seinem Werk The *Practical Study of Language* (1899), Erkenntnisse aus der Sprachwissenschaft und der Psychologie im neusprachlichen Unterricht umzusetzen. Sweet entwickelte Prinzipien für die Entwicklung von Unterrichtsmethoden, die in ihren Grundzügen heute noch gelten:

1. sorgfältige Auswahl von Unterrichtsinhalten,
2. Beschränkung des Unterrichtsstoffes,
3. Berücksichtigung der vier Fertigkeiten Hören, Sprechen, Lesen und Schreiben und
4. Anordnung des Unterrichtsstoffes vom Einfachen zum Komplexen.

Direkte Methode

Sweets Überlegungen fanden ihre Realisierung in der „Direkten Methode“. Die Bezeichnung „Direkte Methode“ ist aus der Tatsache hergeleitet, dass die Erstsprache der Lernenden im Sprachunterricht nicht eingesetzt wurde – die Fremdsprache wurde direkt vermittelt, ohne Umweg über erstsprachliche Übersetzungen. Sie fand vor allem in privaten, kommerziellen Sprachschulen Anwendung. Bekannt geworden und heute noch existent sind die Berlitz-Schulen. Deren Gründer, Maximilian Berlitz, verwendete die Bezeichnung „Direkte Methode“ selbst allerdings nie, sondern sprach stets von der „Berlitz-Methode“.

Die Direkte Methode bildete einen der Vorläufer zu eher struktur-orientierten Sprachvermittlungsmethoden, die in den Zwanzigerjahren des letzten Jahrhunderts Verbreitung fanden und schließlich zur „Audiolingualen Methode“ führten.

Übung 02

Bearbeiten Sie die folgende Aufgabe:
In dem Begriff *audiolingual* verbergen sich die lateinischen Wörter *audire* und *lingua*. Schlagen Sie deren Bedeutung nach und überlegen Sie anschließend, welche Vorstellung von Fremdsprachenunterricht sich damit verbinden ließe.

3.1.2 Die Audiolinguale Methode

Army Method

Die audiolinguale Methode entstand in den USA aus der so genannten *Army Method* heraus (*Army Specialized Training Program*). Mit dem Eintritt der USA in die Geschehnisse des Zweiten Weltkrieges stieg der Bedarf an Mitarbeitenden, die fließend Fremdsprachen wie Deutsch, Spanisch oder Italienisch sprechen konnten. Man entwickelte Intensivsprachkurse, die zwei bis sechs Wochen dauerten und 10 Unterrichtsstunden pro Tag umfassten. Darunter fand sich ein hoher Anteil an Drill-Übungen mit Muttersprachler:innen. Der Schwerpunkt der Spracharbeit lag in der Entwicklung von mündlichen Kompetenzen, vorrangig Aussprache- und Konversationstraining. Die Klassen waren klein, die Lernenden hoch motiviert, sodass in diesen Sprachkursen ein hoher Lernerfolg zu verzeichnen war. Obwohl dieser Methode, wie Richards & Rodgers 2014[3] betonen, keine fundierte theoretische Basis zu Grunde lag, nahm sie doch eine Reihe bekannter Sprachwissenschaftler:innen für sich ein, die in der Folgezeit einen Ansatz der Sprachvermittlung propagierten, bei dem der Schwerpunkt auf dem Mündlichen lag und der ein Intensivtraining umfasste.

Army Method

„The ‚methodology' of the Army Method (...) derived from the intensity of contact with the target language rather than from any well-developed methodological basis. It was a program innovative mainly in terms of the procedures used and the intensity of teaching rather than in terms of its underlying theory. However, it did convince a number of prominent linguists of the value of an intensive, oral-based approach to the learning of a foreign language."
(Richards & Rodgers 2014[3], 59)

Die Erwähnung der Army Method ist insofern relevant, als u.a. sie die Sicht der Sprachwissenschaftler:innen auf die Fremdsprachenvermittlung mitprägte. Wie später noch zu zeigen ist, wird auch im Kontext der audiolingualen Methode der gesprochenen Sprache der Vorrang eingeräumt.

Im Gegensatz zur Army Method ist die audiolinguale Methode jedoch von verschiedenen zeitgenössischen theoretischen Konzepten beeinflusst: der strukturalistischen Sprachwissenschaft amerikanischer Prägung, der behavioristischen Lerntheorie und der Kontrastiven Analyse. Den beteiligten Forscher:innen war es wichtig, wie ehedem Henry Sweet, ihre wissenschaftlichen Erkenntnisse auf den Sprachunterricht zu übertragen. So sprach Charles Ferguson 1962 im Vorwort eines Buches ganz explizit vom Ziel der „application of linguistics to practical problems of language teaching“ (Ferguson 1962, v).

Behavioristische Lerntheorie

Ein wichtiges Prinzip des Behaviorismus ist es, nur solche (wissenschaftlichen) Aussagen zu machen, die auf dem tatsächlich beobachtbaren Verhalten eines Individuums beruhen. Nach behavioristischer Auffassung ist das Sprachenlernen wie jedes andere Lernen auch, die Ausbildung von Gewohnheiten (vgl. Kap. 2). Diese werden – im Gegensatz zu angeborenen Reflexen – erworben und sind das Ergebnis eines Lernprozesses. Das Lernen, die Gewohnheitsbildung, vollzieht sich nach dem Reiz-Reaktions-Schema (Stimulus, Response und Verstärkung): „We have no reason to assume ... that verbal behavior differs in any fundamental respect from non-verbal behavior (...)“ (Skinner 1957, 10).

Gewohnheitsbildung

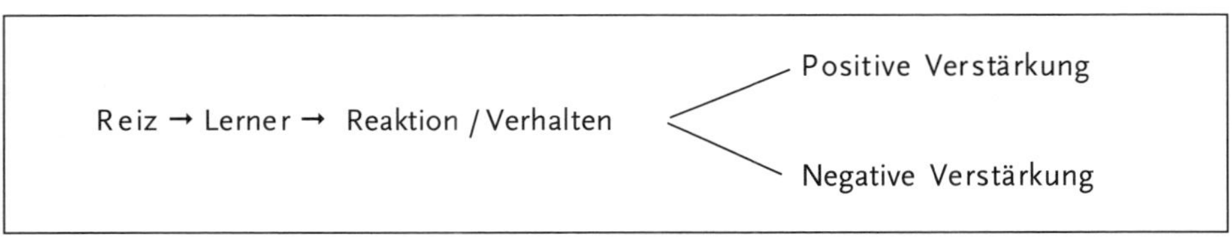

Abb. 7 Reiz-Reaktions-Schema

Das Reiz-Reaktions-Schema sei am Beispiel des Fremd-/ Zweitsprachenunterrichts erläutert: Die Fremd- bzw. Zweitsprachenlernenden empfangen durch die Lehrperson einen Reiz, z.B. eine sprachliche Äußerung in der zu lernenden Sprache oder/und eine Abbildung. Dieser Reiz wirkt auf die Lernenden ein und evoziert eine Reaktion, eine Lernenden-Äußerung in der Zielsprache. Wird diese von der Lehrperson gelobt, so findet eine positive Verstärkung statt, d.h. die Lernenden werden ermuntert, ihr sprachliches Verhalten zu wiederholen und es durch diese Wiederholung zur Gewohnheit werden zu lassen. Eine negative Verstärkung (Kritik oder Zurückweisung der Äußerung) soll bewirken, dass diese sprachliche Reaktion des/der Lernenden in Zukunft nicht mehr vorkommt, damit sich keine falsche Gewohnheit herausbildet.

Amerikanischer Strukturalismus

Diese Auffassung vom Spracherwerb entsprach der positivistischen, antimentalistischen Haltung des amerikanischen Strukturalismus, seiner Ablehnung von Introspektion und der Konzentration auf sinnlich wahrnehmbare sprachliche Daten. So schreibt Bloomfield als einer der wichtigsten Vertreter des amerikanischen Strukturalismus: „ ... science shall deal only with events that are accessible in their time and place to any and all observers (strict behaviorism) ...“ (Bloomfield 1935,10). Beeinflusst war diese Haltung durch die empirische Erforschung der indigenen amerikanischen Sprachen, bei deren Entwicklung neue Analysemethoden entwickelt worden waren, vor allem das Segmentieren und Klassifizieren von sprachlichen Daten auf den drei Strukturebenen Phonologie, Morphologie und Syntax.

Eine weitere für unseren Kontext relevante Annahme des amerikanischen Strukturalismus ist, dass die gesprochene Sprache das primäre sprachliche Medium ist, nicht die geschriebene Sprache. Begründet wurde dies damit, dass viele Sprachen, u.a. eben indigene Sprachen, keine Schrift haben und dass der kindliche Spracherwerb mit gesprochener Sprache beginnt. Folglich hatte auch im Fremd- und Zweitsprachunterricht die gesprochene Sprache den Vorrang.

Vorrang der gesprochenen Sprache

Kontrastive Analyse

Die dritte wichtige Komponente bei der Herausbildung der Audiolingualen Methode war die so genannte Kontrastive Linguistik, eine Richtung der Sprachwissenschaft, die sich mit dem Sprachvergleich beschäftigt. In den USA wurden ab Ende der Fünfzigerjahre zahlreiche kontrastive Arbeiten unternommen, vor allem im Bereich der häufig gelernten Fremdsprachen (Spanisch – Englisch, Deutsch – Englisch etc.). Ein typisches „Produkt" dieser Zeit ist die „Contrastive Structure Series", die vom Center for Applied Linguistics herausgegeben wurde und Titel wie William Moultons „The Sounds of English and German" (1962) im Programm hatte. Im Vorwort gibt der Serienherausgeber, Charles Ferguson, die Zielsetzung an: „The Center for Applied Linguistics (...) has acted on the conviction held by many linguists and specialists in language teaching that one of the major problems in the learning of a second language is the interference caused by the structural differences between the native language of the learner and the second language. A natural consequence of this conviction is the belief that a careful contrastive analysis of the two languages offers an excellent basis for the preparation of instructional materials, the planning of courses, and the development of actual classroom techniques" (Ferguson 1962, v).

In diesen knappen Worten Fergusons treten einige grundlegende Auffassungen vom Spracherwerb in der damaligen Zeit hervor (vgl. Kap. 2):

1. Die Erstsprache der Lernenden ist ein Problem bzw. stellt eine Lernschwierigkeit dar, wenn sich Erstsprache und Fremdsprache strukturell unterscheiden. Dann kommt es zu Störungen beim Zweit-/ Fremdspracherwerb (Interferenz).
2. Durch den Vergleich von Erstsprache der Lernenden und der zu lernenden Sprache können eventuell auftretende Probleme/ Lernschwierigkeiten vorausgesagt werden und es kann ihnen durch geeignete Maßnahmen entgegengewirkt werden.

Übung 03

Bearbeiten Sie die folgende Aufgabe:
Wie würden englischsprachige Lernende im Anfangsunterricht Deutsch das wortinitiale <s> mutmaßlich aussprechen?

> See – Suppe – Sieb – sehr – Salat
> Geben Sie eine Begründung!

Unterrichtsprinzipien der Audiolingualen Methode

Vor dem Hintergrund der drei Konzepte Behaviorismus, Strukturalismus und Kontrastive Analyse sind einige der zentralen Unterrichtsprinzipien der Audiolingualen Methode zu verstehen:

1. Das Prinzip der Einsprachigkeit
   Die Erstsprache der Lernenden wird aus dem Klassenzimmer verbannt. Der Einsatz der Erstsprache würde der „Gewohnheitsbildung" beim Lernen entgegenstehen, denn mit der Erstsprache wird naturgemäß ja kein Stimulus für den Gebrauch der Fremdsprache gegeben. Außerdem ist die o.g. Interferenzproblematik zu erwähnen.
2. Das Prinzip der Fehlervermeidung
   Fehler führen ebenfalls zu falschen Gewohnheiten. Sie sind also zu vermeiden. Auftretende Fehler werden vom Lehrenden sofort korrigiert. Der Unterricht wird eng geführt: Es werden Drillübungen durchgeführt, Dialoge auswendig gelernt und reproduziert. Damit werden die Gelegenheiten, Fehler zu machen, für die Lernenden deutlich reduziert.
3. Das Primat der gesprochenen Sprache
   Die vier Fertigkeiten werden in der Abfolge Hören – Sprechen – Lesen und Schreiben vermittelt. Unter Hören wird vorwiegend „phonetisches" Hören verstanden, d.h. das Unterscheiden von Lauteinheiten der Zielsprache. Es geht, zumindest im Anfängerunterricht, nicht um Hörverstehen im modernen Sinne. Das sprachliche Material, das gelernt werden soll, ist der Alltagssprache entnommen. Es wird vorzugsweise in Dialogen präsentiert. Auch in der konkreten Unterrichtsstunde wird ein Dialog immer zuerst in mündlicher Form präsentiert, danach in schriftlicher. Wichtig zu erwähnen ist, dass mit diesen Dialogen zumeist auch zielkulturelle Inhalte vermittelt wurden bzw. dass sie in zielkulturelle Kontexte eingebettet waren (z.B. durch Bilder).
4. Induktive Grammatikvermittlung
   Im Gegensatz zur Grammatik-Übersetzungs-Methode wird im Rahmen der Audiolingualen Methode keine explizite Grammatik-Regel präsentiert – und Grammatik auch nicht analysiert. Durch die in Dialogen, Strukturübungen und Drills präsentierten Sprachmuster sollten die Lernenden in die Lage versetzt

werden, korrekte Analogien zu bilden und die grammatischen Regeln für sich zu erschließen.

5. Die Lehrkraft spielt im audiolingualen Unterricht eine zentrale Rolle. Sie steuert das Geschehen, die vorherrschende Unterrichtsform ist der Frontalunterricht mit einer traditionellen Interaktion: Die Lehrkraft gibt den Impuls – die Schüler:innen reagieren.

Wenn auch den Lehrenden in einem audiolingualen Klassenzimmer die wichtigste Rolle zukommt, so sind sie keinesfalls frei in ihren didaktischen Entscheidungen. Das Lehrmaterial, mit dem die Lehrenden arbeiten, zwingt sie zu einem recht strengen Unterrichtsablauf, dessen starres Schema unbedingt eingehalten werden sollte. Infolgedessen bleibt den Lehrenden kaum eine Möglichkeit, auf die tatsächlichen Bedürfnisse der L2-Lernenden einzugehen.

Übungsformen

Viele der Übungsformen, die mit der audiolingualen Methode aufkamen, finden sich auch in aktuellen Lehrmaterialien.

Beliebt, insbesondere in der damals gängigen Sprachlaborarbeit, sind Nachsprechübungen in Form von einfachen und kaschierten Nachsprechübungen. Bei den einfachen Nachsprechübungen wiederholen die Lernenden wörtlich eine Äußerung der Lehrkraft. Beispiel: *Lehrer:in: Ich lerne Deutsch. – Lerner:in: Ich lerne Deutsch.*

Bei den kaschierten Nachsprechübungen wiederholen die Lernenden die Lehreräußerung nicht wörtlich, sondern mit einer (kleinen) Variation, beispielsweise wird ein Element in den Plural gesetzt, wie: *Lehrer:in: Ich kaufe ein Buch. – Lerner:in: Ich kaufe zwei Bücher. Oder Lehrer:in: Sie fragt viel. – Lerner:in: Ich frage auch viel* (Lechner 1978, 15).

Einfache Nachsprechübungen und kaschierte Nachsprechübungen finden wir im heutigen DaZ-Unterricht im Rahmen des Aussprachetrainings, etwa bei der Kombination von Aussprache- und Grammatiktraining (vgl. Dieling & Hirschfeld 2000). Auch in einigen Apps zum Deutschlernen finden sich heutzutage einfache Nachsprechübungen.

In anderen Übungen müssen Elemente ersetzt oder ergänzt werden (Lückentexte und Einsetzübungen), zum Beispiel: *Ich kaufe das Buch. – Ich kaufe es. bzw. Ich bezahle meinen Kuchen und du ... – Ich bezahle meinen Kuchen und du deinen.*

Umformungsübungen gibt es in vielen Varianten, ein Satz soll nach einem vorgegebenen Muster umgestaltet werden, u.a. durch

Negation, Fragebildung, Veränderung von Tempus oder Modus, zum Beispiel:
Fritz geht heute ins Kino. Ich an seiner Stelle ginge nicht ins Kino.
Du rauchst zu viele Zigaretten. Ich ... (Griesbach 1970, 33).
Häufig wurden Übungen in Form von so genannten „Pattern Drills“, Strukturübungen, angeboten:

So ist es jetzt

Jetzt	habe	ich	ein Haus.
	hat	er/sie	eine Wohnung.
	haben	wir	ein Zimmer.
		sie	ein Auto.
			-- Arbeit.
			-- Zeit.
			-- Geld.

Abb. 8 aus: Braun / Nieder / Schmöe 1978, 35

Die Lernenden waren auch gefordert, die im Lehrbuch abgedruckten Dialoge auswendig zu lernen und anschließend im Rollenspiel nachzuspielen.

Aus diesen Beispielen wird deutlich, dass die Audiolinguale Methode bei aller Betonung von Mündlichem, von Alltagsdialogen und bei aller Ablehnung von expliziter Grammatikvermittlung im Grunde doch äußerst strukturorientiert war. Die Dialoge in den Lehrbüchern, die Pattern Drills, die Übungen – alles war letztlich um ein grammatisches Phänomen herum konstruiert. So wirken die meisten Dialoge gekünstelt, die Strukturübungen bestehen, der GÜM vergleichbar, überwiegend aus einer Sammlung von Einzelsätzen, die keinen Bezug untereinander haben.

Die Audiolinguale Methode wurde zu Beginn ihrer Laufbahn als bahnbrechend empfunden. Die Thematisierung von Alltagsszenen wie „Im Hotel“, „Im Büro“, „Am Kiosk“ usw. sowie die Präsentation von Dialogen fanden viel positive Resonanz. Dazu kam, dass mit dem technischen Fortschritt, der Entwicklung von Sprachlaboren, Audiokassetten und tragbaren Kassettenrekordern und Schallplatten eine Reihe neuer Materialien bzw. Medien in den Unterricht gelangten. Auch wurde damit das Sprachenlernen flexibler: Durch die neuen Medien ergaben sich für die Lernenden mehr Gelegenheiten, sich außerhalb des Unterrichts mit der neuen Sprache zu beschäftigen.

Übung 04

> Bearbeiten Sie die folgende Aufgabe:
> Überlegen Sie sich Argumente, die für bzw. gegen Pattern Drills sprechen.

Kritik an der Audiolingualen Methode

Nach der anfänglichen Euphorie wurden aber ab Mitte der Siebzigerjahre kritische Stimmen immer lauter. Lehrende empfanden das ihnen auferlegte starre Unterrichtsschema oft als negativ, weil es ihnen die eigenständige Handlungskompetenz im Unterricht weitgehend nahm. Auch wurde der strenge, immer gleiche Unterrichtsablauf als monoton und langweilig empfunden.

Nachsprechübungen und Pattern Drills stießen bei den Kritiker:innen auf Ablehnung, da sie die sprachliche Kreativität der Lernenden einschränkten. In diesem Zusammenhang ist noch einmal auf Chomsky zu verweisen, der sich bereits 1959 entschieden gegen die von Skinner vertretene Auffassung vom Spracherwerb (vgl. Kap.2.1) gewandt und die kreative Seite der Sprachlernenden hervorgehoben hatte. Lernende, die an vorgegebene Muster gebunden sind und wenig Möglichkeiten haben, ihre eigenen Bedürfnisse sprachlich auszudrücken, entwickeln offenbar nicht die Sprachkompetenz, die sie eigentlich anstreben. Lightbown (1983) beschreibt in einer Untersuchung, dass ein derartiger Unterricht die Lernenden nicht dazu befähigt, die im Unterricht geübten Strukturen außerhalb des Unterrichts überhaupt anzuwenden. Sie weist nach, dass die korrekte Produktion der Strukturen nachlässt, sobald das Strukturmuster nicht mehr geübt wird.

Nicht zuletzt wurde auch Kritik an den in den Lehrbüchern eingesetzten Dialogen laut. Ihnen wurde – zu Recht – die Authentizität abgesprochen. In der Form, in der sie vorlagen, bildeten sie kein geeignetes Sprachmuster für die Anwendung im Alltag. Letztendlich förderten sie – im Verbund mit Struktur- und Nachsprechübungen von isolierten Einzelsätzen – keinerlei kommunikative Kompetenzen, trugen also nicht zur Ausbildung ausreichender Sprachhandlungsfähigkeit in der L2 bei.

Audiovisuelle Methode

In Frankreich wurde etwa zur gleichen Zeit, als in den USA die Audiolinguale Methode entstand, unabhängig davon die sogenannte Audiovisuelle Methode erarbeitet. Charakteristisch für die Audiovisuelle Methode ist der parallele Einsatz von Bild- und Audiomaterial. Über die bildlichen Elemente (Dias, Einzelbilder und Bildsequenzen) wird das Verstehen des Tonmaterials unterstützt. Was die situative Einbettung und die Übungsformen angeht, so gibt es viele Parallelen zu den audiolingualen Materialien.

Übung 05

Bearbeiten Sie die folgende Aufgabe:
Nach heutiger Auffassung können vorhandene Fremdsprachenkenntnisse u.U. den Erwerb einer weiteren Sprache erleichtern. Wie würde ein Vertreter der Audiolingualen Methode zu dieser Auffassung stehen? Begründen Sie Ihre Meinung!

3.1.3 Alternative Methoden

Mit der Ablehnung der strukturbasierten audiolingualen und audiovisuellen Ansätze wurde in den Siebziger- und Achtzigerjahren des letzten Jahrhunderts – neben der Entwicklung des Kommunikativen Ansatzes – eine Reihe von alternativen Methoden vorgeschlagen. Im Gegensatz zur Kommunikativen Didaktik (vgl. Kapitel 3.1.4) basieren diese Alternativmethoden weniger auf sprachwissenschaftlichen Erkenntnissen, etwa (Zweit-)Spracherwerbstheorien oder Grammatiktheorien. Einige von ihnen sind in einer allgemeinen Lerntheorie verankert, andere gehen auf einen einzigen einflussreichen Theoretiker, einen Psychologen oder Pädagogen zurück.

Zu den alternativen Ansätzen, deren Prinzipien auch heute gelegentlich noch vorgebracht werden, gehören die TPR-Methode (*Total Physical Response*) und die Suggestopädie.

Total Physical Response

Total Physical Response, entwickelt von dem amerikanischen Psychologen J. Asher, verbindet Sprache und Bewegung: Es wird der Versuch unternommen, Sprache durch körperliche Aktivitäten zu vermitteln. Konkret bedeutet dies: Die Lernenden hören Aufforderungen („Nimm das Buch!") und führen diese aus. Asher vertritt die Auffassung, dass der erfolgreiche Zweitspracherwerb Erwachsener wie der Erstspracherwerb von Kindern verläuft. Auch Kinder, so Ashers Argumentation, erfahren Sprache zunächst in Form von Aufforderungen, auf die sie körperlich reagieren, bevor sie selbst anfangen zu sprechen. Folglich wird in einem TPR-Kurs – dies sind vorwiegend Kurse für Sprachanfänger – zunächst ausschließlich Hörverstehen vermittelt, erst nach ca. 120 Unterrichtsstunden sind Lernende gefordert, selbst zu sprechen. Ziel sind basale Hör- und Sprechfertigkeiten in einer Fremdsprache. Lehrbücher werden am Anfang nicht verwendet, vielmehr nimmt die Lehrperson eine zentrale Rolle ein. Stimme, Gestik und Aktionen der Lehrperson regeln die Aktivitäten im Anfangsunterricht. Später werden Realia wie Gegenstände aus dem Klassenzimmer etc. in die Aktionen einbezogen. Ein weiterer wichtiger Aspekt der TPR ist die Betonung einer stressfreien Lernatmosphäre. Die TPR-Methode erfreute sich in den Siebziger- und Achtzigerjahren des vergangenen Jahrhunderts einiger Beliebtheit. Ihre Prinzipien kamen der Auffassung einiger Spracherwerbsforscher:innen entgegen. So betont beispielsweise Krashen, dessen Monitor-Theorie damals recht populär war, die große Rolle des verständlichen Inputs („comprehensible input") für den erfolgreichen Zweitspracherwerb. Dieser ist in einem TPR-Kurs sicherlich gegeben, denn dadurch, dass im TPR-Klassenzimmer sprachliche und körperliche Aktivitäten koordiniert werden, wird der Input in der zu lernenden Sprache verständlich. Dies mindert Stress und führt zum Erwerb der zielsprachlichen Strukturen.

Asher selbst schreibt seiner Methode keinen Ausschließlichkeitscharakter zu, sondern betont, dass TPR in Kombination mit anderen Methoden und Übungsformen angewendet werden sollte.

Suggestopädie

Der suggestopädische Ansatz, bekannt geworden durch das in den USA und Deutschland in den 90er-Jahren stark kommerzialisierte Superlearning, geht zurück auf den bulgarischen Psychologen Georgi Lozanov (1979). Er vertrat die Auffassung, dass das menschliche Gehirn unter entsprechenden Lernbedingungen umfangreiche Informationen verarbeiten könne. Zu den zentralen lernförderlichen Bedingungen gehören demnach eine entspannte Atmosphäre sowie die Bereitschaft, sich gänzlich auf das Vorgehen der Lehrkraft einzulassen, die Autorität der Lehrkraft anzuerkennen und ihr vollkommen zu vertrauen. Zur Schaffung einer entspannten Lernatmosphäre dient neben der freundlichen Gestaltung des Klassenzimmers auch der Einsatz von ausgewählter (Barock-)Musik.

Der suggestopädische Ansatz bezieht sich ursprünglich auf das Lernen allgemein und wurde von Lozanov und seinen Anhänger:innen auf den L2-Erwerb übertragen. Das Ziel suggestopädischer Fremdsprachenvermittlung ist der schnelle Erwerb alltagssprachlicher Sprechfähigkeit in der L2. Dazu wurde mit verschiedenen Übungsformaten experimentiert, u.a. bei der Wortschatzvermittlung, bei Rollenspielen und Textarbeit. Texte etwa werden zweifach von der Lehrkraft präsentiert, in so genannten „Konzerten“. Im ersten „Konzert“, untermalt von Musik, liest die Lehrkraft den Text vor, wobei die Stimmführung dem Rhythmus der Musik angepasst ist. Auf diese Weise sollen beide Gehirnhälften der Lernenden aktiviert werden. Die Lernenden lesen den Text still mit, sehen sich dabei auch die Übersetzung (in der L1) an. Beim zweiten Vorlesen, dem zweiten „Konzert“, wird der Text in normalem Sprechtempo dargeboten, während sich die Lernenden in ihren Sesseln entspannt zurücklehnen. Nach dieser Rezeptionsphase folgt eine Aktivierungsphase, in der Übungen durchgeführt werden.

Die von Lozanov propagierten Erfolge dieser „gehirngerechten“ Methode konnten allerdings nicht von anderen Forscher:innen repliziert und empirisch belegt werden. In der Folge wurde vielfach Kritik an der Suggestopädie geübt, vgl. Lukesch 2000/2006: „Hinsichtlich der Suggestopädie ist die Frage der Effektivität der vorgeschlagenen Methoden relativ häufig untersucht worden. Die Ergebnisse sind aber im Unterschied zu den Versprechungen der Initiatoren der Methode ernüchternd (vgl. u.a. Beitinger, Mandl &

Renkl, 1993; Edelmann, 1991). Man kann allenfalls sagen, dass auch mit diesem Vorgehen Lernen nicht verhindert werden kann."

Die Suggestopädie hatte wie auch TPR nur begrenzt Einfluss auf die allgemeinen Strömungen in der Fremdsprachenmethodik und –didaktik. Das ist wohl auch dem Umstand geschuldet, dass ein suggestopädischer Unterricht sich im organisatorischen Rahmen etwa von Schule kaum (vollständig) umsetzen ließ.

Zweifellos liegt aber der Verdienst der alternativen Methoden darin, dass sie wesentliche Dimensionen des Lehr-/Lernprozesses hervorgehoben haben, wie beispielsweise die Bedeutung des stressfreien Lernens oder des Darbietens von zu lernendem sprachlichem Material über mehrere Sinne – Ansätze, die heute fast als selbstverständlich gelten.

3.1.4 Der Kommunikative Ansatz

Mitte der Siebzigerjahre des 20. Jahrhunderts kam es zu einem weitreichenden Paradigmenwechsel im Bereich des Fremdsprachenunterrichts. Neben einer wachsenden Unzufriedenheit mit den Ergebnissen eines audiolingualen Unterrichts führten neue Erkenntnisse in der Sprachwissenschaft zum Umdenken im Sprachunterricht. In diesem Zusammenhang sind die Arbeiten von Soziolinguisten wie D. Hymes und die von Vertreter:innen der Pragmatik wie J. Austin und J. Searle zu nennen. Hymes führte 1972 in seinem einflussreichen Aufsatz „On Communicative Competence" – in Analogie zu Chomskys „linguistischer Kompetenz" – den Begriff der „kommunikativen Kompetenz" ein.

Übung 06

> Bearbeiten Sie die folgende Aufgabe:
> Informieren Sie sich in einem sprachwissenschaftlichen Wörterbuch über das Begriffspaar Kompetenz vs. Performanz im Sinne CHOMSKYs.

Kommunikative Kompetenz

Es reicht nicht aus, so Hymes, dass ein Individuum strukturell-grammatische Kompetenz im Chomsky'schen Sinne erwirbt, vielmehr ist es erforderlich, ebenso die Regeln sozialer und kultureller Interaktion zu erwerben, d.h. das, was Sprecher:innen brauchen, um in einer Sprachgemeinschaft kompetent sprachlich handeln zu können. Kommunikative Kompetenz umfasst u.a. Sprachkompetenz, Gesprächskompetenz, pragmatische und soziolinguistische Kompetenz. Die Bedeutung dieser Konzeption für den modernen Fremdsprachenunterricht ist unmittelbar ersichtlich. Doch auch die Pragmatik, insbesondere der Gegenstandsbereich der Sprechakttheorie, zeigte einen unmittelbaren Einfluss. Zu nennen sind hier die Arbeiten von Austin und Searle. Austin 1962 beschreibt in seiner Arbeit „How to do things with words“ Sprechen als eine Form des menschlichen Handelns, John Searle (1969) gelingt es, die Komponenten von Sprechakten zu analysieren und als erster eine umfassende Klassifikation aufzustellen.

Die Arbeiten von Hymes, Austin und Searle führten dazu, dass zum einen an die Stelle von linguistischer Kompetenz die kommunikative Kompetenz als Grobziel des Fremdsprachenunterrichts trat und dass sich die Inhalte eher an pragmatischen Kriterien orientierten. Ein wichtiges Instrument zur Konzeption von Unterricht wurden Bedarfsanalysen, anhand derer der Fremdsprachengebrauch in berufssprachlicher Kommunikation bzw. in alltagssprachlicher Kommunikation ermittelt wurde: In welchen Rollen agieren L2-Lernende als sprachlich Handelnde, in welchen Situationen, mit welchen Sprechabsichten? Über welche Themen wird gesprochen? Welche Textsorten kommen in welchen Situationen zum Einsatz?

Auf der Basis dieser Ergebnisse wurden Listen von Sprechakten und Sprechintentionen, Textsorten und Themen, Grammatikinventar und Wortschatz erarbeitet. Als Beispiel sei auf das im Auftrag des Europarats zusammengestellte Kompendium (von Sprechabsichten) verwiesen, das 1971 zum ersten Mal veröffentlicht und in modifizierter Form noch heute verwendet wird, die „Kontaktschwelle DaF“. Sie ist in den Gemeinsamen europäischen Referenzrahmen eingegangen, der seit etwa 2001 für Lehrende, Autor:innen und Testentwickler:innen ein wichtiges Referenzwerk darstellt. Ende der Sechziger- und Anfang der Siebzigerjahre ging es zunächst aber um die Bestimmung eines Basis-Niveaus, also einer Bestimmung von Sprechhandlungen etc., die am Ende der „Grundstufe“ in einer Fremdsprache ausgeführt werden können.

„[Man kann] jede Art von Sprachverwendung und den Erwerb einer Fremdsprache auf folgende Weise beschreiben:
Sprachverwendung – und dies schließt auch das Lernen einer Sprache mit ein – umfasst die Handlungen von Menschen, die als Individuen und als gesellschaftlich Handelnde eine Vielzahl von **Kompetenzen** entwickeln, und zwar **allgemeine**, besonders aber **kommunikative Sprachkompetenzen**. Sie greifen in verschiedenen **Kontexten** und unter verschiedenen **Bedingungen und Beschränkungen** auf diese Kompetenzen zurück, wenn sie **sprachliche Aktivitäten** ausführen, an denen (wiederum) **Sprachprozesse** beteiligt sind, um **Texte** über bestimmte **Themen** aus verschiedenen **Lebensbereichen** (Domänen) zu produzieren und/oder zu rezipieren. Dabei setzen sie **Strategien** ein, die für die Ausführung dieser **Aufgaben** am geeignetsten erscheinen. Die Erfahrungen, die Teilnehmer in solchen kommunikativen Aktivitäten machen, können zur Verstärkung oder zur Veränderung der Kompetenzen führen." (Gemeinsamer europäischer Referenzrahmen, 2001, 21)

Eine mit der kommunikativen Kompetenz vergleichbare Zielsetzung hatte wohl bereits Viëtor Anfang des 20. Jahrhunderts im Blick, als er den Sprachunterricht seiner Zeit kritisierte. Auch die Vertreter:innen der audiolingualen Methode wollten die L2-Lernenden mit (vermeintlichen) Modelldialogen dazu befähigen, Alltagsgespräche zu führen, was aber nur partiell gelang.

Der Kommunikative Ansatz geht über die dort geäußerten Vorstellungen allerdings weit hinaus. L2-Lernende müssen, wenn sie kommunikativ kompetent handeln wollen, beispielsweise lernen, dass es für die Realisierung einer Sprechintention mehrere sprachliche Möglichkeiten gibt. Aus diesen müssen sie die Form auswählen, die der Situation/dem Setting und dem/der Gesprächspartner:in angemessen ist.

Übung 07

Bearbeiten Sie die folgende Aufgabe:
Sammeln Sie Redemittel zum Ausdruck von Dank im Deutschen. Notieren Sie jeweils mögliche Verwendungskontexte.

Lernenden-Orientierung

Weitere Charakteristika des Kommunikativen Ansatzes sind die Lernenden-Orientierung und Orientierung am Lernprozess. Die Orientierung an den Lernenden stellt eine grundsätzliche Veränderung gegenüber früheren Ansätzen dar: Unterrichtsziele, Lerninhalte, Themen etc. werden mit Hinblick auf die individuellen oder gruppenspezifischen Bedürfnisse der Lernenden ausgewählt und vermittelt (vgl. o. Bedarfsanalysen). Auch wird der Zweitspracherwerb nicht mehr als ein Prozess der Gewohnheitsbildung verstanden, sondern als ein kreativer Prozess: Die Lernenden erschließen sich die sprachlichen Daten der Zielsprache schrittweise, bilden Hypothesen und entwickeln eine – sich ständig verändernde – Interlanguage /Lernersprache (vgl. Kap. 2). In diesem Zusammenhang werden auch Fehler als Indikatoren für den jeweiligen Sprachstand einer/s Lernenden angesehen und nicht als ein Störfaktor, den es zu vermeiden gilt: Lernen ist ein Prozess kreativer Konstruktion, zu dem Versuch und Fehler gehören, vgl. Richards & Rodgers 2014[3], 95: „Be tolerant of learners' errors as they indicate that the learner is bulding up his or her communicative competence."

Lernenden-Orientierung und Lernprozessorientierung haben zur Folge, dass es im Rahmen des Kommunikativen Ansatzes keine allgemein verbindliche, allen Zielgruppen gerecht werdende Methode für den Fremd-/Zweitsprachenunterricht geben kann, „sondern [die Kommunikative Didaktik] sich darum bemüht, allgemeine Prinzipien und Verfahrensweisen zur zielgruppenspezifischen Ausformulierung von Curricula (Grundlagen, Ziele, Lehr- und Lernverfahren/Medien, Erfolgskontrollen) bereitzustellen." (Neuner 2003, 231)

Prinzipien des Kommunikativen Ansatzes

Zu den allgemeinen Prinzipien des Kommunikativen Ansatzes zählen u.a.:

1. Sprachliches Handeln im Unterricht
   Ein grundlegendes Prinzip ist, dass L2-Lernende im Unterricht sprachlich handeln sollen, d.h. dass sie die Sprache in kommunikativen Aktivitäten einsetzen (Bedeutungsaushandlung, Verstehenssicherung). Dabei werden Kommunikationsstrategien erarbeitet. Neben Sprach- und Rollenspielen werden Kommunikationssituationen häufig durch Gruppen- oder Partnerarbeitsphasen geschaffen.
2. Authentizität
   Ein weiteres Prinzip ist der Einsatz von möglichst „authentischem" oder gemäßigt authentischem sprachlichen Material,

z.B. Zeitungsartikeln, Stellenanzeigen, Kleinanzeigen, Speisekarten, Kochrezepten, Bedienungsanleitungen, Formularen und Ähnlichem. Dabei geht es darum, dass L2-Lernende Strategien zum Umgang mit diesen Texten lernen und sich letztendlich dem Text als Leser:in nähern, nicht als Lerner:in.

„Authentisch" meint hier nicht unbedingt dokumentarisch. Ein Text kann oder muss für unterrichtliche Zwecke aufbereitet und didaktisiert werden. Dabei muss er aber – um weiterhin dem Anspruch der Authentizität zu genügen – die typischen Merkmale von authentischen Texten aufweisen:
Ein authentischer Text hat immer eine Intention, er will etwas mitteilen (und dieses Mitteilen darf sich nicht in der Vermittlung situativ verpackter Grammatik erschöpfen).
Ein authentischer Text hat entsprechend seiner Mitteilungsabsicht einen Adressaten in der Realität.
Ein authentischer Text hat eine bestimmte Form (Bericht in der Zeitung/im Rundfunk/im Fernsehen).
Im Grunde eignet sich dabei jeder authentische Text der Fremdsprache – vom Fahrplan bis zum Gedicht – für den Unterricht. Wichtig ist hierbei nur, dass mit der Textsorte und ausgehend von der Textsorte sprachliche Tätigkeiten verbunden werden können, d.h. dass sie so gewählt werden, dass das Kommunizieren über ein Thema, einen Gegenstand möglich wird. Die Verwendung authentischer Texte bedeutet auch, dass sie in ihrer medialen Eigenart belassen werden. Es ist meistens ungünstig, einen Hörtext als Lesetext oder umgekehrt anzubieten. (...) (Krüger 1981, 25)

„Authentisch" bezieht sich aber nicht nur auf das eingesetzte Material, vielmehr soll der Unterricht möglichst viele Anlässe für authentische und im Sinne der Lernenden bedeutungsvolle Kommunikation bieten.

3. Entdeckendes Lernen
   Die Lernenden sind gefordert, sich, etwa im Bereich grammatischer Strukturen, die Regeln selbst zu erschließen. Im Gegensatz zu den Verfahren der audiolingualen Methode ist die eigenständige Erschließung von Regeln im Kommunikativen

Ansatz eng mit der Entwicklung von Lernstrategien verbunden, die hier eine zentrale Rolle spielen.

4. Rolle der Lehrenden
   Die Lehrenden haben in diesem Konzept die Aufgabe, die Lernenden in ihrem Zweitspracherwerbsprozess zu unterstützen. Sie arrangieren den Unterricht, schaffen Kommunikationssituationen, stehen Lernenden zur Seite, wenn diese ihre Hilfe brauchen.
   Ein äußeres Zeichen für die veränderte Lehrerrolle ist der weitgehende Verzicht auf lehrerzentrierten Frontalunterricht zugunsten von lernerzentrierter Gruppen- oder Partnerarbeit. Die Lernenden haben auf der anderen Seite mit dem Wegfall der Lehrerdominanz eine höhere Selbstverantwortung für ihren Lernprozess.
5. Rolle der Grammatik
   Das Lernen von Grammatik ist kein Selbstzweck. Grammatik hat eine dienende Funktion, in dem Sinne, dass sie „hilft", Sprechintentionen zu realisieren. Wie Funk 2003, 2 betont:
   - Motivierende und „sinnvolle" Inhalte und Sprachfunktionen sind unverzichtbarer Ausgangspunkt grammatischen Lernens. [...]
   - Training mit „sinnvollen" Inhalten ist Voraussetzung für das Erwerben von Strukturen
   - Der Anteil der Grammatikarbeit am Sprachunterricht muss diesen Prioritäten entsprechen.
6. Rolle der Erstsprache
   Die Erstsprache der Lernenden spielt kaum eine Rolle – der Unterricht soll möglichst in der zu lernenden Sprache gehalten werden. Einsprachigkeit ist erwünscht.

Übung 08

Bearbeiten Sie die folgende Aufgabe:
Der Anspruch im Rahmen des Kommunikativen Ansatzes, ein hohes Maß an Authentizität in den DaF-/DaZ-Unterricht zu integrieren, stellt nicht-muttersprachliche Lehrkräfte, die u.U. nicht hinreichend flüssig sprechen, vor gewisse Herausforderungen. Wie kann diesen begegnet werden?

In den Anfangsjahren der Kommunikativen Didaktik überwogen in den Lehrbüchern Dialoge und damit die Fertigkeit Sprechen. Das führt bis heute gelegentlich zu Missverständnissen: „Kommunikativ" wird gleich gesetzt mit „mündlich". Diese Auffassung ist jedoch längst nicht mehr gerechtfertigt. In späteren Entwicklungsphasen der Kommunikativen Didaktik änderte sich die Gewichtung der vier Fertigkeiten Lesen, Hören, Sprechen und Schreiben grundlegend: Sie wurden als gleichberechtigt angesehen und sollten gleichermaßen gefördert werden. Dies führte im Unterricht u.a. konkret dazu, dass Schreibanlässe geschaffen wurden und die Entwicklung von fremdsprachlichen Schreibfähigkeiten gefördert wurde. Ebenso wurde das Lesen stärker berücksichtigt, wobei das Textsortenspektrum sowohl Gebrauchstexte, wie sie im Alltag vorkommen (Bedienungsanleitungen, Fahrpläne etc.), als auch literarische Texte umfasste.

Der Kommunikative Ansatz hat sich seit seinen Anfängen in unterschiedlichen Varianten weiterentwickelt, vom *Task-Based-Approach* über CLIL (*Content and Language Integrated Learning*), fach- und berufssprachliche Ansätze zu Translanguaging und ähnlichen Konzepten. Eine einheitliche Definition kann somit kaum gegeben werden. Aus der Vielzahl der Weiterentwicklungen bzw. der ihnen zugrunde liegenden Konzeptionen lassen sich die folgenden sieben Merkmale herauskristallisieren, die in all diesen Ansätzen sichtbar werden und die nicht unabhängig voneinander gesehen werden dürfen (vgl. Brown & Lee 2015, 31–32):

Hauptmerkmale eines Kommunikativen Fremd-/ Zweitsprachenunterrichts

1. Übergreifende Ziele. In einem kommunikativ ausgerichteten Unterricht finden alle Komponenten der Kommunikativen Kompetenz Berücksichtigung. Unterrichtliche Lernziele müssen daher sowohl strukturelle als auch pragmatische Aspekte von Sprache aufweisen.
2. Der Zusammenhang von Form und Funktion. Lernende sollen im Unterricht Sprache vorrangig für bedeutungsvolle Zwecke einsetzen, sprachliche Strukturen stehen nicht im Mittelpunkt, sondern haben dienende Funktion („Grammatik als Werkzeug").
3. Flüssigkeit und Korrektheit. Der Fokus auf Flüssigkeit in Rezeption und Produktion sowie in gleichem Maße auf formale Korrektheit in der Produktion werden als komplementäre Prinzipien angesehen. Mal tritt der eine, mal der andere Gesichtspunkt in den Vordergrund. So kann es in der einen Unterrichtsphase sinnvoll sein, die Korrektheit zugunsten von Flüssigkeit in den

Hintergrund treten zu lassen – um die Lernenden im bedeutungsvollen Umgang mit der L2 nicht zu unterbrechen. In einer anderen Unterrichtsphase kann es sich als sinnvoll erweisen, die (grammatische) Korrektheit zu fokussieren. Es liegt in der Verantwortung der Lehrkraft, den Lernenden jeweils an geeigneter Stelle ein korrektives Feedback zu geben.

4. Fokus auf Lernkontexte, die in Realsituationen verankert sind. L2-Lerner:innen sollen dazu befähigt werden, die zu erlernende Sprache schlussendlich in Realsituationen zu verwenden. Die Aufgaben und Übungen im Sprachunterricht müssen daher so gestaltet sein, dass Lernende die dazu notwendigen Fertigkeiten und Kompetenzen erwerben.
5. Autonomie und Lernstrategien. Lernende erhalten die Gelegenheit, ihren Lernprozess zu reflektieren, indem sie sich ihre eigenen Lernstile (Stärken, Schwächen, Präferenzen) bewusst machen und geeignete Strategien für die Rezeption und Produktion in der L2 entwickeln. Auf diese Weise wird die Entwicklung von Lernerautonomie gefördert, die es Lernenden ermöglicht, ihren Erwerbsprozess außerhalb des Klassenzimmers fortzusetzen.
6. Rolle der Lehrkraft. Die Lehrkraft fungiert als Vermittler:in und Begleiter:in, nicht als allwissende Autorität. Die bestmögliche sprachliche Entwicklung ihrer Lernenden liegt ihr am Herzen. Sie ermuntert die Lernenden, bedeutungsvoll sprachlich zu handeln, indem sie genuine sprachliche Interaktion mit ihr selbst und den anderen Lerner:innen ermöglicht.
7. Rolle der Lernenden. Die Lernenden sind aktiv an ihrem eigenen Lernprozess beteiligt. Lernendenzentriertes, kooperatives und kollaboratives Lernen wird ausdrücklich unterstützt, ein gewisses Maß an Lehrerzentriertheit bleibt gleichwohl erhalten.

Der Kommunikative Ansatz, Ausdruck der so genannten „kommunikativ-pragmatischen Wende“ in den 70er- und 80er-Jahren des 20. Jahrhunderts, erwies sich in der internationalen didaktisch-methodischen Diskussion als äußerst einflussreich, so auch im Bereich Deutsch als Fremd-/Zweitsprache. Mit seiner zunehmenden Verbreitung und Weiterentwicklung ging die Abwendung von tradierten Auffassungen zum Fremd- und Zweitsprachenunterricht einher. Als einer der radikalsten Einschnitte ist wohl die Abkehr von grammatik-basierten Curricula zugunsten von sprachhandlungsorientierten Curricula anzusehen. Nicht mehr grammatische Strukturen und Einheiten stehen im Vordergrund, sondern sprachliche Handlungen („Notionen"), denen die Grammatik untergeordnet wird (vgl. „Grammatik als Werkzeug", funktionale Grammatik), um das Ziel der sprachlichen Handlungsfähigkeit in der Zielsprache zu erreichen. Zentrale Elemente im kommunikativen Unterricht sind Kollaboration und Interaktion; eine weitere wichtige Neuerung betrifft die Berücksichtigung von Lernstrategien. Und nicht zuletzt werden die Rollen von Lehrenden und Lernenden im Vergleich zu früheren methodischen Ansätzen radikal anders definiert. Diese Entwicklungen in der Didaktik/Methodik des Fremd- und Zweitsprachenunterrichts sind vor dem Hintergrund einer ständig wachsenden Zweitspracherwerbsforschung zu sehen, deren Erkenntnisse zunehmend in didaktische Konzeptionen Eingang fanden. Zusammenfassend lässt sich festhalten, dass die Ergebnisse aus der Zweitspracherwerbs- und der Unterrichtsforschung darauf hindeuten, dass ein flexibles, an den Lernenden orientiertes Konzept des Fremd-/Zweitsprachenunterrichts am ehesten zum Lernerfolg führt. Damit ist eine Diskussion um „die eine richtige" Methode hinfällig.

Methodenvielfalt

„So perhaps by now the profession has attained a modicum of maturity where we recognize that the diversity of language learners in multiple world-wide contexts demands an eclectic blend of tasks, each tailored for a specific group of learners studying for particular purposes in geographic, social and political contexts." (Brown & Lee 2015, 40)

In seinem 1995 erschienenen Aufsatz „Deutschlernen in deutschsprachiger Umgebung – Fragen und Aspekte einer Zweitsprachendidaktik" lehnt Neuner „ein in sich geschlossenes didaktisch-methodisches Rahmenkonzept für den Deutschunterricht in deutschsprachiger Umgebung" weitgehend ab und plädiert stattdessen dafür, den Lern-/Erwerbskontext wie die zielsprachliche und fremdsprachliche Umgebung stärker zu berücksichtigen (vgl. Neuner 1995, 39–41).

Die Abkehr von geschlossenen Methodenkonzepten wurde mit der Einführung des Gemeinsamen europäischen Referenzrahmens

(GER) (Europarat 2001), der auf dem Konzept der Kompetenzorientierung beruht, noch einmal besiegelt. In der Folge entwickelte sich ein Diskurs um so genannte Prinzipien, „die (...) einen lerntheoretisch und sprachdidaktisch gut begründeten Rahmen vorgeben, in dem Lehrhandeln, die Entwicklung und der Einsatz von Lehr-/Lernmaterialien und Unterrichtsprozesse umgesetzt werden“ (Kniffka/Riemer 2022, 134). Sie werden im folgenden Abschnitt näher erläutert.

3.2 Zentrale Leitprinzipien für einen modernen DaZ-Unterricht

Im Folgenden werden acht zentrale Prinzipien aufgeführt, die im modernen DaZ-Unterricht Anwendung finden. Erkennbar werden sie in Lehr-/Lernmaterialien ebenso wie in den Konzepten, die neueren Sprachprüfungen, insbesondere auch im Bereich der berufssprachlichen Prüfungen, zugrunde liegen. Vieles, was die in 3.1.4 beschriebenen Prinzipien des Kommunikativen Ansatzes aufgreifen, erfährt heute unter veränderten gesellschaftlichen Bedingungen eine etwas andere Interpretation.

Kompetenzorientierung

Als erstes sei hier das Prinzip der Kompetenzorientierung aufgeführt, das nicht spezifisch für den zweitsprachlichen Unterricht, sondern verstärkt seit Anfang der 2000er-Jahre im Bildungssystem allgemein verankert ist. Kompetenzorientierung meint die Ausrichtung des Sprachunterrichts auf bestimmte zielsprachliche Kompetenzen, wie sie etwa in den Deskriptoren des GER formuliert werden. So lautet etwa der Deskriptor für die Niveaustufe A2 zur mündlichen Interaktion allgemein:
„Kann sich in einfachen, routinemäßigen Situationen verständigen, in denen es um einen unkomplizierten und direkten Austausch von Informationen über vertraute Routineangelegenheiten in Zusammenhang mit Arbeit und Freizeit geht (...)“ (Europarat 2001, 79).

Hier steht nicht ein bestimmtes Thema oder ein grammatischer Gegenstand im Vordergrund, sondern Sprachhandlungsfähigkeit in einem bestimmten Teilbereich menschlicher Kommunikation.

Lernendenorientierung/Lernendenautonomie

Wie in 3.1.4 bereits mehrfach erwähnt, spielt die Lernendenorientierung und damit verbunden die Förderung von Lernendenautonomie weiterhin eine bedeutsame Rolle. Lerner:innen stehen mit ihrem sozialen Kontext, ihren Fähigkeiten, Interessen, Zielen und Bedürfnissen im Mittelpunkt unterrichtlicher Aktivitäten. Das verlangt Flexibilität aufseiten der Lehrkräfte, die sich auf die individuellen Lerner:innen einstellen und die jeweiligen Voraussetzungen berücksichtigen müssen. Dies gilt heute, angesichts verstärkter Migrations- und Fluchtbewegungen, stärker denn je. Lernende in Vorbereitungsklassen oder Integrationskursen sind häufig unterschiedlich alt, sprechen unterschiedliche Erstsprachen, haben unterschiedliche Bildungshintergründe und Lernstile. Ein jüngerer Schüler, der den Erwerb seiner L1 (im Bereich konzeptioneller Schriftlichkeit) noch nicht abgeschlossen hat, lernt die L2 Deutsch anders als die ältere Schülerin, die in ihrem Heimatland bereits eine Schulkarriere auf Englisch durchlaufen hat. Ein Lernender aus einer Kultur, in der Lernen auch viel Auswendiglernen und Repetition bedeutet, tut sich vielleicht schwer mit spontanem freiem Sprechen im Rollenspiel. Jemand, der nur Frontalunterricht kennt, lehnt u.U. die Gruppenarbeit als Lernform ab. Zu berücksichtigen sind ferner Kompetenzen und Wissensbestände, die Lerner:innen aus anderen Bereichen bzw. aus unterrichtlichen Kontexten aus dem Herkunftsland in den Unterricht einbringen

Bedarfsorientierung

In engem Zusammenhang mit dem Prinzip der Lernendenorientierung steht das Prinzip der Bedarfsorientierung. Dieses Prinzip bezieht sich auf die Kurs- und Unterrichtsplanung und bedeutet, dass die objektiven und subjektiven Bedarfe der jeweiligen Lerner:innengruppe in die Planung eingehen sollten. Infolgedessen sind – je nach Kontext – vor Beginn eines Sprachkurses mehr oder weniger umfassende Bedarfsanalysen erforderlich, auf deren Basis die Lernziele formuliert werden. Dabei ist zu beachten, dass Bedarfsanalysen grundsätzlich prozedural sind, d.h. im Laufe eines Kurses/eines Unterrichtsabschnittes werden immer wieder Revisionen und Anpassungen von Maßnahmen und Vorgehensweisen erforderlich.

Handlungsorientierung

Das vierte zentrale Prinzip ist das der Handlungsorientierung, das uns im Zusammenhang mit dem Kommunikativen Ansatz auch bereits begegnet ist. Damit ist gemeint, dass Lerner:innen zur Sprachhandlungsfähigkeit in der Zweitsprache ausgebildet werden. Um dies zu erreichen, bedarf es eines Unterrichts, der Sprachhandeln in authentischen Handlungssituationen fokussiert (vgl. o. „Authentizität") und sprachliches Handeln in zukünftigen Realsituationen in den Blick nimmt.

Aufgabenorientierung

Eng verknüpft mit dem Prinzip der Handlungsorientierung ist das Leitprinzip der Aufgabenorientierung (vgl. oben *task-based approach*). Aufgabenorientierung bedeutet, dass die Lernaufgaben und Übungen im realen Leben verankert sind. Sie müssen so konzipiert sein, dass sie gezielt auf sprachliches Handeln außerhalb des Klassenzimmers vorbereiten. Das hat zur Folge, dass Lernaufgaben in erster Linie inhaltsbezogen sind (*focus on meaning*) und erst in zweiter Instanz formbezogen (*focus on form*). Aufgaben und Übungen sind so angelegt, dass Sequenzen von Übungen systematisch auf die Aufgabe am Ende der Sequenz vorbereiten. Bevorzugtes Vorgehen ist hier die so genannte „Rückwärtsplanung" (vgl. Funk et al. 2014, 14)

Inhaltsorientierung

Das Prinzip der Inhaltsorientierung bezieht sich auf die für den jeweiligen Lernkontext relevanten Inhalte und Themen. Diese fußen weitgehend auf den Ergebnissen der Bedarfsanalyse und schließen u.a. kulturelles Lernen mit ein. Hierbei ist zu beachten, dass „Input und Kommunikation nicht allein auf die zielsprachliche Entwicklung zielen, sondern [dass] die Auseinandersetzung mit für die Lernziele und Lernenden relevanten und interessanten Wissensbeständen dem Sprachenlernen inhärent ist" (Kniffka/Riemer 2022, 135).

Interaktionsorientierung

Im Einklang u.a. mit der Handlungs- und Kompetenzorientierung steht das Prinzip der Interaktionsorientierung. Hierbei wird die Relevanz des sprachlichen Handelns und der interaktiven Bedeutungsaushandlung im Unterricht hervorgehoben. Eine bedeutende Rolle nehmen aus diesem Blickwinkel diverse interaktionale Prozesse ein, z.B. das interaktionale Scaffolding, eine Form der Ko-Konstruktion, die inhaltliches und sprachliches Lernen unterstützt (vgl. Kap. 3.3). Die Umsetzung dieses Prinzips stellt für Lehrkräfte eine gewisse Herausforderung dar, setzt es doch ein Gespür für die Gruppendynamik in einer Klasse voraus und verlangt einen reflektierten Umgang mit Lerner:innen-Äußerungen, sowohl hinsichtlich des authentischen Zuhörens wie auch beim (korrektiven) Feedback.

Mehrsprachigkeitsprinzip

Relativ jüngeren Datums ist das Prinzip der Mehrsprachigkeit. Wie wir in Kap. 3.1. gesehen haben, herrschte über lange Zeit und unter unterschiedlichen methodischen Ansätzen ein mehr oder weniger striktes Einsprachigkeitsprinzip. Dieses wurde u.a. über Konzepte wie z.B. *Translanguaging* durch das Mehrsprachigkeitsprinzip ersetzt. Letzteres besagt, dass die bei Lerner:innen vorhandenen Sprachlernerfahrungen und Sprachkenntnisse auf unterschiedliche Weise im Unterricht Berücksichtigung finden. Mehrsprachigkeit und plurilinguale Kompetenz gehören zu den Schlüsselaspekten des erweiterten GER, wie sich beispielsweise im folgenden Deskriptor des Niveaus B1 „Mündliche Verarbeitung von Texten" zeigt:

„Kann (in Sprache B) die wichtigsten Punkte oder Geschehnisse in Fernsehsendungen und Videoclips (in Sprache A) zusammenfassen, sofern mehrfaches Sehen möglich ist." (Europarat 2020, 121)

Das Mehrsprachigkeitsprinzip wird im schulischen Kontext nicht mehr bloß den sprachlichen Fächern zugeordnet. Es findet sich in diversen Konzepten von sprachsensiblem Unterricht in den Sachfächern. Van Avermaet et al. 2018 geben zu bedenken, dass bei mehrsprachigen Schüler:innen außerhalb von Schule multilinguale Praktiken etabliert sind und dass dieses mehrsprachige Handeln in schulische Lernprozesse integriert werden sollte. Diese Forderung steht einerseits im Einklang mit den erweiterten Zielen des GER 2020 und andererseits mit den Leitprinzipien der Handlungs- und Aufgabenorientierung. Aktuell ist das Mehrsprachigkeitsprinzip – insbesondere im Bereich Schule – keinesfalls flächendeckend umgesetzt. Es finden sich Projekte und Ansätze in einzelnen Schulen; manche größer angelegten Projekte, wie beispielsweise das Schweizer Projekt Passepartout, wurden nach Abschluss der Projektphase nicht fortgeführt (vgl. Furter 2018).

3.3 Ansätze für einen sprachbewusste(re)n, sprachbildenden Unterricht

3.3.1 Fachsensibler DaZ-Unterricht

Neu zugewanderte Schüler:innen werden häufig zunächst in Vorbereitungs- oder Willkommensklassen (vgl. Kniffka, Montefiori & Dronske 2019) beschult, deren übergeordnetes Ziel es ist, ihnen im Rahmen der Erstintegration einen gezielten Zugang zum deutschen Schulsystem zu verschaffen und diejenigen Kompetenzen zu vermitteln, die sie zur Teilhabe am Regelunterricht befähigen.

Dabei sind eine Reihe von Anforderungen zu bewältigen. Neu zugewanderte Schüler:innen sind u.a. konkret gefordert, sich

- mit den Abläufen und Regularitäten in einer deutschen Schule vertraut zu machen und sich in diesem Rahmen in der Rolle als Schüler:in neu einzurichten,
- in relativ kurzer Zeit Deutsch (als Zweitsprache) anzueignen – und dabei neben alltagssprachlichen Kompetenzen auch sprachliche Handlungsfähigkeit in den fach- und bildungssprachlichen Varietäten zu erlangen,
- je nach Herkunftssprache und sprachlichen Vorkenntnissen ein (neues) Schriftsystem anzueignen (Zweitschrifterwerb).

Ein auf die Teilnahme am Regelunterricht vorbereitender L2-Unterricht Deutsch unterscheidet sich in der allgemeinen Zielsetzung deutlich von einem schulischen Unterricht Deutsch als Fremdsprache im Ausland. Lernziele, Inhalte, Aktivitäten, Sprachhandlungen etc. müssen gezielt mit Bezug auf das Handlungsfeld Schule gewählt werden. Die Prinzipien der Bedarfs-, Inhalts-, Lernenden-, Handlungs- und Aufgabenorientierung sind in einem vorbereitenden DaZ-Unterricht am Sprachgebrauch schulischer Realsituationen zu konkretisieren. Das heißt, dass der DaZ-Unterricht schulische Realsituationen abbilden sollte. Dieser Zusammenhang lässt sich – in Anlehnung an das Performanz-Modell für Sprachtests von Bachman und Palmer 1996 – wie folgt darstellen:

DaZ-Unterricht		**Realsituationen**
Vermittlung von Sprachkompetenzen Performanz	VORBEREITUNG →	Performanz in Nicht-DaZ-Lern-Situationen
Merkmale: u.a. Setting Interaktanten sprachliche Praktiken/ Sprachhandlungen (Varietät; sprachliche Mittel ...)	ABBILDUNG ←	**Merkmale:** u.a. Setting Interaktanten sprachliche Praktiken/ Sprachhandlungen (Varietät; sprachliche Mittel ...)

Abb. 9 DaZ-Unterricht und Realsituationen im Handlungsfeld Schule (Kniffka 2019, 268)

Das Handlungsfeld Schule ist durch eine Vielzahl unterschiedlicher Settings mit unterschiedlichen Interaktant:innen und durch ein breites Spektrum an sprachlichen Praktiken etc. geprägt. Schüler:innen sind im schulischen Alltag folglich gefordert, sich in unterschiedlichen Rollen und unterschiedlichen sprachlichen Verhaltensmustern zu bewegen. Während Interaktionen mit Schulkamerad:innen und Freund:innen auf dem Pausenhof oder in der Schulmensa mit alltagssprachlichen Routinen und ggf. jugendsprachlichen Registern realisiert werden, ist im Chemie- oder Geographie-Unterricht bildungs- bzw. fachsprachliches Handeln erforderlich. Ein DaZ-Unterricht in Vorbereitungsklassen, der schulische Realsituationen abbilden will, muss also Sprachhandlungsfähigkeit in all diesen Situationen anbahnen. Das bedeutet, dass sowohl Pausengesprächen und Small Talk wie auch fachunterrichtlichen Interaktionen Raum gegeben werden muss. Gefordert ist ein „fachsensibler Sprachunterricht", der alltagssprachliche und bildungs-/fachsprachliche Kompetenzen vermittelt und dabei fachliche Inhalte integriert.

Fachsensibler Sprachunterricht

Das Konzept eines fachsensiblen Sprachunterrichts wird aktuell in Deutschland eher kontrovers diskutiert. Von Lehrkräften wird bezweifelt, dass die Integration von sprachlichen und fachlichen Inhalten in einem vorbereitenden DaZ-Unterricht realisierbar ist.

Fachsensibler Sprachunterricht

„Ein ‚fachsensibler Sprachunterricht' verbindet von Beginn an systematisch (a) (schul-) fachliche Inhalte und (b) bildungs-/ fachsprachliche Praktiken mit dem basalen Zweitspracherwerb." (Kniffka 2019, 271)

Häufig wird vorgebracht, dass alltagssprachliche Kompetenzen die Basis für bildungs- und fachsprachlichen Sprachausbau bilden, d.h. Schüler:innen sollten zunächst auf das (allgemeinsprachliche) Niveau A2/B1 des Gemeinsamen europäischen Referenzrahmens gebracht werden, bevor bildungs- und fachsprachliche Varietäten eingeführt werden (können). Diese Sequenzierung ist in der Praxis auch heute noch weit verbreitet (vgl. Cornely Harboe & Mainzer-Murrenhoff 2016, 163). Dies entspricht allerdings keineswegs dem Forschungsstand zum L2-Erwerb. Cornely Harboe und Mainzer-

Murrenhoff 2016 weisen in ihrem Projekt „Sommerschule DaZ" nach, dass die Vermittlung von basalen Deutschkenntnissen mit der Anbahnung schriftsprachlicher Kompetenzen vereinbar ist.

„Als besonders vielversprechend für eine frühe Vermittlung schulrelevanter Sprache hat sich [...] das Vorgehen des Sammelns von eigenen Erfahrungen mit anschließender bildungssprachlicher Überführung des konkret Erlebten sowie die Arbeit an den Diskursfunktionen erwiesen. In der Praxis hat sich immer wieder gezeigt, dass die Schülerinnen und Schüler selbst [...] komplexere und abstraktere Betrachtungsweisen und Fragen aufgreifen und ihnen hier sprachliche Unterstützung geboten werden kann. [...]. Also warum länger nur bei der Förderung basaler alltagssprachlicher Kompetenzen aufhalten, wenn schulische Denk- und Handlungsmuster hier im Kleinen bereits aufgegriffen werden können und auch sprachlich auf einem niedrigen Sprachstand zu bewältigen sind?" (Cornely Harboe & Mainzer-Murrenhoff 2016, 197)

Im Rahmen der Entwicklung des Lehrmaterials „Intro Deutsch als Zweitsprache" (Kniffka & Neuer 2017) zeigte sich, dass sprach- und fachintegrierende Materialien im vorbereitenden DaZ-Unterricht unter Berücksichtigung von Scaffolding-Techniken (vgl. 3.3.2) gut einsetzbar sind und von den Schüler:innen durchgängig positiv aufgenommen wurden. Beispielsweise lässt sich ausgehend von Routineformeln und Zahlenangaben, die gängigerweise zu Beginn eines A1-UnterrichtKurses vermittelt werden – Das ist (NAME). Er / Sie kommt aus (LAND) –, eine Brücke schlagen zum Geographieunterricht, hier der Beschreibung einer einfachen Grafik, in der die Importe aus China abgebildet sind („Was aus China kommt"). Die Abbildung 10 gibt eine mögliche Sequenzierung wieder.

Das alltagssprachliche Material, das Gegenstand der ersten DaZ-Stunden ist (jemanden vorstellen, anschließend z.B. einen Steckbrief erstellen), wird in der nächsten Phase auf einen geographischen Kontext übertragen: „Warenströme". Bei diesem Fachinhalt wird u.a. die Herkunft von Produkten und Waren thematisiert. Das erfordert den Umgang mit Ländernamen, Zahlen und Mengenangaben. Schüler:innen sollen berichten können, woher etwas kommt. Will die Lehrkraft dieses Thema im Unterricht

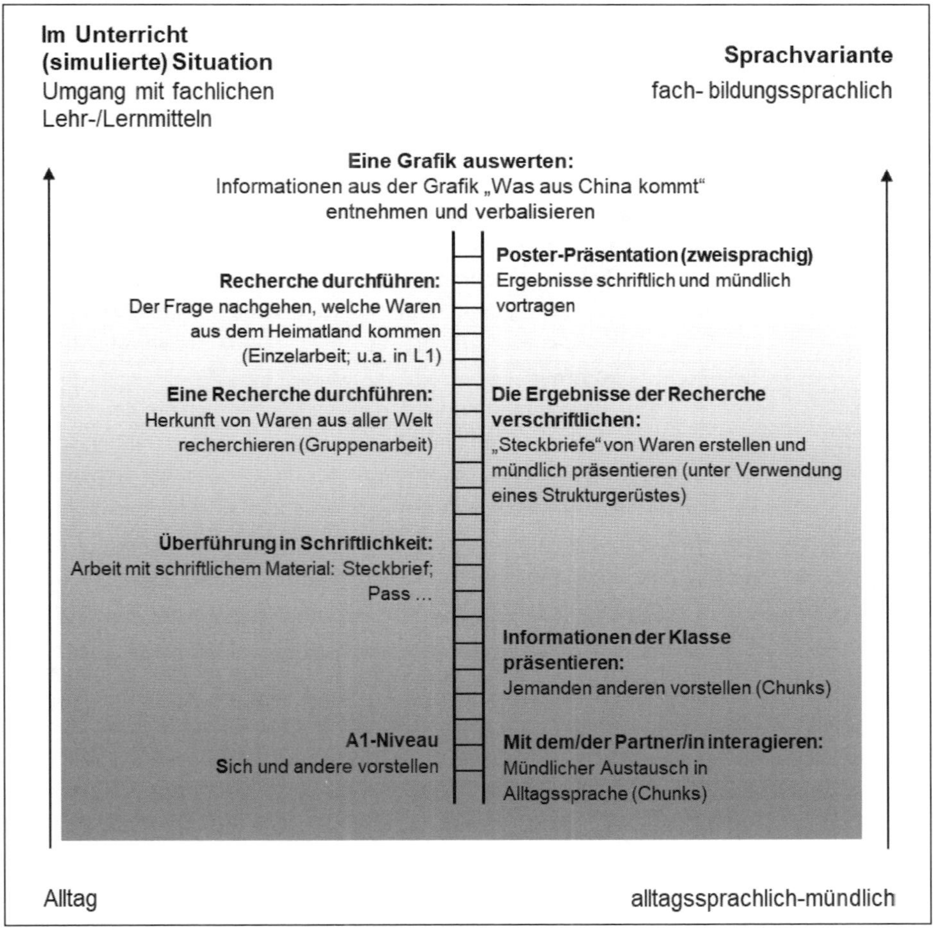

Abb. 10 Sequenzierung in einem sprach- und fachintegrierenden DaZ-Unterricht (aus Kniffka 2019, 275)

behandeln, so kann sie im ersten Schritt an Alltagserfahrungen und bereits vorhandene Sprachkenntnisse anknüpfen. Dazu können Realia wie Dosenetiketten aus dem Supermarkt auf bestimmte Information hin untersucht (Herkunft des Produktes, selektives Verstehen) und ausgewertet werden: „Woher kommen die Beeren?“ – „Die Beeren kommen aus Peru.“ Die (relativ einfache) Auswertung der Etiketten lässt sich auf die Bildungsstandards Geographie abbilden, nach denen Schüler:innen einen geografischen Sachverhalt verstehen und sich darüber austauschen können. Letzteres ist in der oben abgebildeten Unterrichtssequenz im Schritt „Herkunft von Waren recherchieren / Steckbriefe von Waren erstellen" realisiert. In einem vertiefenden Schritt kann individuell recherchiert werden, welche Waren aus dem jeweiligen Herkunftsland nach Deutschland importiert werden. Hier ist der Einbezug der L1 der Lerner:innen denkbar (Mehrsprachigkeitsorientierung). Die Recherche-Ergebnisse können mittels Poster oder Präsentationsprogramm in der Klasse vorgestellt werden. Dazu können die bereits bekannten sprachlichen Mittel verwendet werden oder sie werden mithilfe eines Strukturgerüsts ergänzt: „Ich komme aus _____. In meinem Land gibt es _______. Aus meinem Land / Aus _____ kommen ______, ______ und ______."

Das Beispiel verdeutlicht, dass sich Fachinhalte in den vorbereitenden DaZ-Unterricht integrieren lassen, indem das alltagssprachliche Material als Ausgangspunkt für die Anbahnung fachsprachlicher Handlungen verwendet wird. Das wird bei vielen Fachthemen nicht so unkompliziert möglich sein, jedoch wird mit zunehmender Sprachkompetenz auch der Einbezug von anspruchsvollerem Material und die Anbahnung komplexerer Sprachhandlungen möglich. Das in Abb. 12 wiedergegebene Planungsschema für die Sequenzierung und das von Somani & Mobbs 1997 entwickelte Planungsraster für die Auswahl der sprachlichen Mittel haben sich dafür als hilfreich erwiesen. Sie werden im nachfolgenden Teilkapitel zum „Scaffolding" genauer beschrieben.

3.3.2 Sprachsensibler Fachunterricht und Scaffolding

Der Zweitspracherwerb Deutsch ist mit dem Übergang von der Vorbereitungs- in die Regelklasse nicht abgeschlossen. Die zugewanderten Schüler:innen bedürfen weiterhin der Unterstützung, insbesondere bei der Aneignung fach- und bildungssprachlicher Varietäten, beim so genannten literaten Sprachausbau (Ohm 2017). Aus einigen Studien ergeben sich Hinweise, dass der Spracherwerb im Rahmen authentischer Gebrauchskontexte, hier im Fachunterricht, effektiv ist (vgl. Woerfel et al. 2020). Das heißt, dass die Unterstützung im Zweitspracherwerb sich nicht in additiven Sprachfördermaßnahmen erschöpfen darf, sondern dass der literate Sprachausbau – im Sinne des Erwerbs von *disziplinärer Literacy* (vgl. Shannahan & Shannahan 2008, 2012) – idealerweise in einem sprachsensiblen /sprachbildenden Fachunterricht fortgeführt wird.

Mit dem Terminus „Sprachsensibler Fachunterricht" werden allgemein Konzepte von sprach- und fachintegrierendem Unterricht bezeichnet, in denen Sprache im Regelunterricht systematisch als Werkzeug des Denkens und der Bedeutungsaushandlung verwendet wird. Die zentrale zugrundeliegende Annahme dabei ist, dass Fach und Sprache eng miteinander verknüpft sind und sich Fachinhalte und -konzepte nur über die entsprechende (Fach-)Sprache angemessen ausdrücken lassen. Derlei Ansätze wurden zunächst im Zusammenhang von Zweitsprachenvermittlung von Regelunterricht entwickelt. Dazu zählen international anerkannte Konzepte wie das *Scaffolding-Modell* nach Pauline Gibbons (2002, 2015) und das *Sheltered Instruction Observation Protocol* (SIOP®) (Echevarría et al. 2008). In Deutschland ist daneben der Ansatz des Deutschsprachigen Fachunterrichts (DFU) (vgl. Kruczinna 2010, Leisen 2013) verbreitet. Nachfolgend wird das Scaffolding-Konzept nach Pauline Gibbons als Beispiel für die Konzeption von sprachbildendem Unterricht erläutert.

Sprachsensibler Fachunterricht

Gibbons entwickelte ihr Konzept im Zusammenhang mit der schulischen Integration zugewanderter Schüler:innen mit der L2 Englisch. Ziel war es, den Schüler:innen mit der Vermittlung der L2 Englisch zugleich Zugang zu schulischen Fachinhalten zu verschaffen. Sie sollen im Regelunterricht beim Erwerb bildungs- und fachsprachlicher Strukturen und Praktiken systematisch unterstützt werden, um den Erwerb fachlicher Kompetenzen sicher zu stellen, damit in der Folge eine erfolgreiche Bildungsteilhabe ermöglicht wird (Gibbons 2006, 269).

Im Scaffolding-Ansatz nach Gibbons werden Erkenntnisse aus Textlinguistik, Unterrichts- und Zweitsprachenerwerbsforschung zusammengeführt. Ein zentraler Gesichtspunkt ist dabei die „soziale und konstruktivistische Auffassung von Lernen" (Gibbons 2006, 273). Es wird verstanden als sozialer Akt der (sprachlichen) Ko-Konstruktion von Bedeutung als sozialer Prozess der Partizipation an sprachlichen Handlungsmöglichkeiten. Damit kommt der sprachlichen Interaktion eine Schlüsselrolle zu: Der Fachunterricht wird zum Rahmen, in dem diese sprachlichen Aushandlungsprozesse stattfinden. Mit jedem neuen fachlichen Inhalt, so Gibbons, sind auch Spracherwerbsprozesse verbunden: „[...] language becomes the ‚hook' on which to hang new concepts and vice versa" (Gibbons 2010, 26). Zugewanderte Schüler:innen, die

Scaffolding

sich nach Übertritt in die Regelklasse noch im L2-Erwerb befinden, stehen mithin vor der Herausforderung, sich während dieses (basalen) Erwerbsprozesses zugleich neue Wissensbestände in der L2 anzueignen. Da das Verstehen und somit der Spracherwerb durch Kontexteinbettung erleichtert wird, bietet der schulische Fachunterricht, sofern er sprachsensibel bzw. sprachbildend ausgerichtet ist, einen vorzüglichen Rahmen zur Aneignung fach- und bildungssprachlicher Kompetenzen. Er schafft Lerngelegenheiten für Fachinhalte wie für den L2-Erwerb: Der L2-Erwerb vollzieht sich über den Erwerb fachlicher Inhalte, über authentische Sprachhandlungen im Kontext fachlicher Aushandlungsprozesse.

Ein sprachbildender Unterricht ist mit bestimmten Anforderungen an die Unterrichtsgestaltung verbunden. Das Konzept des Scaffolding ist allerdings recht gut dokumentiert und es liegen neben den englischsprachigen Originalen auch deutschsprachige Unterrichtsvorschläge vor (u.a. Trapp/Quehl 2013; Kniffka/Roelcke 2016). Scaffolding erfolgt über eine spezielle Unterrichtsplanung und den Einsatz bestimmter Techniken und Strategien in der Unterrichtsinteraktion. Diese werden im Folgenden kurz umrissen.

Pauline Gibbons unterscheidet in ihrer Konzeption zwei Dimensionen des Scaffolding: das Makro-Scaffolding, womit die Planungsebene gemeint ist, und das Mikro-Scaffolding (auch: interaktionales Scaffolding), das sich auf die lernwirksame Interaktion im Unterricht bezieht (vgl. Gibbons 2006, 2009, 2015). Abbildung 11 fasst die Komponenten des Scaffolding-Modells nach Gibbons zusammen:

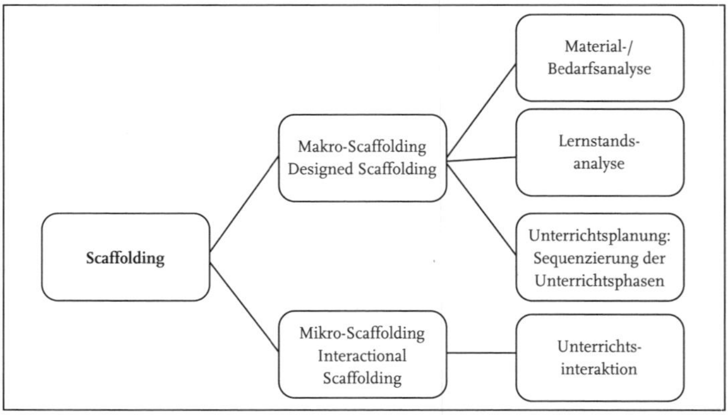

Abb. 11 Komponenten des Scaffolding nach Gibbons

Makro-Scaffolding

Das Makro-Scaffolding ist naturgemäß dem Unterricht vorgeschaltet. Es umfasst die drei Komponenten: (1) Material- und/oder Bedarfsanalyse, (2) Lernstandsanalyse und (3) die Sequenzierung des Unterrichts. Bei der Material-/Bedarfsanalyse geht es im Wesentlichen darum, zu ermitteln, welche (fachlichen) Aktivitäten, welche fach- bzw. bildungssprachlichen Handlungen, welche sprachlichen Strukturen und welcher Wortschatz mit dem jeweiligen fachlichen Gegenstand verbunden sind. Werden die Inhalte über einen Text vermittelt, sollte sich die Lehrkraft vergegenwärtigen, um welche Art von Text es sich handelt, ob der Text für die Schüler:innen eine neue Textsorte bedeutet, inwieweit neuer (Fach-)Wortschatz eingeführt wird und durch welche strukturellen Merkmale der Text gekennzeichnet ist. Bei der Lernstandsanalyse wird das sprachliche und fachliche (Vor-)Wissen einer Klasse oder individueller Lerner:innen hinsichtlich des einzuführenden Gegenstandes bzw. des Unterrichtsmaterials erfasst. Das Welt- und Erfahrungswissen der Schüler:innen und ihre Kompetenz, vorhandene Konzepte sprachlich zu realisieren, bilden einen wichtigen Ansatzpunkt für die Unterrichtsplanung. Vor dem geplanten Einsatz von Texten sollte die Lehrkraft sich bewusst machen, dass das Verstehen von Texten von textseitigen und leserseitigen Faktoren abhängt. Sie muss also angesichts der Lernstandsanalyse abschätzen, inwieweit der Text aufgrund seiner Merkmale die Konstruktion einer leserseitigen mentalen Repräsentation ermöglicht oder diese erschwert. Rezeptionshürden können beispielsweise vorliegen, wenn der Text über ein komplexes Verweissystem verfügt, das von Zweitsprachlernenden noch nicht entschlüsselt werden kann. Ein Text kann aber auch ein hohes Maß an Inferenzbildung fordern, weil nicht alle zum Verständnis notwendigen Informationen explizit auf der Textoberfläche erscheinen.

Lernstandsanalyse

Unterrichtsplanung

Die dritte Komponente des Makro-Scaffolding, die Unterrichtsplanung im Sinne von Sequenzierung des Unterrichts, fußt auf den Ergebnissen der Material-, Bedarfs- und Lernstandsanalysen. Dazu gehört zentral die Formulierung aufeinander bezogener fachlicher und sprachlicher Lernziele. Beim Scaffolding wird die unterrichtliche Progression über zwei miteinander verknüpfte Sequenzierungen gestaltet, einer fachlichen und einer sprachlichen. Die fachliche Linie zielt auf die zunehmende Abstraktion und Verarbeitungstiefe von Fachinhalten ab, während die sprachliche den literaten Sprachausbau (fach- und bildungssprachliche Register) verfolgt. Ein einfaches Beispiel für eine solche Sequenzierung findet sich in Abb. 12.

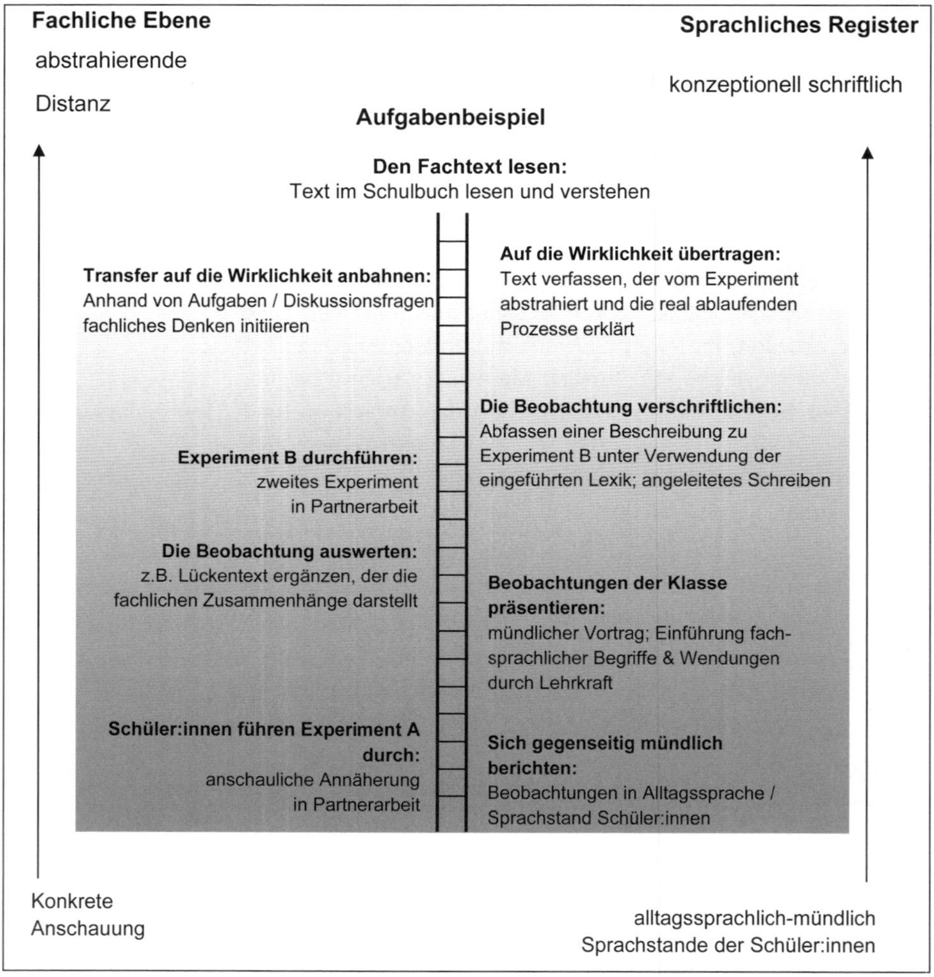

Abb. 12 Allgemeine Unterrichtsplanung nach Makro-Scaffolding (vereinfacht)

Übung 9

Bearbeiten Sie die folgende Aufgabe:
Schauen Sie sich den nachstehenden Textausschnitt an und versuchen Sie, einige sprachliche Oberflächenmerkmale zu bestimmen:

> „[...] Malt man die Flächen zwischen zwei Höhenlinien farbig aus, so entsteht eine Höhenschichten-Karte. Meist verwendet man grüne Farbe für niedrig gelegenes, gelbe bis braune Farbe für höher gelegenes Gelände, blaue Farben für Tiefen unter dem Meeresspiegel.
> Je höher, desto dunkler braun, je niedriger, desto dunkler grün, je tiefer unter dem Meeresspiegel, desto dunkler blau ist die Farbe."
> (Terra 5/6, 37)

Das Mikro-Scaffolding läuft im konkreten Unterricht ab und ist kaum im Voraus planbar, da die Antwort der Lehrkraft auf eine:n Lernende:n in Abhängigkeit von der Lernendenäußerung erfolgt. Im Rahmen von Mikro-Scaffolding werden Interaktionstechniken wie korrektives Feedback, Elizitierungen oder das so genannte *micro mode shifting* angewendet. Micro mode shifting bedeutet einen Wechsel der sprachlichen Varietät: Schüler:innenäußerungen, die z.B. alltagssprachlich formuliert sind, werden von der Lehrkraft in fach-/bildungssprachlich angemessene Äußerungen überführt (rekodiert). Das kann z.B. in der Berichtsphase nach einer Gruppenarbeitsphase (Recherche, Experiment o.Ä.) geschehen. Durch die Re-Formulierung der Lernendenäußerungen durch die Lehrkraft werden ko-konstruktiv neuer Wortschatz und neue Strukturen erarbeitet, Bedeutungen ausgehandelt und bestehende Konzepte ergänzt. Das sprachliche Repertoire der Schüler:innen wird erweitert, es findet konkret ein literater Sprachausbau statt.

Zwischen Makro- und Mikro-Scaffolding besteht ein enger Zusammenhang: Makro-Scaffolding gilt nach Hammond/Gibbons (2005) als Voraussetzung für ein gelingendes Mikro-Scaffolding, umgekehrt nützt die beste Planung wenig, wenn die Qualität der Unterrichtsinteraktion unzureichend ist.

Zusammenfassung und Ausblick

Wir haben in diesem Kapitel verschiedene methodische Ansätze der Zweit- bzw. Fremdsprachenvermittlung – zum Teil aus einer historischen Perspektive – dargestellt, den aktuellen Stand methodisch-didaktischer Überlegungen für den fremd-/zweitsprachlichen Unterricht zusammengefasst und dafür plädiert, diese Prinzipien bei der Planung und Durchführung von vorbereitendem DaZ-Unterricht zu berücksichtigen.

Des Weiteren wurde ein Konzept für einen fachsensiblen Sprachunterricht in Vorbereitungs- und Willkommensklassen, der sprachliche und fachliche Inhalte systematisch und von Beginn an integriert, dargelegt und es wurden Argumente für die höhere Passgenauigkeit eines solchen Konzepts angeführt. Schließlich wurde anhand des Scaffolding-Modells nach Gibbons aufgezeigt, wie der literate Sprachausbau in der Regelklasse über sprachbildendes Unterrichten gefördert werden kann (sprachsensibler Fachunterricht).

Beide Ansätze – fachsensibler Sprachunterricht und sprachsensibler Fachunterricht – werden in fachdidaktischen Diskursen thematisiert. Insbesondere zum sprachsensiblen Fachunterricht bzw. dem sprachbildenden Unterrichten hat es in den letzten Jahren eine Reihe von Vorschlägen, auch in den einzelnen Fachdidaktiken, gegeben. Weitreichenden, systematischen Eingang in die Fachdidaktiken hat dieses Konzept noch nicht gefunden. Auch der fachsensible Sprachunterricht ist noch nicht allzu weit verbreitet. Jedoch sind erste Schritte getan: Die bundesweite Einführung von DaZ-Modulen in der Lehrer:innenausbildung sowie die Sensibilisierung von Lehrkräften und Lehramtsstudierenden für die Relevanz von Sprachkompetenz im Rahmen schulischer Bildung geben einen positiven Ausblick.

Testfragen

01 Welche Auffassung von Kultur und Sprache liegt der Grammatik-Übersetzungsmethode zugrunde?

02 Welche Gemeinsamkeiten und Unterschiede zwischen der Grammatik-Übersetzungsmethode und der Audiolingualen Methode lassen sich anführen?

03 Wie lässt sich das Prinzip der Einsprachigkeit aus der Sicht der Audiolingualen Methode begründen?

04 Was wird unter dem Begriff „Kommunikative Kompetenz“ verstanden?

05 Vergleichen Sie die Textsorten, die in einem audiolingualen Unterricht eingesetzt werden, mit denen, die im kommunikativen Unterricht eingesetzt werden.

06 Nennen Sie die wichtigsten Prinzipien eines modernen DaZ-Unterrichts.

07 Wie unterscheiden sich fachsensibler Sprachunterricht und sprachsensibler Fachunterricht?

08 Fassen Sie auf der Basis des Gelesenen zusammen, in welchen Wissens- und Könnensbereichen die Lehrer:innenausbildung ergänzt werden sollte.

09 Welche Merkmale machen „Scaffolding" lernendenorientiert?

10 Was haben „Scaffolding" und „Kommunikativer Ansatz" gemeinsam, was unterscheidet sie?

4 Deutsch als Zweitsprache: Sprachstandserfassung und Sprachförderung

Nachdem wir in Kapitel 2 Entwicklungsprozesse in ungesteuerten und gesteuerten Zweitspracherwerbskontexten sowie Faktoren, die diese Prozesse beeinflussen können, vorgestellt haben, wurden vor dem Hintergrund der Methodendiskussion im Fremdsprachenunterricht in Kapitel 3 Hinweise für die Auswahl geeigneter Methoden für den Deutsch-als-Zweitsprache-Unterricht gegeben. Besonders wichtig für einen effektiveren Unterricht in der Zweitsprache Deutsch sind – so wurde in Kapitel 3 gezeigt – sprachsensible Unterrichtsgestaltung sowie sprachbildender Unterricht. Dies gilt nicht nur dann, wenn – wie etwa in internationalen Förderklassen – der Erwerb und die Vermittlung der Zweitsprache Deutsch im Fokus des Unterrichtsgeschehens steht, sondern auch im Regelunterricht, der mit der Einführung eines neuen fachlichen Gegenstandes auch immer neues sprachliches Material präsentiert. Im Regelunterricht kann außerdem die Einbeziehung der in der Klasse vertretenen Erstsprachen in die Sprachbetrachtung einen wichtigen Beitrag zur Förderung von Sprachbewusstheit und zur Entwicklung von sprachlichem Wissen leisten (vgl. dazu Kap. 5). Zu einer solchen sprachbewussten Unterrichtsgestaltung gehört außerdem, dass den Lernenden deutlich wird, dass „sprachliche Basiskompetenzen wie richtiges Sprechen und Schreiben oder angemessene Wortwahl“ von den Lehrenden als wichtig erachtet werden (Klieme et al. 2006, 36). Wichtig ist außerdem ein bewusster Einsatz sprachlicher Mittel in Unterrichtsdiskursen. Damit ist keineswegs eine unreflektierte Vereinfachung der Sprache der Lehrkräfte oder eine Reduzierung der sprachlichen Ansprüche im Hinblick auf bestimmte Gruppen von Lernenden gemeint. Es geht hier vielmehr um eine planvolle Unterstützung sprachlicher Lernprozesse, von der im Übrigen alle Schüler:innen profitieren können. In diesem Zusammenhang haben wir in Kapitel 3 das „Scaffolding“ kennengelernt – eine Form von Unterrichtsplanung und -interaktion, die das Ziel hat, die Sprachkompetenz der Lernenden auf- und auszubauen. Ziel dieser Form von Unterricht ist nicht nur die Entwicklung „sprachlicher Basisqualifikationen“, sondern auch die Entwicklung der Fähigkeit, sich an zunehmend anspruchsvoller werdenden Fachdiskursen im Unterricht in Wort und Schrift erfolgreich zu beteiligen, d.h. die Entwicklung und der Ausbau von Text- und Diskurskompetenzen.

Eine solche planvolle Unterstützung sprachlicher Lernprozesse setzt die Fähigkeit zur Diagnose des sprachlichen Entwicklungsstandes und zur Beobachtung von Lernfortschritten bei Kindern und Jugendlichen voraus. Auf diese Anforderung müssen pädagogische Fachkräfte und Lehrkräfte systematisch vorbereitet werden. Entsprechende Verfahren, die eine kontinuierliche Beobachtung der Sprachentwicklung von Kindern und Jugendlichen und die darauf abgestimmte sprachliche Förderung ermöglichen, wurden sowohl für den Elementarbereich als auch für die Schule entwickelt und sind dort auch bereits praktisch erprobt.

4.1 Diagnose/Leistungsmessung und Beobachtung des Lernfortschritts

Damit Schüler:innen, die Deutsch als Zweitsprache lernen, in ihrem Aneignungsprozess gezielt unterstützt werden können, ist es erforderlich, dass die Lehrperson (a) den jeweiligen Sprachstand der Lernenden kennt und (b) sie die übergreifenden sprachlichen Lernziele im Auge behält. Lehrende sehen sich also der Aufgabe gegenüber, einerseits kontinuierlich den individuellen Aneignungsprozess von Lernenden zu beurteilen und im Unterricht angemessen zu berücksichtigen, andererseits vom Lernkontext unabhängige Leistungsmessungen durchzuführen und eine transparente und verlässliche Einschätzung der zweitsprachlichen Leistungen vorzulegen, zum Beispiel in Form einer an den Niveaustufen des Gemeinsamen europäischen Referenzrahmens orientierten Zertifizierung von Deutschkenntnissen, vgl. Grotjahn (2003, 4): „Wir benötigen beides: Sowohl eine größere Vergleichbarkeit bei der produktorientierten Leistungsbeurteilung als auch eine stärker subjektzentrierte Form einer Lernprozessdiagnostik mit dem Ziel einer stärkeren Individualisierung des Unterrichts."

Im Folgenden wollen wir uns zunächst mit einigen grundlegenden Fragen der Sprachstandsfeststellung beschäftigen und einen kurzen Überblick über die wichtigsten Typen und Merkmale von Sprachtests geben. In einem weiteren Schritt beschäftigen wir uns mit Problemen der Leistungsmessung und Möglichkeiten zur Dokumentation des Lernprozesses bzw. Lernfortschritts.

4.1.1 Typen von Sprachtests

Formelle (Sprach-)leistungstests, die etwa in den USA zum schulischen Alltag gehören, werden in Deutschland seit der Veröffentlichung der ersten PISA-Ergebnisse verstärkt diskutiert. In diesen Diskussionen geht es sowohl um die Möglichkeiten der Erfassung der sprachlichen Kompetenzen von Muttersprachler:innen als auch von Nicht-Muttersprachler:innen. Zur Erfassung des Sprachstands oder auch des Leistungsfortschritts von Lernenden in der Zweitsprache Deutsch wurden eine Reihe unterschiedlicher Verfahren entwickelt. Das Spektrum ist recht breit und erfasst Lernende in nahezu der gesamten Schullaufbahn: Es liegen inzwischen Tests vor für Kinder und Jugendliche unterschiedlichen Alters in diversen Institutionen, beginnend bei Tests für Kinder in Kindertagesstätten und Grundschulen bis hin zu Tests für Schüler:innen der Sekundarstufe auch an Berufsschulen.

Standardisierte vs. informelle Tests

In der Literatur zu Sprachtests wird zwischen formellen bzw. standardisierten und informellen Tests und Testverfahren unterschieden. Standardisierte oder formelle Tests sind das Ergebnis eines sehr aufwändigen Testentwicklungsprozesses, zu dem verschiedene Erprobungsverfahren (u.a. Normierung an repräsentativen Stichproben) mit testmethodischer Auswertung zählen. Informelle Tests unterliegen keinem Normierungsverfahren, d.h. es handelt sich in der Regel nicht um testmethodisch erprobte Produkte.

Standardisierte Testverfahren

Standardisierte Testverfahren sind solche, die, wie oben erwähnt, an einer repräsentativen Stichprobe aus der Population der Testadressat:innen geeicht worden sind. Wenn beispielsweise ein standardisierter Sprachtest für neu zugewanderte Schüler:innen im Alter von etwa 13–15 Jahren entwickelt wird, dann sollte er während des Entwicklungsprozesses an genau dieser Schülerpopulation erprobt werden – und nicht an 13–15-jährigen Schüler:innen aus Familien mit Migrationshintergrund, die in Deutschland geboren wurden, denn diese repräsentieren eben nicht die Zielgruppe der neu Zugewanderten.

Testgütekriterien

Für standardisierte Tests gilt aus Sicht der klassischen Testtheorie außerdem, dass sie unbedingt die Hauptgütekriterien der Objektivität, der Reliabilität und der Validität erfüllen sollen. Nebenkriterien, die in jüngerer Zeit ebenfalls genannt werden, sind u.a. Fairness, Transparenz, Ökonomie und Authentizität. Wir wollen im Folgenden kurz die drei zentralen Testgütekriterien erläutern.

Durchführungsobjektivität

Das Testgütekriterium der Objektivität bezieht sich auf den Grad, in dem ein Messverfahren in seiner Durchführung und Auswertung unabhängig von den durchführenden und auswertenden Personen ist. Durchführungsobjektivität ist dann gegeben, wenn die Bedingungen, unter denen ein Testverfahren abläuft, immer exakt die gleichen sind, sodass die Testergebnisse nicht durch die Art der Durchführung beeinflusst sind. Wenn also bei einem Hörverstehenstest eine Gruppe einen Text einmal hört und dann die Aufgaben löst, die andere Gruppe den Text aber zweimal hören kann, bevor die Aufgaben gelöst werden, so sind die Testergebnisse nicht mehr vergleichbar – sie sind von der Art der Durchführung beeinflusst.

Auswertungsobjektivität

Auswertungsobjektivität liegt dann vor, wenn die Antworten der Testteilnehmer:innen nach festen, vorgegebenen Regeln ausgewertet werden. So sind (standardisierte) Multiple-Choice-Tests in hohem Maße auswertungsobjektiv, da eine eindeutige Antwort vorgegeben ist. Auch Lückentexte, wie etwa C-Tests, sind dann auswertungsobjektiv, wenn nur Antworten aus einer vorgegebenen Liste akzeptiert werden. Halten sich Beurteilende nicht daran – was durchaus vorkommt – so ist die Objektivität gefährdet. Tendenziell mangelt es offenen Aufgabenformaten, wie beispielsweise Aufsätzen oder freien mündlichen Produktionen, an Objektivität durch die Bewertenden. Dem wird häufig durch die Formulierung von Bewertungskriterien entgegengetreten. Allerdings setzt die Anwendung von Bewertungskriterien eine intensive Bewerterschulung voraus.

Bewerterschulung

Reliabilität

Das Gütekriterium der Reliabilität, auch Zuverlässigkeit genannt, bezeichnet die Konsistenz oder Stabilität der Messungen, die mit einem Test durchgeführt werden, d.h. Testergebnisse sollten sich – unter gleichbleibenden Bedingungen – möglichst genau reproduzieren lassen. Ist dies nicht der Fall, so enthält der Test einen Messfehler und ist somit nicht reliabel.

Validität

Das Gütekriterium der Validität wird auch als Gültigkeit bezeichnet und bezieht sich darauf, inwieweit ein Testverfahren tatsächlich das misst, was es messen soll. In der Testtheorie werden verschiedene Typen von Validität unterschieden: Als wichtigste gelten die Inhaltsvalidität, die Kriteriumsvalidität und die Konstruktvalidität.

Inhaltsvalidität

Die Inhaltsvalidität bezieht sich auf die Aufgaben, z.B. dahingehend, ob die im Test gegebenen Aufgaben den zu überprüfenden Lernstoff überhaupt erfassen.

Kriteriumsvalidität

Mit der Kriteriumsvalidität soll erfasst werden, inwieweit die Testergebnisse mit einem Außenkriterium übereinstimmen. Dabei ist zu berücksichtigen, dass sich das Außenkriterium natürlich auf das gleiche Merkmal bezieht. So könnte man beispielsweise die Ergebnisse eines neuen Deutsch-als-Zweitsprache-Tests mit der Schulnote in DaZ oder der Beurteilung durch Fachlehrkräfte – beides wären u.U. geeignete Außenkriterien – vergleichen. Wenn die Übereinstimmung hoch ist, dann kann der neue Test als kriteriumsvalide bezeichnet werden.

Konstruktvalidität

Bei der Konstruktvalidität geht es darum, ob ein Testverfahren tatsächlich das misst, was es zu messen vorgibt. Zweifel an der Konstruktvalidität eines Tests wären beispielsweise angebracht, wenn jemand versuchte, mit Hilfe eines Multiple-Choice-Grammatiktests Aussagen über die kommunikativen Kompetenzen von Kandidat:innen zu machen.

Standardisierte Tests haben also einen hohen Anspruch zu erfüllen und ihre Entwicklung kann mehrere Jahre betragen. Dieser Aufwand ist aber gerechtfertigt, wenn man bedenkt, dass mit Sprachtests häufig genug weitreichende Konsequenzen verbunden sind, insbesondere wenn ein Test als Selektionsinstrument eingesetzt wird: Man denke an Sprachtests bei Einbürgerungsverfahren, beim Hochschulzugang oder im Berufsleben. Testentwickler:innen und Testanwender:innen sind also gehalten, mit einem Höchstmaß an Sorgfalt vorzugehen.

Übung 01

Bearbeiten Sie die folgende Aufgabe:
Recherchieren Sie, welche Tests und Prüfungen zum Nachweis deutscher Sprachkenntnisse an deutschen Hochschulen anerkannt werden.

Informelle Testverfahren

Informelle Testverfahren sind im Gegensatz zu standardisierten Verfahren weit weniger aufwändig zu erstellen. Hier wird in der Regel auf eine Normierung, d.h. auf die Eichung an einer repräsentativen Stichprobe verzichtet. Das ist dann nicht als nachteilig zu beurteilen, wenn informelle Testverfahren im Rahmen von Unterricht eingesetzt werden, um beispielsweise den Lernfortschritt in einer Klasse oder individuelle Leistungsunterschiede der Lernenden zu ermitteln. Informelle Tests, die nicht primär eine Selektionsfunktion haben, wie Klassenarbeiten oder Einstufungstests, haben normalerweise keine so gravierenden Folgen wie die o.g. Tests. Wer in einem Einstufungstest schlecht abschneidet, wird ggf. einer niedrigeren Kursstufe zugeordnet als angestrebt. Folgenreicher ist eine schlechte Note in einer Klassenarbeit, sie kann eine Verschlechterung der Zeugnisnote nach sich ziehen, evtl. auch die Versetzung gefährden.

Gütekriterien

Trotz der weniger gravierenden Folgen sollten aber auch bei informellen Tests bestimmte Gütekriterien berücksichtigt werden, vor allem aus Qualitäts- und Fairnessgründen. In erster Linie relevant ist die Inhaltsvalidität: Gerade bei Klassenarbeiten ist es ja wichtig, dass die gestellten Aufgaben den zu überprüfenden Lernstoff erfassen. Doch auch ein gewisses Maß an Konstruktvalidität sollte erfüllt sein, damit sichergestellt ist, dass tatsächlich die Eigenschaft gemessen wird, die zu messen intendiert war.

Testhandwerkliche Regeln

Die Validität – und damit die Qualität – von informellen Tests kann auf einfache Weise schon dadurch gesichert werden, dass bestimmte „handwerkliche“ Regeln eingehalten werden. Wenn man beispielsweise einen Multiple-Choice-Test zur Überprüfung des Hörverstehens plant, sollte man u.a. Folgendes beachten: (1) Die Abfolge der Aufgaben muss der Chronologie des Hörtextes entsprechen, d.h. es darf kein Hin- und Herspringen erfolgen, da sonst möglicherweise etwas anderes gemessen wird als Hörverstehen, nämlich z.B. Erinnerungsvermögen. (2) Die Aufgaben sollten sprachlich leichter sein als der Hörtext – Lernende scheitern womöglich nicht am Hörtext selbst, sondern am Leseverständnis der Aufgaben. (3) Die Aufgaben sollten ausschließlich über das Hören des Textes zu beantworten sein – und nicht etwa mit Weltwissen. (4) Die Aufgaben sollten sich möglichst nicht auf zu dicht aufeinander folgende Textpassagen beziehen – sonst besteht die

Gefahr, dass die Lernenden nicht alle zur Lösung erforderlichen Informationen „mitbekommen": Während die erste Aufgabe noch verarbeitet wird, folgt schon die nächste – das ist unfair. (5) Es darf nur eine Lösung geben. (6) Die einzelnen Optionen müssen eindeutig formuliert sein. Sie sollten sich auf keinen Fall überlappen.

4.1.2 Sprachstandsfeststellungverfahren in Deutschland

In Verbindung mit der Diskussion um mangelnde sprachliche Kompetenzen von Kindern aus Familien mit Zuwanderungsgeschichte in der Bildungs- und Schulsprache Deutsch und der daraus resultierenden schlechteren Bildungschancen, die nach der Veröffentlichung der Ergebnisse der ersten PISA-Studie (Deutsches PISA-Konsortium 2001) einsetzte, wurden zunehmend auch Fragen zur Sprachstandsfeststellung diskutiert: Auf der Grundlage gesicherter Erkenntnisse über den Sprachstand eines Kindes würden – so war die Erwartung – gezielte Sprachfördermaßnahmen durchzuführen sein, durch die sich langfristig die durch mangelnde Sprachkompetenz geringeren Bildungschancen verbessern ließen. Wenn auch allgemein anerkannt war, dass die Notwendigkeit bestand, Instrumente zur Feststellung des Sprachstandes zu entwickeln, so gab es in Pädagogik, Bildungspolitik und Testentwicklung zunächst keine Einigkeit darüber, wie solche Instrumente aussehen sollten. „Unbestritten besteht ein Bedarf an Verfahren zur Sprachstandsbestimmung im Deutschen als Zweitsprache, er ist dringlicher als im Bereich des Deutschen als Muttersprache. Die bereits mehr als zwei Jahrzehnte umfassende Geschichte solcher Verfahren hat aber noch nicht sehr weit geführt" stellt Reich (2003, 921) in seinem Überblicksartikel über „Tests und Sprachstandsverfahren bei Schülerinnen und Schülern, die Deutsch nicht als Muttersprache haben" fest.

„Anforderungen an Verfahren der regelmäßigen Sprachstandsfeststellung als Grundlage für die frühe und individuelle Förderung von Kindern mit und ohne Migrationshintergrund" werden in der Folge auch von einer Expertengruppe in einer vom Bundesministerium für Bildung und Forschung herausgegebenen Publikation aus verschiedenen Perspektiven diskutiert. Der Forschungsstand – auch in internationaler Perspektive – wird dargelegt und Forschungsdesiderata werden benannt, vgl. u.a. Bredel (2005), Ehlich (2005), Reich (2005); außerdem findet sich hier eine Synopse der zu dieser Zeit verfügbaren Sprachstandsfeststellungsverfahren (Schnieders & Komor 2005).

Erhebung des Sprachstands im Elementarbereich

Zunächst wurden in den Bundesländern Sprachstandsfeststellungsverfahren fast ausschließlich für den Elementar- und Primarbereich entwickelt. Der Grund dafür ist leicht nachvollziehbar: Je eher eventuell vorhandene sprachliche Defizite erkannt werden, desto eher können geeignete Fördermaßnahmen ergriffen werden, um Kinder möglichst noch vor Schulbeginn zu unterstützen und ihnen möglichst gute Startchancen am Beginn ihrer Schulkarriere zu verschaffen. Als erstes Bundesland führte Nordrhein-Westfalen im Frühjahr 2007 ein verbindliches Verfahren zur Erhebung des Sprachstandes aller Vierjährigen ein, „Delfin 4“:

Sprachstandsfeststellung im Elementarbereich: Delfin 4

„Durch das zum 01.08.14 in Kraft getretene „Gesetz zur Änderung des Kinderbildungsgesetzes und weiterer Gesetze“ […] liegt die Feststellung der sprachlichen Entwicklung und die sich daraus ergebende Förderung der Kinder, die eine Kindertageseinrichtung besuchen, in der Hand der Kindertageseinrichtung selbst.
Kinder, die keine Kindertageseinrichtung besuchen, und Kinder, deren Eltern der Bildungsdokumentation in der Kindertageseinrichtung nicht zugestimmt haben, werden auch künftig mit dem Verfahren „Delfin 4“ überprüft. Für diese Kinder wird der Einzeltest „Besuch im Pfiffikushaus“ von Grundschullehrkräften oder sozialpädagogischen Fachkräften in den Grundschulen eingesetzt. Wird auf der Grundlage des Sprachstandstests bei einem Kind, das keine Kindertageseinrichtung besucht, ein Bedarf an Sprachförderung festgestellt, wird den Eltern wie bisher empfohlen, ihr Kind in einer Kindertageseinrichtung anzumelden. Kommen die Eltern dieser Empfehlung nicht nach, so werden sie vom Schulamt verpflichtet, ihr Kind an einer vorschulischen Sprachfördermaßnahme in einer Kindertageseinrichtung oder in einem Familienzentrum teilnehmen zu lassen. Besucht das Kind bereits eine Kindertageseinrichtung und wird ein Bedarf an Sprachförderung festgestellt, erfolgt weiterhin eine alltagsintegrierte Sprachförderung durch die Kindertageseinrichtung.“ (https://www.schulministerium.nrw/themen/schulsystem/schulformen/grundschule/sprachstandsfeststellung [12.01.2022])

Diese Sprachstandsfeststellung soll – beschränkt auf die im Zitat genannte Zielgruppe – zwei Jahre vor der Einschulung erfolgen. Falls sich später beim Anmeldegespräch für die Grundschule (weiterhin) Anhaltspunkte dafür geben, dass ein Kind „auf Grund fehlender deutscher Sprachkenntnisse in der Grundschule nicht erfolgreich mitarbeiten kann", ist (gegenwärtig ausschließlich) für diese Kinder durch die Schule verbindlich ein vom Schulministerium NRW vorgegebenes Testverfahren durchzuführen, das testtheoretische und methodische Standards einhält und geeignet ist, die sprachliche Entwicklung eines zweisprachig aufwachsenden Kindes zu erfassen. Zudem muss das Testverfahren hinsichtlich Ablauf und Dauer des Verfahrens für die Zielgruppe angemessen sein: Neben „Delfin 5" werden hier auch noch weitere Verfahren zur Sprachstandsfeststellung empfohlen, u.a. „Kenntnisse in Deutsch als Zweitsprache erfassen" (Staatsinstitut für Schulpädagogik und Bildungsforschung 2002), das von Decker-Ernst (2019) als „Screening" und von Neugebauer & Becker-Mrotzek (2013, 14) als „gemischtes Verfahren" klassifiziert wird.

Übung 02

> Bearbeiten Sie die folgende Aufgabe:
> Welche Fördermaßnahmen sind in Nordrhein-Westfalen für den Fall vorgesehen, dass bei einem Kind zwei Jahre vor der Einschulung ein sprachlicher Förderbedarf festgestellt wird?

Qualitätsmerkmale für Sprachstandsverfahren im Elementarbereich

Eine Expertengruppe formuliert 2013 „Qualitätsmerkmale für Sprachstandverfahren im Elementarbereich" (Mercator-Institut für Sprachförderung und Deutsch als Zweitsprache (Hg.), 2013). Neugebauer und Becker-Mrotzek präsentieren im gleichen Jahr, orientiert an diesen Qualitätsmerkmalen, eine Analyse und Bewertung der Qualität der zu diesem Zeitpunkt in den verschiedenen Bundesländern genutzten Verfahren zur Sprachstandsfeststellung im Elementarbereich. Sie erfassen dabei Tests, Screenings, Einschätzungsverfahren, „gemischte" Verfahren sowie Beobachtungsbögen. Für die Analyse und Bewertung der Qualität dieser Verfahren verwenden sie insgesamt zehn Qualitätsmerkmale, zu denen die oben erwähnten Testgütekriterien Validität, Objektivität und Reliabilität zählen, aber auch Testgütekriterien wie „Berücksichtigung sprachlicher Basisqualifikationen" („Das Verfahren erfasst die zentralen Bereiche der sprachlichen Entwicklung eines Kindes"), „Mehrsprachigkeit" („Das Verfahren erfasst die besonderen Rahmenbedingungen von Kindern, die Deutsch als Zweitsprache erlernen") und „Spezifität der Diagnostik" („Das Verfahren gibt Hinweise darauf, welche Sprachfördermaßnahmen für das Kind infrage kommen") (Neugebauer & Becker-Mrotzek 2013, 9f.). Neugebauer & Becker-Mrotzek (2013, 41) kommen zu dem Schluss, dass „die Entwicklung von Sprachstandsverfahren auf einem guten Weg" ist, dass aber „nach wie vor großer Handlungsbedarf besteht". Diesen Handlungsbedarf charakterisieren die beiden Autoren dann näher für die von ihnen unterschiedenen Verfahrenstypen „Beobachtungsbögen", „Einschätzverfahren", „Testverfahren" und „Screenings" und formulieren Empfehlungen für die Entwicklung „einheitlicher Qualitätsstandards für Sprachstandsverfahren im Elementarbereich" (Neugebauer & Becker-Mrotzek 2013, 41ff.).

Einen aktuellen Überblick über den Stand der Forschung zur Sprachdiagnostik im Elementarbereich einschließlich des Übergangs in die Grundschule gibt Decker-Ernst (2019), die zwischen Schätzverfahren – hierzu zählt sie Sprachenportfolios –, Beobachtungsverfahren (wie z.B. SISMIK (Ulich & Mayr 2003)), Profilanalysen (wie z.B. HAVAS 5 (Reich & Roth 2004)) und Testverfahren (wie z.B. LiSe-DaZ (Schulz & Tracy 2011)) unterscheidet. In diesem Zusammenhang geht sie – wie auch Neugebauer & Becker-Mrotzek (2013) – auf Fragen der Qualifizierung pädagogischer Fachkräfte für Sprachdiagnostik und Sprachförderung ein (Decker-Ernst 2019, 156f.).

Sprachstandsverfahren und Sprachförderung in den Bundesländern

Decker-Ernst (2019, 154) gibt außerdem auf der Grundlage der Daten der Autorengruppe Bildungsberichterstattung (2016, 252) einen Überblick über die in den einzelnen Bundesländern verwendeten Sprachdiagnoseverfahren bei der Einschulungsuntersuchung. Seit dem Berichtsjahr 2020 stehen diese Datengrundlagen online (https://www.bildungsbericht.de/de/datengrundlagen/daten-2020#2 [25.04.2023]) zur Verfügung. In den Datengrundlagen zum Bericht für 2020 findet sich in Tabelle TabC5-3web auch eine aktuelle Übersicht über die „Aktivitäten zur Sprachstandserhebung und additiven Sprachförderung in den Ländern".

Übung 03

> Bearbeiten Sie die folgende Aufgabe:
> Informieren Sie sich über die Aktivitäten zur Sprachstandserhebung und additiven Sprachförderung in einem Bundesland Ihrer Wahl. Nutzen Sie dazu die Tabelle TabC5-3 web, die Sie in den Datengrundlagen zum Bildungsbericht 2020 finden unter https://www.bildungsbericht.de/de/datengrundlagen/daten-2020#2 [25.04.2023]

Für die Ermittlung des Sprachstandes von zwei- und mehrsprachigen Kindern und Jugendlichen gilt grundsätzlich noch immer: „Einem Überangebot im Schuleingangsbereich stehen mangelnde Angebote im Primar- und noch mehr im Sekundarbereich gegenüber" (Reich & Jeuk 2017, 556; vgl. auch Döll 2013 und Jeuk & Lütke 2019, 164). Problematisiert wird in diesem Zusammenhang auch die Erfassung der sprachlichen Kompetenzen zwei- und mehrsprachig aufwachsender Kinder mit Verfahren, die nur die Entwicklung der sprachlichen Kompetenzen dieser Kinder in der deutschen Sprache fokussieren:

Sprachstandsverfahren für zwei- und mehrsprachige Kinder

„Spracherwerbstheoretisch ist zunächst die Diskussion um die Bedeutung der Zweisprachigkeit für die Diagnostik von Bedeutung. Es geht dabei um die Reichweite und die Belastbarkeit einsprachiger Verfahren bei zweisprachigen Schülerinnen und Schülern, um die interlinguale Vergleichbarkeit bei zwei- oder mehrsprachigen Erhebungen und um die Einbeziehung spezifisch bilingualer Fähigkeiten." (Reich & Jeuk 2017, 557)

Eine ausführliche Beschreibung sprachdiagnostischer Verfahren im Primar- und Sekundarbereich geben Jeuk & Lütke (2019, 171ff.) in ihrem durch einen differenzierten tabellarischen Überblick ergänzten Beitrag. Unterschieden wird dabei zwischen normierten und nicht-normierten Verfahren, der jeweils adressierten Zielgruppe (Alter, Bezug zur Mehrsprachigkeit), den überprüften Bereichen, Durchführungsdauer und Auswertung sowie Verfügbarkeit von Förderhinweisen. Einen Überblick über Sprachdiagnostik und durchgängige Sprachbildung im Sekundarbereich gibt Döll (2013).

Sprachdiagnostische Verfahren im Primarbereich

Für den Primarbereich stellen Jeuk & Lütke (2019) insgesamt vierzehn Verfahren vor, davon klassifizieren sie drei als normierte Verfahren – u.a. LiSe-DaZ (Schulz & Tracy 2011) – und neun als nicht-normierte Verfahren – u.a. HAVAS 5 (Reich & Roth 2004), SFD: Sprachstandsüberprüfung und Förderdiagnostik (Hobusch, Lutz & Wiest 2016), ESGRAF-MK: Evozierte Sprachdiagnostik grammatischer Fähigkeiten für mehrsprachige Kinder (Motsch 2011) sowie die Niveaubeschreibungen Deutsch als Zweitsprache für die Primarstufe (Döll & Reich 2013a). Bei den Niveaubeschreibungen für die Primarstufe handelt es sich um Einschätzungsverfahren, die – orientiert an Bildungsstandards und Lehrplänen für das Fach Deutsch – ermöglichen sollen, „systematisch und kriterienorientiert Informationen über den individuellen Sprachbildungsprozess der Schülerinnen und Schüler zu erhalten" (Jeuk & Lütke 2019, 182).

Sprachdiagnostische Verfahren im Sekundarbereich

Für den Sekundarbereich stellen Jeuk & Lütke (2019, 185ff.) insgesamt vier Verfahren zur Sprachstandsfeststellung vor, die sie alle als nicht-normiert klassifizieren: (1) Tulpenbeet (Reich, Roth & Gantefort 2008) für das 4. bis 6. Schuljahr, (2) Praxismaterial Förderdiagnostik (Junk-Deppenmeier & Jeuk 2016) für das 5. und 6. Schuljahr, (3) Bumerang (Reich, Roth & Döll 2009) für das 9. und 10. Schuljahr – speziell für „Jugendliche am Übergang von der Sekundarstufe zum Beruf" – und schließlich (4) die Niveaubeschreibungen Deutsch als Zweitsprache für die Sekundarstufe I (Döll & Reich 2013b) sowie die Niveaubeschreibungen Deutsch als Zweitsprache für die Sekundarstufe II (Döll & Reich 2015). Wie bei dem bereits erwähnten Hamburger Verfahren zur Analyse des Sprachstandes Fünfjähriger (HAVAS 5) handelt es sich bei (1) und (3) um profilanalytische Sprachstandsverfahren (Reich & Roth 2017, 566). Im „Praxismaterial Förderdiagnostik" (2) werden verschiedene förderdiagnostische Instrumente zur Erfassung des Sprachstandes von Schüler:innen am Beginn der Sekundarstufe I (5. und 6. Schuljahr) bereitgestellt, die zum einen zur Erhebung spezifischer sprachlicher Fähigkeiten (Hörverstehen, Leseverstehen, mündliche und schriftliche Erzählfähigkeiten) dienen und zum anderen zur Erhebung globaler sprachlicher Fähigkeiten (C-Test) (Jeuk & Lütke 2019, 186). Bei den Niveaubeschreibungen für die Sekundarstufe I und II handelt es sich ebenso wie bei den

Niveaubeschreibungen für die Primarstufe um Einschätzungsverfahren (Jeuk & Lütke 2019, 185).

Zusammenfassung und Ausblick

Als wichtigstes Qualitätsmerkmal von Sprachtests wird weltweit die Erfüllung der Testgütekriterien angesehen. Organisationen wie die *Association of Language Testers in Europe* (ALTE) oder die *Task Force on Testing Standards* (TFTS) haben sich zum Ziel gesetzt, für die von ihnen betreuten Prüfungen und Testverfahren allgemein verbindliche Standards zu entwickeln und diese auch mit den einzelnen Tests und Prüfungen zu gewährleisten.

Qualitätsanforderungen an Sprachtests

„In every testing situation, the chances of making the correct or most appropriate decision will depend heavily on the quality of information upon which it is based. Thus, if we use test scores as a basis for making decisions, it is our responsibility as test developers and users to insure that these scores are of as high a quality or as useful as we can possibly make them.“ (Bachmann/ Palmer 1996, 99)

Mit der Einführung von Bildungsstandards, zentralen Abschlussprüfungen, Sprachstandsverfahren im Elementar-, Primar- und Sekundarbereich sind auch in Deutschland Fragen der Leistungsbeurteilung generell und der Einsatz von Sprachstandsverfahren und Sprachtests, ihres prognostischen Werts und ihrer Bedeutung als Grundlage von Förderempfehlungen speziell zunehmend in den Fokus der Aufmerksamkeit gerückt. Insbesondere Sprachstandsverfahren, die als Basis für die Ermittlung eines (besonderen) Förderbedarfs und / oder für die Entscheidung über Schullaufbahnen dienen sollen, müssen hohen Qualitätsanforderungen genügen. Es ist daher sehr zu begrüßen, dass die Beschäftigung mit Anforderungen an die Qualität von Sprachstandsverfahren für den Elementarbereich sowie für den Primar- und Sekundarbereich von Schulen und mit Anforderungen an ihre Handhabung und ihren Einsatz in Kindertagesstätten auch in Deutschland in den letzten Jahren zunehmend in den Fokus von fachlichen und bildungspolitischen Diskursen gerückt ist.

4.1.3 Beobachtung und Bewertung des Lernfortschritts

In Kapitel 3.3 haben wir im Zusammenhang des „Scaffolding“ bereits darauf hingewiesen, dass ein lernerzentrierter, sprachbewusster Unterricht es erfordert, die Lernstände der Lernenden im Auge zu behalten, diese jeweils zu dokumentieren und den Unterricht darauf einzustellen. Die Lernstände einer Gruppe können auf unterschiedliche Weise erhoben werden. Zur Erfassung des Lernfortschritts, etwa im Rahmen eines Deutsch-als-Zweitsprache-Kurses in einer Vorbereitungsklasse, werden vorzugsweise informelle Verfahren angewendet. Gibbons (2002/2015) schlägt beispielsweise den Einsatz eines Beobachtungsrasters vor, das an die entsprechende Unterrichtseinheit gebunden ist. Diehl et al. 2000 haben ein an den Ergebnissen ihrer Erwerbssequenzen orientiertes Baumdiagramm entworfen, mit dessen Hilfe es möglich ist, die Phasen, in denen sich Lernende gerade befinden, relativ einfach zu bestimmen. Dieses Verfahren ist allerdings nur mit gewissem Vorbehalt auf Lernende mit anderen Muttersprachen als Französisch anwendbar (Diehl et al. 2000, 380 ff). Weitaus aufwändiger, aber u.U. bedingt auch ertragreicher, ist die Durchführung von Fehleranalysen (vgl. Kniffka 2006). Sie können bei entsprechender Datengrundlage ein differenziertes Bild vom Sprachstand individueller Lernender geben. Die Ergebnisse von solchen informellen Erhebungen geben Hinweise darauf, wie der nächste Schritt zur Erweiterung der Sprachkompetenz von Lernenden aussehen könnte. Sie sollten – zur Motivationssteigerung der Lernenden – auch eine Aussage darüber machen, was die Lernenden bereits können.

Informelle Verfahren

Eine Dokumentation der Ergebnisse kann über ein Sprachenportfolio erfolgen und durch Selbsteinschätzungen und Arbeiten von Lernenden ergänzt werden. Portfolios können zu verschiedenen Zwecken eingesetzt werden: Zum einen geben sie Lehrenden einen Einblick in Lernprozessverläufe – über Klassenarbeiten hinaus – und bieten damit eine breitere Basis für eine Leistungseinschätzung, Leistungsbewertung und zur Unterstützung des reinen Erfahrungswissens aus der Unterrichtsinteraktion. Die Validität von Leistungsbewertungen kann somit erhöht werden. Schüler:in-

Sprachenportfolio

nen haben auf der anderen Seite die Möglichkeit, ihr Lernen zu kontrollieren, das Lernen zu lernen und zu realistischeren Einschätzungen ihres Lernverhaltens und ihres Leistungsstandes zu kommen. So kann das Portfolio ein Instrument zur Entwicklung von Lernerautonomie und selbstgesteuertem Lernen werden.

Leistungsbewertung im Regelunterricht

Ein Problem bleibt die Leistungsbewertung in den Regelklassen. Dies gilt sowohl in Bezug auf die Leistungen im Fach Deutsch wie auch in den Sachfächern. Deutsch als Zweitsprache-Lernende bringen andere Voraussetzungen mit als Muttersprachler:innen: Dürfen sie dann nach den gleichen Kriterien bewertet werden wie diese? Ist es fair, DaZ-Lernenden Aufgaben zu geben, die eigentlich für Muttersprachler:innen konzipiert worden sind? Diese und ähnliche Fragen werden nach wie vor kontrovers diskutiert und bedürfen – insbesondere mit der Einführung der Bildungsstandards – einer grundlegenden Klärung.

Kriteriale, soziale und individuelle Bezugsnorm

Grundsätzlich sollten sich die verwendeten Bezugsnormen für die Leistungsbeurteilung – orientiert an Bildungsstandards und Kerncurricula – nicht ausschließlich auf die Anwendung von kriterialen Bezugsnormen beschränken, sondern es sollten bei der Leistungsbeurteilung auch soziale Bezugsnormen (z.B. Aufnahmezeitpunkt ins Bildungssystem) und individuelle Bezugsnormen (z.B. individuelle Lernfortschritte) berücksichtigt werden (vgl. hierzu ausführlich Steinhoff 2010, 257ff.). Diesen Anforderungen müssen auch Lehrpläne für das Fach Deutsch als Zweitsprache Rechnung tragen, unabhängig davon, in welchen Organisationsformen dieser Unterricht stattfindet. Ihr Ziel muss es sein, Schüler:innen mit einem aus einem Migrationshintergrund resultierenden Sprachförderbedarf unter Berücksichtigung sozialer und individueller Bezugsnormen zu den kriterialen Bezugsnormen hinzuführen:

Lehrpläne für das Fach Deutsch als Zweitsprache

Die Hinführung von Schüler:innen mit einem aus einem Migrationshintergrund resultierenden Sprachförderbedarf zu den Bildungsstandards für die Primarstufe ist erklärtes Ziel des Lehrplans Deutsch als Zweitsprache für die bayerische Grundschule (Bayerisches Staatsministerium für Bildung und Kultus, Wissenschaft und Kunst, 2014, 52). Entsprechendes gilt für den Lehrplan Deutsch als Zweitsprache für die bayerische Mittelschule, der für alle weiterführenden Schulen im Land Bayern gilt (https://www.lehrplanplus.bayern.de/fachprofil/mittelschule/daz [02.03.2022]). Besonders hervorzuheben ist in diesen beiden Lehrplänen für das Fach Deutsch als Zweitsprache „die differenzierte und fachlich fundierte Darstellung einer zielgerichteten Förderung der Schülerinnen und Schüler im Hinblick auf Kompetenzinhalte und Kompetenzerwartungen in den Kompetenzbereichen des Faches Deutsch unter Berücksichtigung einer möglichen Progression im Sinne einer Komplexitätszunahme“ (Siebert-Ott & Decker 2018, 21). Siebert-Ott & Decker (2018, 21f.) illustrieren dies an den sehr detailliert formulierten Kompetenzerwartungen an Schüler:innen und methodischen Hin-

DaZ-Unterricht und Hinführung zu den Bildungsstandards für das Fach Deutsch

Für Schülerinnen und Schüler mit Migrationshintergrund und daraus resultierendem Sprachförderbedarf tritt das Fach Deutsch als Zweitsprache an die Stelle des Deutschunterrichts. Der Unterricht findet in allen organisatorischen Formen (Einzelförderung, Unterricht in speziellen Gruppen zur Sprachförderung, individuelle Förderung integriert in Regelklassen) statt. Das Fach unterstützt dabei, Alltagskommunikation in zwischenmenschlichen Beziehungen, die Mitarbeit am Unterricht aller Fächer sowie den Umgang mit Literatur und Medien in deutscher Sprache kompetent zu bewältigen. Darüber hinaus fördert es den Erwerb und die Weiterentwicklung der Fach- und Bildungssprache Deutsch. Im Fach Deutsch als Zweitsprache erwerben die Kinder die Kompetenz, die deutsche Sprache situationsgerecht, sprachlich korrekt und entwicklungsgemäß anzuwenden. Differenziertheit des Wortschatzes und der grammatikalischen Strukturen sowie der zunehmend sichere Umgang mit Texten in mündlicher, schriftlicher oder medial dargestellter Form entwickeln sich im Laufe des Spracherwerbs. Das Fach Deutsch als Zweitsprache hat die Aufgabe, Sprachanfänger und fortgeschrittene Lerner während der Grundschule zu den Bildungsstandards Deutsch für die Primarstufe (2004) hinzuführen. Vom Aufnahmezeitpunkt in das bayerische Schulsystem, den individuellen Vorkenntnissen und dem individuellen Lernfortschritt hängt es ab, ob und wann diese Kompetenzen erreicht werden. Die genannten Kriterien beeinflussen erheblich, inwieweit die Schülerinnen und Schüler zum Ende der Jahrgangsstufe 4 nahe an den Sprachstand ihrer Mitschülerinnen und Mitschüler mit Deutsch als Erstsprache herangeführt werden und dem Unterricht in weiterführenden Schulen folgen können (Bayerisches Staatsministerium für Bildung und Kultus, Wissenschaft und Kunst 2014, 52).

weisen für Lehrkräfte aus dem Lernbereich 4 „Sprache – Wortschatz und Strukturen entwickeln und untersuchen“ für den Bereich 4.2.1 „Mitteilungen formulieren und Informationen in zielsprachlicher Form geben“: „Die Schülerinnen und Schüler

- drücken am Anfang des Zweitspracherwerbs Aussagen in einfachen Wortreihen aus beginnend mit dem Einwortsatz (z.B. *Essen. – Ich esse – Ich will essen.*) und entwickeln ihre Sprachstruktur weiter. [...]
- bilden analog zu sprachlichen Modellen (z.B. Lehrkraft) Sätze mit den notwendigen Satzgliedern und der richtigen Satzstellung (z.B. *Der Elefant ist größer als die Maus. – Nach der Schule treffe ich meinen Freund.*). [...]
- begründen und verdeutlichen Mitteilungen durch die Verwendung von Nebensätzen mit passenden Konjunktionen und der spezifischen Stellung der Satzglieder (z.B. *Ich wünsche mir einen Hund, weil... – Ich bin froh, dass...*).

Ziel sollte es sein, dass in allen Bundesländern, insbesondere solchen, in denen es eine größere Zahl von Kindern mit einem aus einem Migrationshintergrund resultierenden Sprachförderbedarf gibt, unabhängig davon in welchen Organisationsformen diese Sprachförderung durchgeführt wird, aktuelle, fachwissenschaftlich und fachdidaktisch fundierte Bildungs- und Erziehungspläne, die den Bereich Deutsch als Zweitsprache angemessen berücksichtigen, verfügbar sind. Auch sollte angestrebt werden, dass für pädagogische Fachkräfte im Elementarbereich und für Lehrkräfte an Grundschulen, speziell solche, die in der Eingangsphase der Primarstufe tätig und mit Sprachfördermaßnahmen betraut sind, nicht nur genügend qualitativ hochwertige Angebote für Aus- und Fortbildungen in diesem Bereich zur Verfügung gestellt werden, sondern sie auch jederzeit in ihrer beruflichen Tätigkeit auf die Expertise von Personen für den Bereich Sprachentwicklung und Sprachförderung im Kontext von Deutsch als Zweitsprache zurückgreifen können.

4.2 Sprachförderung

4.2.1 Sprachliche Bildung, Sprachförderung und Sprachtherapie

Mehrsprachig aufwachsende Kinder

Wie wir bereits in Kapitel 2 gesehen haben, haben empirische Untersuchungen zum bilingualen Erstspracherwerb und zum frühen Zweitspracherwerb gezeigt, dass Kinder grundsätzlich bereits in einem frühen Lebensalter in der Lage sind, den Erwerb zweier Sprachen erfolgreich zu meistern. Auch wenn wir gegenwärtig noch nicht über Spracherwerbstheorien verfügen, die den Erwerb von Sprache(n) in einem umfassenden Sinn angemessen beschreiben und erklären können, so ist die Spracherwerbsforschung doch zunehmend in der Lage, wichtige Erkenntnisse über die sprachliche Entwicklung von einsprachig und zweisprachig aufwachsenden Kindern als Basis für Sprachbildung, Sprachförderung und Sprachtherapie beizutragen (Becker-Mrotzek & Roth 2017). Ein guter Überblick über Spracherwerb und Mehrsprachigkeit in der frühen Kindheit, der auch den Spracherwerb „im Spannungsfeld verschiedener Erklärungsansätze" berücksichtigt, findet sich bei Tracy (2020). Chilla (2019) gibt einen Überblick über Spracherwerbsverzögerungen und Spracherwerbsstörungen sowie die Diagnostik von Sprach- und Sprechstörungen. Dabei geht sie besonders auf Umschriebene Sprachentwicklungsstörungen (USES) ein; bei diesen Entwicklungsstörungen handelt es sich um sprachliche Auffälligkeiten, die nicht auf „kognitive, auditive oder neurologische Beeinträchtigungen zurückgeführt werden können" (Chilla 2019, 73). Bei mehrsprachig aufwachsenden Kindern tritt eine USES in allen Sprachen auf (Chilla 2019, 84f.).

Spracherwerbsverzögerungen und Spracherwerbsstörungen

Umschriebene Sprachentwicklungsstörungen

Unzureichendes Sprachangebot

Chilla (2019, 71) hebt außerdem hervor, dass das Augenmerk bei der sprachlichen Förderung von mehrsprachigen Kindern auch auf externe behindernde Bedingungen „wie ein qualitativ und/oder quantitativ unzureichendes Sprachangebot" gerichtet werden sollte. In diesem Bereich kann bereits eine Kooperation von Kita und Familie zu der Entwicklung eines sprachanregungsreichen Umfeldes beitragen. So kann die Förderung von Literalität zum Beispiel durch den vermehrten Einsatz geeigneter Kinderliteratur in Kita und Familie unterstützt werden: Dabei spielen die gemeinsame Betrachtung von Bilderbüchern und das Vorlesen von Kinderliteratur sowie der Austausch über das Gesehene und Gehörte eine

Entwicklung eines sprachanregungsreichen Umfeldes

Sprachpädagogische Diagnostik

„Sprachpädagogischer Diagnostik kommt im vorschulischen und im schulischen Alltag eine bedeutende Rolle zu, da sprachpädagogische Prävention im Kontext des DaZ-Erwerbs spezifischer Sprachstandserhebung bedarf [...]. Erzieher:innen sollen Spracherwerbsstörungen erkennen und sich eines Netzwerks bedienen, das Logopädie einleitet oder Sprachtherapie im Kindergartenalltag gewährleistet. In der Schule wird sonderpädagogischer Förderbedarf im Bereich Sprache (SPF Sprache) diagnostiziert und Lehrkräfte sollen – möglichst in interprofessionellen Teams – behindernde Bedingungen er kennen und daraus resultierende Entwicklungshürden möglichst frühzeitig abbauen.“ (Chilla 2019, 71)

Einsatz mehrsprachiger Kinderliteratur

wesentliche Rolle. In diesem Zusammenhang sollte auch überlegt werden, wie die sprachliche Entwicklung der Kinder in Kita und Familie durch den Einsatz mehrsprachiger Kinderliteratur gezielt gefördert werden kann (Hurrelmann 2002, Siebert-Ott 2006/2011, Gawlitzek & Kümmerling-Meibauer 2014).

Ausbau literaler Kompetenzen

Auch schulische Sprachförderung in der Zweitsprache sollte gezielt den Ausbau literaler Kompetenzen fokussieren und kann sich nicht – so wichtig dies auch ist – auf die Vermittlung von standardsprachlichen Normen im Bereich der Aussprache, der Rechtschreibung und der Grammatik beschränken. Ziel muss es vielmehr sein, die Entwicklung bildungsrelevanter sprachlicher Kompetenzen zu fördern, die die Voraussetzung sind für die erfolgreiche mündliche und schriftliche Beteiligung an den zunehmend anspruchsvoller werdenden Unterrichtsgesprächen. Die Vermittlung solcher Kompetenzen ist Aufgabe des Unterrichts in allen Fächern. Von einem sprachsensibel gestalteten Sachunterricht in der Grundschule, der sprachliches und fachliches Lernen verbindet und damit gezielt auch literale Kompetenzen fördert, profitieren alle Schüler:innen (Feilke 2012, Becker-Mrotzek et al. 2013, Schmölzer-Eibinger et al. 2014, Feilke 2014, Schmölzer-Eibinger et al. 2018, Decker et al. 2021)

Verbindung von sprachlichem und fachlichem Lernen

Besondere Förderangebote für „Seiteneinsteiger:innen“

Eine spezielle Förderung benötigen darüber hinaus Schüler:innen, die als „Seiteneinsteiger:innen“ vorübergehend oder dauerhaft in unser Bildungssystem eintreten. Für diese Zielgruppe können sprachliche Intensivkurse vor Eintritt in die Regelklasse außerordentlich hilfreich sein. Ergänzt werden kann die sprachliche Förderung für die genannten Zielgruppen erfolgreich durch Projekte, in denen besondere Freizeitangebote mit sprachlichem Lernen verknüpft werden, wie zum Beispiel das Projekt „Deutsch lernen im Museum" zeigt (vgl. Kap. 4.3). Sinnvoll für viele dieser Projekte ist die Einbeziehung zusätzlicher qualifizierter Förderkräfte. Dies haben unter anderem die Erfahrungen mit dem Einsatz von Studierenden in einem bundesweiten, von der Stiftung Mercator unterstützen Projekt gezeigt (Stiftung Mercator 2010). Wichtig ist außerdem der Erfahrungsaustausch der Beteiligten über erfolgreiche Projekte, die Vernetzung von Bildungseinrichtungen, die im Bereich der Sprachförderung engagiert sind, und die Information der Öffentlichkeit über diese Projekte. Die Schaffung eines Klimas der Aufgeschlossenheit gegenüber Mehrsprachigkeit kann einen wichtigen Beitrag zu einer erfolgreichen Sprachförderung leisten (vgl. Kapitel 5).

Wachsendes öffentliches Interesse an Sprachförderung

Nach einer Zeit der Stagnation ist in den letzten Jahren wieder ein wachsendes öffentliches Interesse auch an der Frage zu erkennen, wie die Sprachentwicklung von zweisprachig aufwachsenden Kindern und Jugendlichen systematisch begleitet werden kann. In allen Ländern der Bundesrepublik Deutschland werden ebenso wie in den Nachbarländern erkennbare Anstrengungen unternommen, Kinder aus Familien, die nicht die jeweilige Landessprache als Familiensprache sprechen, gezielt zu fördern.

4.2.2 Sprachliche Frühförderung: Elementarbereich und Schuleingangsphase

Sprachliche Bildung und Sprachförderung im Elementarbereich

Bildungs- und Erziehungspläne im Elementarbereich

Ein erster wichtiger Schritt zur Entwicklung eines umfassenden Konzeptes für eine systematische Begleitung der kindlichen Sprachentwicklung ist – wie auch die internationale Entwicklung zeigt – die Erstellung von Bildungs- und Erziehungsplänen bereits für den Elementarbereich (Fthenakis & Oberhuemer 2004). Inzwischen haben alle Bundesländer solche Bildungs- und Erziehungspläne vorgelegt (vgl. https://www.bildungsserver.de/bildungsplaene-fuer-kitas-2027-de.html [26.04.2023]).

Bayerischer Bildungs- und Erziehungsplan für Kinder in Tageseinrichtungen bis zur Einschulung

Exemplarisch soll hier auf den „Bayerischen Bildungs- und Erziehungsplan für Kinder in Tageseinrichtungen bis zur Einschulung" eingegangen werden. Einen zentralen Platz nimmt hier die Vermittlung von Basiskompetenzen ein. Neben personalen und sozialen Kompetenzen sollen auch schon lernmethodische Kompetenzen vermittelt werden: Die Kinder sollen lernen, wie man Wissen erwirbt und es zur Lösung von Problemen gezielt einsetzt. In den themenbezogenen Bildungs- und Erziehungsbereichen wird im Kapitel „Sprach- und Medienkompetenz" ausdrücklich auch die Zwei- und Mehrsprachigkeit thematisiert. Es wird betont: „Die Entwicklung von Zwei- und Mehrsprachigkeit gehört wesentlich zur sprachlichen Bildung. Dabei gilt es, die spezifischen Entwicklungsprofile, Kompetenzen und Bedürfnisse von mehrsprachig aufwachsenden Kindern wahrzunehmen und zu nutzen – sowohl mit Blick auf die betroffenen Kinder und Familien als auch mit Blick auf einsprachig deutsche Kinder. Wertschätzung und Förderung von Mehrsprachigkeit und ‚Deutsch lernen' sind kein Widerspruch, sondern Zielsetzungen, die sich gegenseitig ergänzen. Dies gilt in gleicher Weise auch für den Dialekt" (Bayerisches Staatsministerium für Familie, Arbeit und Soziales und Staatsinstitut für Frühpädagogik 2019, 197).

Entwicklung von Zwei- und Mehrsprachigkeit

Übung 04

> Bearbeiten Sie die folgende Aufgabe:
> Im Bayerischen Bildungs- und Erziehungsplan für Kinder in Tageseinrichtungen werden vier zentrale Aspekte der Entwicklung von Sprachkompetenz genannt: (1) Nonverbale Aspekte von Sprache und Kommunikation, (2) Motivation und Fähigkeit zur mündlichen Kommunikation, zum Dialog, (3) Entwicklung von „Literacy" (Literalität) und (4) Zwei- und Mehrsprachigkeit (Bayerisches Staatsministerium für Familie, Arbeit und Soziales und Staatsinstitut für Frühpädagogik 2019, 196f.). Was wird hier unter „Entwicklung von Literacy" verstanden? Nutzen Sie zur Bearbeitung der Aufgabe die folgende Internetquelle: https://www.ifp.bayern.de/veroeffentlichungen/books/bildungs-erziehungsplan/222/ [14.02.2022]

Literacy-Erziehung in der Familie

Eine besondere Bedeutung für die sprachliche Bildung hat dabei die gezielte Unterstützung der Entwicklung von „Literacy" besonders für einsprachig und zweisprachig aufwachsende Kinder aus bildungsfernen Familien. Zu den für die Entwicklung von Lesekompetenz und literarischer Kompetenz wichtigen frühen, durch Erwachsene vermittelten Begegnungen mit „Literacy" rechnet die Lesesozialisationsforschung sowohl erste Erfahrungen im Umgang mit Büchern beim gemeinsamen Betrachten von Bilderbüchern und beim Vorlesen von Kinderbüchern als auch Erfahrungen mit Erzählungen, Gedichten und Kinderliedern, Abzählreimen und „Zungenbrechern". Vielfältige „Literacy-Erfahrungen" tragen damit zugleich auch zur Entwicklung von phonologischer Bewusstheit bei. Wichtig nicht nur für die Förderung von Lesemotivation, sondern auch für die sprachliche Entwicklung ist es, dass bei der gemeinsamen Betrachtung von Bilderbüchern ebenso wie beim Vorlesen aus Kinderbüchern die Vorlesenden in einen Dialog mit den Kindern eintreten, Fragen der Kinder beantworten und nicht starr daran festhalten, ohne Unterbrechung eine Geschichte zu den betrachteten Bildern zu erzählen oder den Text ohne Unterbrechung vorzutragen. In schriftnahen Familien, in denen die Kinder außerdem ihre Eltern auch in unterschiedlichen Situationen beim Lesen und Schreiben beobachten können, können Kinder bereits früh vielfältige Erfahrungen im Umgang mit Schrift sammeln. Dabei entdecken sie nicht nur die kommunikative Funktion von Schrift, sie können auch erste Einblicke in den besonderen Symbolcharakter von Schriftzeichen gewinnen. Eine gezielte „Literacy-Erziehung", die den Kindern vielfältige Erfahrungen in der Begegnung mit der Schriftkultur vermittelt, sollte daher bereits eine zentrale Rolle in der Elementarpädagogik spielen. Die Beschäftigung mit der Buch-, Erzähl-, Schrift- und Reimkultur dient zugleich auch der Förderung der sprachlichen Entwicklung, speziell der Förderung konzeptioneller Schriftlichkeit. Sie kann damit auch einen wesentlichen Beitrag zur Verbesserung der „Startbedingungen" von ein- und zweisprachig aufwachsenden Kindern aus bildungsfernen Familien bei Schuleintritt leisten. Wichtig hierfür sind gemeinsame Bilderbuchbetrachtungen sowie das Vorlesen und Erzählen in kleinen Gruppen. Die Kinder sollten mehrmals in der Woche an solchen Literacy-bezogenen Aktivitäten teilnehmen können, diese Angebote sollten an Interessen der Kinder anknüpfen und dialogisch aufgebaut sein. Möglichst sollten auch die Familien in diese Aktivitäten einbezogen werden (Näger 2017, Hurrelmann 2005, Scheerer-Neumann 2006, Siebert-Ott 2011, Wieler 1997/2017).

Literacy-Erziehung in der Kita

Verbesserung der Startbedingungen

Sprachentwicklung systematisch beobachten und fördern

Sprachbad und entwicklungsorientierte Sprachförderung

Zur systematischen Begleitung der Sprachentwicklung wurden am Bayerischen Staatsinstitut für Frühpädagogik die Beobachtungsverfahren SISMIK und SELDAK entwickelt. Beide Beobachtungsverfahren wollen den Sprachstand nicht punktuell messen, sondern haben das Ziel, die pädagogischen Fachkräfte im Elementarbereich gezielt bei der Beobachtung des kindlichen Sprachverhaltens und Interesses an Sprache zu unterstützen. Dabei spielt auch die Beobachtung des kommunikativen Verhaltens des Kindes in unterschiedlichen Situationen (aktive Beteiligung an Gesprächen mit anderen Kindern und mit den pädagogischen Fachkräften, Beteiligung an Gesprächen mit anderen Kindern nur in der Herkunftssprache in der eigenen Sprachgruppe / auch in der Zweitsprache usw.) sowie die Beobachtung der Entwicklung von „Literacy" eine wichtige Rolle. SELDAK umfasst die Altersspanne von vier bis sechs Jahren und ist für Kinder bestimmt, die Deutsch als Erstsprache sprechen. SISMIK umfasst die Altersspanne von dreieinhalb bis sechs Jahren und ist für Kinder aus Familien mit Migrationsgeschichte entwickelt worden, die Deutsch als Zweitsprache lernen. Beobachtungsbögen unterstützen die gezielte Beobachtung und Dokumentation der kindlichen Sprachentwicklung über einen längeren Zeitraum. Die pädagogischen Fachkräfte werden überdies – auch mit Hilfe von Fallbeispielen – gezielt bei der Auswertung der erhobenen Daten sowie bei der Konzeption von individuellen Fördermaßnahmen auf der Basis der erhobenen Beobachtungsdaten unterstützt (Ulich & Mayr 2003, Ulich & Mayr 2006). Gegenstand der Beobachtung ist bei SISMIK auch die Entwicklung der Sprachkompetenz in der Zweitsprache im engeren Sinne. Dazu gehört das phonologisch-phonetische Wissen, das morphologische und syntaktische Wissen sowie das semantische Wissen. Bei der Entwicklung des kindlichen Lexikons (Wortschatz) spielen alle diese Aspekte eine Rolle. Das Kind lernt nicht nur die Bedeutung eines Wortes kennen, sondern auch dessen morphosyntaktischen Eigenschaften, die korrekte Aussprache und später auch die korrekte Schreibung des Wortes. Auch wenn Kinder erst im Alter von drei bis vier Jahren in der Kindertagesstätte zum ersten Mal in einen intensiven Kontakt mit der Umgebungssprache Deutsch treten, wird eine besondere Förderung in der Zweitsprache Deutsch häufig nicht erforderlich sein, wenn die Kinder die Einrichtung kontinuierlich besuchen, das Ziel einer Stärkung der frühen Sprachkompetenz aller Kinder zum Profil der Einrichtung gehört und die Kinder hinreichend Gelegenheit haben, ihre sich entwickelnden sprachlichen Fähigkeiten in der Zweitsprache auch aktiv einzusetzen (Thoma & Tracy 2006, Haberzettl 2014). Es wird aber auch Fälle geben, in denen dieses „Sprachbad" nicht ausreicht. In diesen Fällen ist eine individuelle, entwicklungsorientierte Förderung der Zweitsprache erforderlich. Dies legen auch die Resultate empirischer Studien zum frühen Zweitspracherwerb nahe (vgl. dazu Kap. 2). Eine gezielte Unterstützung wird häufig im Bereich der Wortschatzentwicklung erforderlich sein; sie kann aber durchaus auch im Bereich der Entwicklung des morpho-syntaktischen Wissens sinnvoll sein, wenn die sprachliche Entwicklung in der Zweitsprache aufgrund mangelnden Sprachkontakts deutlich verzögert ist oder der Transfer sprachlichen Wissens aus der Erstsprache zu erkennbaren „Umwegen" beim Zweitspracherwerb führt: „Wenn Lerner aufgrund ihrer Lebenssituation über nicht genügend Input verfügen, oder wenn sie aufgrund ihres Muttersprachenwissens Gefahr laufen, diesen Input falsch zu analysieren bzw. zu lange in dieser Fehlanalyse zu verharren, sollte im Unterricht durch die Präsentation entsprechender Stimuli bzw. durch ‚präparierten Input' Abhilfe geschaffen und so die eigenaktive Hypothesenbildung der Lerner unterstützt werden" (Haberzettl 2006, 212).

Gezielte Unterstützung der Sprachentwicklung

Interlanguage oder spezifische Sprachentwicklungsstörung

Von einer umschriebenen Sprachentwicklungsstörung (USES) wird bei sprachlichen Entwicklungsstörungen gesprochen, die nicht auf „kognitive, auditive oder neurologische Beeinträchtigungen zurückgeführt werden können" (Chilla 2019, 73). Für pädagogische Fachkräfte können sich Hinweise auf das Vorliegen einer umschriebenen Sprachentwicklungsstörung bei einsprachig deutsch aufwachsenden Kindern aus der Beobachtung quantitativer und qualitativer Unterschiede gegenüber der Entwicklung sprachunauffälliger Kinder ergeben. Erreicht ein Kind ein bestimmtes sprachliches Entwicklungsstadium mit einer deutlichen zeitlichen Verzögerung, verwendet ein einsprachig deutsch aufwachsendes Kind also etwa die Verbzweitstellung später und deutlich seltener als seine einsprachigen Altersgenossen. Treten bei dem

Umschriebene Sprachentwicklungsstörung

Quantitative und qualitative Unterschiede in der Sprachentwicklung

Kind außerdem gehäuft Fehler beim Gebrauch der korrekten Verbform auf, dann ist erhöhte Aufmerksamkeit geboten. Bei Auffälligkeiten in der kindlichen Sprachentwicklung sollte unbedingt fachlicher Rat (Logopäd:innen, Kinderärzt:innen o.ä.) eingeholt werden, die gegebenenfalls weitere notwendigen Schritte veranlassen (Chilla, Rothweiler & Barbur 2010).

Entwicklungsorientierte Sprachförderung und Sprachtherapie

Sprachliche Auffälligkeiten beim Zweitspracherwerb

Bei einem Kind, das Deutsch als Zweitsprache spricht, sind entsprechende Auffälligkeiten in der sprachlichen Entwicklung erheblich schwerer festzustellen. Der Stand der Entwicklung in der Zweitsprache ist abhängig vom Zeitpunkt des Beginns des Kontaktes mit dieser Sprache, dem Ausmaß des Kontaktes sowie der Qualität des sprachlichen Kontaktes: Hört das Kind die Zweitsprache überwiegend von anderen Zweitsprachlerner:innen? Begegnet das Kind der Zweitsprache zwar im Kontakt mit gleichaltrigen muttersprachlich deutschen Kontaktpersonen, handelt es sich dabei aber überwiegend um Kinder, die aus einem sprachanregungsarmen Umfeld stammen? Außerdem kann – wie dargelegt – der Einfluss der Erstsprache auf den Zweitspracherwerb deutlich erkennbar sein: Sprachkontaktphänomene, die zu „Umwegen" beim Zweitspracherwerb führen, dürfen aber nicht mit umschriebenen Sprachentwicklungsstörungen gleichgesetzt werden. Hilfreich ist es hier, Rat bei einer zweisprachigen Fachperson einzuholen, die auch den Stand der Sprachentwicklung in der Erstsprache fachlich beurteilen kann (vgl. Chilla, Rothweiler & Babur 2010, Chilla 2019).

Anforderungen an Sprachförderung in der Zweitsprache

Bereits seit längerer Zeit lassen sich Bemühungen beobachten, Erkenntnisse aus der Spracherwerbsforschung speziell auch bei der Konzeption von Maßnahmen zur sprachlichen Bildung, Sprachförderung und Sprachtherapie (zur Unterscheidung vgl. Becker-Mrotzek & Roth 2017, 16ff.) für mehrsprachig aufwachsende Kinder im Vorschul- und Grundschulalter zu berücksichtigen und hier gezielte Maßnahmen auf der Basis von individuellen Sprachprofilen zu entwickeln. Sofern sich bei dieser Zielgruppe eine gezielte Unterstützung der sprachlichen Entwicklung als erforderlich erweist, sollte sich – so wird gefordert – die Auswahl und Abfolge der Lerninhalte unbedingt auch an den Erkenntnissen der Spracherwerbsforschung orientieren: Berücksichtigt werden müssen dabei insbesondere die Struktur des Erwerbsgegenstandes, die Erwerbsabfolgen im (frühen) Zweitspracherwerb sowie das individuelle Sprachprofil des Kindes (Kaltenbacher & Klages 2006, Chilla, Rothweiler & Babur 2010, Ruberg & Rothweiler 2012, Chilla 2019). Es genügt demnach also nicht, wenn pädagogische Fachkräfte und Lehrkräfte im Schuleingangsbereich, die Kinder in der Zweitsprache Deutsch gezielt fördern wollen, über das notwendige sprachliche „knowing how" verfügen, um ein gutes Sprachvorbild geben zu können. Sie müssen unbedingt auch über das notwendi-

Anforderungen an Sprachförderkräfte

Entwicklungsproximale Sprachtherapie

„Es wäre aber ein grundlegendes Missverständnis, entwicklungsproximale Sprachtherapie einfach als Versuch der Rekapitulation eines ‚normalen' Spracherwerbs aufzufassen. Die Gestaltung der Lehr-Lernprozesse und ihrer Bedingungen stellt eine zielgerichtete, planvoll strukturierte und in den Einzelheiten begründbare Vorgehensweise dar, deren Sachlogik vom individuellen kindlichen Fähigkeitsprofil und seinen Veränderungstendenzen entscheidend bestimmt wird. Es kommen Strategien, Techniken und Methoden zum Einsatz, die in dieser Art in einem normalen Spracherwerb nicht vorzufinden sind, auch wenn sie zum Teil aus Erkenntnissen über Lehr-Lernmechanismen im Rahmen eines natürlichen Spracherwerbs abgeleitet werden. Entwicklungsproximale Sprachtherapie stellt einen Eingriff in das individuelle Entwicklungsgeschehen dar, der nicht auf Intuition, sondern auf Wissen über normalen und beeinträchtigten Spracherwerb aufbaut. Sie bewirkt eine gezielte und schrittweise Steuerung dieses Geschehens, indem sie die Zufälligkeiten natürlicher Sprachlerngelegenheiten durch ein massiertes und ausgewähltes Angebot möglichst prägnanter Lernmöglichkeiten ergänzt. Ein solchermaßen inszenierter Spracherwerb ist qualitativ zu unterscheiden von dem, was in einem normalen Spracherwerb geschieht. Um dies drastisch auf den Punkt zu bringen: Wohl noch nie hat z.B. eine Mutter für ein Kind mit normalem Spracherwerb Thema, Handlung und Sprachangebot einer Interaktion in einer Weise strukturiert, dass das Kind beispielsweise das Prinzip der Subjekt-Verb-Kongruenz unter Kontrolle bekommen kann, weil sie aufgrund einer Analyse zu der Überzeugung kam, dass dies zum jetzigen Zeitpunkt für die Erweiterung seiner grammatischen Fähigkeiten von besonderer Relevanz sei."
(Dannenbauer 2002, S.138f.)

ge „knowing that“, d.h. über einschlägige fachliche Kompetenzen für die Sprachförderung verfügen. Die Forderung nach einer Orientierung der Sprachförderung an der Struktur des Erwerbsgegenstandes, an den Erwerbsabfolgen sowie am individuellen Sprachprofil des Kindes weist ebenso wie die Forderung nach einem strukturierten Sprachangebot, bei dem die Lerninhalte konzentriert und prägnant angeboten werden, deutliche Parallelen auf zu dem von Dannenbauer entwickelten entwicklungsproximalen Ansatz für die Sprachtherapie im Kindesalter, wo dieses Verfahren bereits seit langem erfolgreich eingesetzt wird.

Übung 05

Bearbeiten Sie die folgende Aufgabe:
Erläutern Sie knapp, was unter „entwicklungsproximaler Sprachtherapie“ zu verstehen ist und welche Verbindungen sich herstellen lassen zu aktuellen Überlegungen bei der Konzeption von Maßnahmen zur sprachlichen Förderung von Schüler:innen, die sich Deutsch als zweite Sprache aneignen.

Weitere Förderprinzipien

Auch die übrigen bei Kaltenbacher & Klages (2006) für den vorschulischen Bereich formulierten Prinzipien der Sprachförderung orientieren sich am Lebensalter der Lernenden und an der besonderen Erwerbssituation: So sollen Kontexte geschaffen werden, die die Kinder zum aufmerksamen Zuhören und Mitmachen motivieren. Das implizite Lernen soll dominieren, die Kinder können aber auch ausdrücklich auf sprachliche Phänomene hingewiesen werden, besonders dort, wo – wie bei der Pluralbildung – ein Zusammenhang zwischen sprachlicher Form und Funktion erkennbar ist. Explizite Korrekturen sollten vermieden werden. Bei den Äußerungen von Kindern, die noch nicht der zielsprachlichen Form entsprechen, sollten implizite Korrekturen bevorzugt werden. Die fehlerhaften Äußerungen sollten also im Gespräch aufgegriffen und korrekt wiederholt werden. Den Kindern sollte außerdem zunächst genügend Gelegenheit gegeben werden, die sprachlichen Strukturen aufzunehmen, ehe sie selbst zu Äußerungen ermuntert werden.

Übergänge: „Durchgängige sprachliche Bildung"?

Eine systematische, fachlich fundierte durchgängige Beobachtung der sprachlichen Entwicklung von ein- und mehrsprachig aufwachsenden Kindern aus Familien mit Zuwanderungsgeschichte ist nach Expertenmeinung eine gute Grundlage für eine durchgängige sprachliche Bildung und Sprachförderung (vgl. Becker-Mrotzek & Roth 2017) und sie ist gerade an den Übergängen im Bildungssystem besonders wichtig. Dies gilt auch für den Übergang aus vorbereitenden Sprachfördermaßnahmen in Regelklassen (Decker-Ernst, 2017, 2018). An der Konkretisierung und Umsetzung des Ziels einer durchgängigen Sprachbildung und Sprachförderung, mit einem besonderen Fokus auf Übergangsbereiche, beginnend mit der Elementarpädagogik und den Kooperationsmöglichkeiten mit den Familien, wird inzwischen intensiv gearbeitet. So werden in der überwiegenden Mehrzahl der Länder der Bundesrepublik Deutschland inzwischen im Elementarbereich in Verbindung mit der Einschulungsuntersuchung Verfahren zur Sprachstandsfeststellung eingesetzt. Ziel ist eine angemessene (additive) sprachliche Vorbereitung der Kinder für einen erfolgreichen Übergang in die Primarstufe. Allerdings bleiben hier noch viele Fragen offen: Neugebauer & Becker-Mrotzek (2013) formulieren für ihre Analyse und Bewertung der Qualität von Sprachstandsverfahren zehn „Handlungsfelder der Qualitätsmerkmale". Hier nennen sie als erstes die „Berücksichtigung sprachlicher Basisqualifikationen" (BQ): Dabei geht es um die Frage, ob und ggf. wie differenziert das Verfahren „die zentralen Bereiche der sprachlichen Entwicklung des Kindes" erfasst. Zu diesen zentralen Bereichen rechnen sie mit Verweis auf Ehlich, Bredel & Reich 2008 die phonische BQ, die morphologisch-syntaktische BQ, die semantische BQ, die pragmatische BQ I und II, die diskursive BQ und die literale Basisqualifikation I (Neugebauer & Becker-Mrotzek 2013, 12ff.) Für die Analyse und Bewertung der Sprachstandsverfahren spielt insbesondere die Anzahl der berücksichtigten sprachlichen Basisqualifikationen und die Differenziertheit der Aufgabenstellungen zur Erfassung dieser Basisqualifikationen eine Rolle. Als gut wird ein Verfahren in diesem Punkt bewertet, wenn mindestens vier der genannten Basisqualifikationen mit jeweils zwei unterschiedlichen Aufgabentypen erfasst werden. Als sehr gut wird ein Verfahren in diesem Punkt bewertet, wenn mindestens sechs der genannten Basisqualifikationen mit jeweils

Berücksichtigung sprachlicher Basisqualifikationen

drei unterschiedlichen Aufgabentypen erfasst werden. Als sehr gut bewertet werden danach die Sprachstandsverfahren „SISMIK" und „SELDAK" (Neugebauer & Becker-Mrotzek 2013, 14f.). Ein weiteres Kriterium für die Bewertung der Qualität von Verfahren zur Sprachstandsfeststellung ist die Fehlerquote, d.h. das Verfahren soll sicherstellen „dass die Kinder, die einen Sprachförderbedarf haben, auch wirklich identifiziert werden". Mit den Verfahren sollen möglichst alle Kinder ermittelt werden, bei denen ein Sprachförderbedarf besteht (Sensitivität des Verfahrens). Außerdem sollen auch nur die Kinder ermittelt werden, bei denen tatsächlich ein entsprechender Sprachförderbedarf besteht (Spezifität des Verfahrens) (Neugebauer & Becker-Mrotzek 2013, 27f. und 47). Da bei etwa zwei Dritteln der überprüften Verfahren Angaben zur Fehlerquote fehlen, ist hier in diesem Punkt keine Bewertung möglich. Gerade an Übergängen im Bildungsbereich – wie hier beim Übergang von der Elementarerziehung in die Primarstufe – wäre es aber äußerst wichtig für die aufnehmende Institution zu wissen, welche ihrer Schüler:innen eine gezielte Unterstützung in ihrer sprachlichen Entwicklung, speziell bei der Aneignung der Unterrichtssprache Deutsch, benötigen und in welchen sprachlichen Bereichen hier besonderer Unterstützungsbedarf besteht.

Gezielte Aus- und Weiterbildungsangebote für DaZ

Geeignete Verfahren zur Sprachstandsfeststellung zwei Jahre vor Schulbeginn und zu Schulbeginn für *alle* Schüler:innen, professionell durchgeführt und ausgewertet, sowie differenzierte Bildungspläne für den Elementarbereich und entsprechende Lehrpläne für die Primarstufe, die auch die sprachliche Entwicklung zwei- und mehrsprachig aufwachsender Kinder in der Zweitsprache Deutsch angemessen berücksichtigen, werden – in Verbindung mit auf dieser Grundlage entwickelten Lehrmitteln – ihre Wirksamkeit nur in Verbindung mit gezielten Aus- und Weiterbildungsangeboten für pädagogische Fachkräfte im Elementarbereich und Lehrkräfte an Schulen entfalten, die spezifische fachliche, didaktische und methodische sowie pädagogische Kompetenzen in diesem Bereich vermitteln.

Zusammenfassung und Ausblick

Die Voraussetzungen für eine fachlich, fachdidaktisch und -methodisch sowie pädagogisch fundierte Förderung der sprachlichen Kompetenzen von zwei- oder mehrsprachig aufwachsenden Kindern im Elementarbereich sowie von Schüler:innen in der Eingangsphase der Primarstufe haben sich inzwischen deutlich verbessert. Dazu gehört die Entwicklung von aussagekräftigen Bildungs- und Erziehungsplänen bereits für den Elementarbereich. Dazu gehören auch die Entwicklung von Bildungsstandards und Kernlehrplänen für die Schule, beginnend mit dem Primarbereich, und die Entwicklung von damit verbundenen Maßnahmen zur Überprüfung und Sicherung dieser Standards. Die Voraussetzung ist dabei allerdings, dass die Bereiche „Deutsch als Zweitsprache“ und „Mehrsprachigkeit im Kindesalter“ in diesen Bildungs- und Erziehungsplänen einen hohen Stellenwert haben, fachlich fundiert und aussagekräftig und mit den übrigen Bildungs- und Erziehungszielen systematisch vernetzt sind. Wichtig ist auch, dass diese Entwicklungen auch in der Fort- und Weiterbildung von pädagogischen Fachkräften für den Elementarbereich und von Lehrkräften an Schulen (hier: Primarstufe) eine zentrale Rolle spielen. Wünschenswert ist außerdem, dass jede Einrichtung im Elementarbereich und jede Grundschule im Rahmen ihrer Aufgaben im Bereich der sprachlichen Bildung und der Sprachförderung regelmäßig auch auf den Rat und die Unterstützung von Personen mit der entsprechenden Expertise für die Bereiche Deutsch als Zweitsprache und Mehrsprachigkeit im Kindesalter zurückgreifen kann.

4.2.3 Sprachförderung für ältere Kinder und Jugendliche

Für Schüler:innen der Primarstufe und der Sekundarstufe I gibt es in den verschiedenen Bundesländern ein großes Angebot an Sprachfördermaßnahmen. Neben schulischen Angeboten findet sich außerdem ein breites Spektrum an außerschulischen Angeboten unterschiedlicher Einrichtungen und Träger, die kaum zu überblicken und zu erfassen sind. Wir wollen in den folgenden Abschnitten vor allem die schulische Sprachförderung betrachten und auf die außerschulischen Programme nur punktuell eingehen. Zunächst wollen wir aber einen kurzen Überblick über die international wichtigsten schulorganisatorischen Modelle zweisprachiger Bildung geben, um vor diesem Hintergrund die Sprachförderung in der Primarstufe (nach Abschluss der Schuleingangsphase) und der Sekundarstufe I in Deutschland näher zu beschreiben (vgl. hierzu auch Kap. 5).

Schulorganisatorische Modelle zweisprachiger Bildung

Wie werden zwei-/mehrsprachige Schüler:innen im Rahmen institutionalisierter Bildung unterrichtet? Inwieweit wird ihre Herkunftssprache in ihrer schulischen Bildung berücksichtigt? Die Antworten auf diese Fragen können unterschiedlich ausfallen und führen zu verschiedenen „Modellen" zweisprachiger Erziehung. In der internationalen Forschung werden einsprachige und zweisprachige Modelle unterschieden: Bei einsprachigen Modellen wird der Unterricht überwiegend oder ganz in der Zweitsprache (L2) der Lernenden durchgeführt. In den zweisprachigen Modellen findet der Unterricht bzw. ein bestimmter Anteil des Schulunterrichts in zwei Sprachen, meist der Herkunftssprache (L1) und der Zweitsprache (L2), statt.

Einsprachige Modelle

Submersion

Bei den einsprachigen Modellen wird zwischen zwei Haupttypen unterschieden: der Submersion und der Immersion. Im Rahmen von Submersionsmodellen werden L2-Lernende ohne Berücksichtigung ihrer Sprachkenntnisse in die Regelklassen integriert. Diesem Vorgehen liegt die Auffassung zu Grunde, dass sich die Lernenden die Zweitsprache durch den alltäglichen Umgang mit ihren Schulkamerad:innen und durch die Unterrichtskommunikation in der L2 quasi von selbst aneignen. Manchmal erhalten diese Lernenden zusätzliche Sprachförderung außerhalb des Regelunterrichts.

Immersion

Bei den Immersionsmodellen werden die L2-Lernenden ebenfalls in der Zweitsprache unterrichtet, jedoch orientiert sich der Unterricht sprachlich am jeweiligen Sprachstand der Lernenden. Es können Sprachenlernen und Fachlernen miteinander verbunden sein, oder es steht zunächst nur der Erwerb der Zweitsprache im Vordergrund. Im Unterschied zu den Submersionsmodellen sind die Lehrenden im Rahmen von Immersionsmodellen meist Fachlehrkräfte für die Vermittlung von Fremd- bzw. Zweitsprachen.

Zweisprachige Modelle

Transitorische Modelle

Bei den zweisprachigen Modellen mehrsprachiger Bildung unterscheidet man (1) transitorische Modelle, (2) „Language-maintenance"-Modelle und (3) „Two-way-immersion"-Modelle. Transitorische Modelle sind dadurch gekennzeichnet, dass zugewanderte Schüler:innen über einen bestimmten Zeitraum hinweg in ihrer Herkunftssprache unterrichtet werden, d.h. sie lernen ein Fach wie Biologie vermittels ihrer L1. Nach und nach erhalten sie ihren Unterricht in der Zweitsprache, bis sie schließlich in den Regelunterricht integriert werden. Ziel der „Language-maintenance-Modelle" ist der Erhalt einer Sprache. Das kann entweder die Herkunftssprache einer Zuwanderergruppe sein, die Wert darauf legt, dass ihre Kinder die Herkunftssprache gut beherrschen. Es kann aber auch um den Erhalt eines kulturellen Erbes gehen. Dann dient der Unterricht in der jeweiligen Sprache nicht nur als Maßnahme gegen den Verlust der Sprache des kulturellen Erbes einer sprachlichen Minderheit, sondern auch als Maßnahme gegen das Aussterben einer nur noch von einer zahlenmäßig kleinen Sprachgruppe gesprochenen Sprache (vgl. Kap. 5). Bei den „Two-way-immersion"-Modellen erhalten Schüler:innen zweier Sprachgruppen – das bekannteste Beispiel sind wohl die bilingualen Immersionsprogramme Englisch/Französisch in Kanada – ihren Unterricht in beiden Sprachen. Ein Teil der Fächer wird in der einen, ein anderer Teil in der anderen Sprache vermittelt (vgl. Kap. 5).

„Language-maintenance"-Modelle

„Two-way-immersion"-Modelle

Sprachfördermaßnahmen im schulischen Bereich in Deutschland

Die angeführten schulorganisatorischen Modelle finden sich alle in der einen oder anderen Form in der Bundesrepublik Deutschland. Aufgrund der Kulturhoheit der Länder kann jedes Bundesland eigene Regelungen für die Beschulung neu zugewanderter Schüler:innen treffen und eigene Lehrpläne für den Unterricht in der Zweitsprache Deutsch entwickeln. Wir wollen diese hier nicht im Einzelnen darstellen, sondern die wesentlichen Züge und Gemeinsamkeiten herausarbeiten.

Von den schulorganisatorischen Modellen dürfte die Submersion am häufigsten vertreten sein, d.h. im „Normalfall" werden Schüler:innen, deren Erstsprache nicht Deutsch ist, in die Regelklasse eingeschult. Der Regelunterricht kann ergänzt werden durch separaten Förderunterricht in Deutsch als Zweitsprache. Immer häufiger finden wir aber auch Sprachförderung im Rahmen des Regelunterrichts, etwa durch binnendifferenzierende Maßnahmen. Seit einiger Zeit gibt es Anstrengungen seitens der Schulbuchverlage, ein Material anzubieten, mit dem ein binnendifferenzierender Unterricht gestaltet werden kann: So verfügt beispielsweise die Reihe „Doppelklick" für den Deutschunterricht in der Sekundarstufe I (in Nordrhein-Westfalen) über Trainingshefte speziell für

Schüler:innen, welche Deutsch als Zweitsprache sprechen. Zusätzlicher Förderunterricht in Deutsch als Zweitsprache findet meist in den Randstunden, häufig am Nachmittag, statt. An manchen Schulen wird am frühen Nachmittag eine Hausaufgabenbetreuung für alle Schüler:innen angeboten. In diesem Rahmen kann auch eine Unterstützung beim Deutscherwerb stattfinden. Die Teilnahme am Regelunterricht, der um zusätzlichen Deutsch-als Zweitsprache-Unterricht ergänzt wird, nennt man auch „gestützte Submersion".

Gestützte Submersion

Vorbereitungs- oder Eingliederungsklassen

Vergleichbar mit den o.g. transitorischen Modellen ist der Unterricht in den Internationalen Vorbereitungs- oder Förderklassen sowie Übergangs- und Eingliederungsklassen. In diesen Klassen werden Schüler:innen beschult, die aktuell zugewandert sind. Vorrangiges Unterrichtsziel ist die Vermittlung des Deutschen als Zweitsprache. Bei diesen Schüler:innen handelt es sich um so genannte Seiteneinsteiger:innen, die in der Regel in ihren Herkunftsländern schon die Schule besucht haben. Es handelt sich nicht um Schüler:innen aus Familien mit Zuwanderungsgeschichte, die in Deutschland geboren sind und – häufig nach dem Besuch einer Kita – bereits ab der ersten Klasse eine deutsche Grundschule durchlaufen haben („Bildungsinländer:innen"). Die „Seiteneinsteiger:innen" in der Primarstufe und der Sekundarstufe I kommen aus sehr unterschiedlichen Ländern und haben unterschiedliche Bildungshintergründe – und damit auch einen unterschiedlichen Unterstützungsbedarf. Die Profile der Lerner:innen reichen von denjenigen, die noch nie eine Schule besucht haben und noch alphabetisiert werden müssen, über Schüler:innen, die in einem anderen Schriftsystem alphabetisiert sind (z.B. arabisch oder chinesisch), bis zu Seiteneinsteiger:innen, die mehrere Sprachen und Schriftsysteme beherrschen.

Seiteneinsteiger:innen

Vorbereitungsklassen: Organisationsformen

Internationale Vorbereitungsklassen sind meist keine zentralen Einrichtungen, sondern finden sich an verschiedenen Schulen in einem Schulbezirk. Zugewanderte Schüler:innen werden dann in eine Vorbereitungsklasse in Wohnortnähe eingegliedert. Es ist zu beobachten, dass Vorbereitungsklassen tendenziell eher an Werkreal-, Real- und Gesamtschulen oder Mittelschulen eingerichtet sind, weniger an Gymnasien. Aber auch an Berufskollegs und Berufsschulen, also in der Sekundarstufe II, bestehen Internationale Vorbereitungsklassen. Die Übergangs- oder Vorbereitungsklassen können, je nach Bundesland, unterschiedlich organisiert sein. Eher seltener finden sich Intensivkurse, d.h. Deutsch-als-Zweitsprache-

Dauer der sprachlichen Vorbereitung

Kurse mit einem Unterrichtsumfang von 20–26 Stunden pro Woche. Diese Intensivkurse dauern meist drei oder vier Monate, anschließend werden die Schüler:innen in die Regelklassen eingegliedert (vgl. u. Modell Sachsen). Häufig ist die Aufenthaltsdauer in Vorbereitungsklassen auf maximal zwei Schuljahre angelegt. Die Schülerinnen und Schüler erhalten 8–10 Stunden Deutsch als Zweitsprache-Unterricht und, je nach Schule, auch Unterricht in weiteren Fächern, z.B. Mathematik, Sport und Naturwissenschaften.

Anforderungen an Lehrkräfte in Vorbereitungsklassen

Kennzeichnend für Vorbereitungsklassen besonders in der Sekundarstufe I ist ein hohes Maß an Heterogenität und viel Fluktuation: Da Jugendliche kontinuierlich zuwandern, werden sie vielerorts auch kontinuierlich in bestehende Vorbereitungsklassen eingegliedert. Manche junge Zuwander:innen verlassen die Klasse nach kurzer Zeit wieder, zum Beispiel wenn sie mit ihrer Familie aus einem Übergangswohnheim in eine Wohnung in einem anderen Stadtteil oder eine andere Gemeinde ziehen. Schließlich werden Lernende, welche gute Fortschritte machen, zeitweise oder vollständig in den Unterricht der Regelklassen integriert – auch mitten im Schuljahr. An Schulen werden mancherorts eine bis zwei Vorbereitungsklassen eingerichtet. Das bedeutet, dass maximal eine grobe äußere Differenzierung in Anfänger:innen und Fortgeschrittene möglich ist. Gibt es nur eine Vorbereitungsklasse, so muss eine Binnendifferenzierung erfolgen, wenn die Lehrperson allen Lernenden gerecht werden möchte. Zwar liegt die Klassenstärke hier häufig deutlich niedriger als in regulären Schulklassen, etwa zwischen 15 und 18 Schüler:innen, doch stellt die Heterogenität enorm hohe Anforderungen an die Lehrkräfte, da die Spannbreite der Leistungen deutlich größer sein kann als im regulären Sprachunterricht. Ein Schüler, der noch alphabetisiert werden muss, braucht einen anderen Unterricht und anderes Material als eine Schülerin, deren Muttersprache Englisch oder Französisch ist und die lesen und schreiben kann. Dazu kommen gelegentlich äußere Umstände, die auf den Unterricht Einfluss haben, etwa wenn der Aufenthaltsstatus einer Familie nicht gesichert ist und die Kinder unter der ständigen Sorge leben, bald abgeschoben zu werden. Probleme ergeben sich auch, wenn Kinder es nicht gewöhnt sind, überhaupt in die Schule zu gehen, sie aber der Schulpflicht unterliegen; die Arbeit in einer Übergangs- oder Vorbereitungsklasse ist daher sehr anspruchsvoll und bedarf gut ausgebildeter und hochprofessioneller Lehrkräfte, vgl. auch Decker-Ernst (2017) sowie Kap.5 dieser Einführung.

Ganz besondere Anforderungen an das gesamte Bildungssystem, speziell aber an die vor Ort tätigen Lehrkräfte sowie an die neu ankommenden Schüler:innen und deren Angehörige, stellen sich – trotz langjähriger Erfahrungen mit neu zugewanderten Schüler:innen in unserem Bildungssystem –, wenn kurzfristig und unerwartet eine große Anzahl von Kindern und Jugendlichen infolge von kriegsbedingter Fluchtmigration Aufnahme in den Bildungseinrichtungen des Landes finden sollen, wie dies gegenwärtig (Stand März 2022) als Folge des Krieges in der Ukraine der Fall ist.

Das Integrationsmodell des Freistaates Sachsen

Einen besonderen Weg – anders als die meisten Bundesländer – geht der Freistaat Sachsen, dessen Modell zur sprachlichen und gesellschaftlichen Integration wir hier kurz vorstellen wollen (Sächsisches Staatsministerium 2021, 2017). In Sachsen beschränkt sich der Lehrplan nicht auf die sprachlich-fachlichen Inhalte der Deutschförderung, vielmehr wird darin ein Gesamtprozess der Integration – vom Eintritt in eine deutsche Schule bis zur vollständigen Integration in die Regelklasse – beschrieben. Der Integrationsprozess ist in drei Phasen gegliedert, so genannte „Etappen“, vermittels derer ein schrittweiser Übergang von der Vorbereitungsklasse in die Regelklasse gewährleistet ist. Die erste Etappe umfasst 4–8 Wochen und sieht grundlegenden Deutsch-als-Zweitsprache-Unterricht vor. In Etappe 2 – zwischen 6 und 12 Monate andauernd – werden die Lernenden Schritt für Schritt in den Regelunterricht integriert. Das heißt, in dieser Zeit nimmt die Teilnahme am Regelunterricht kontinuierlich zu, während der Deutsch-als-Zweitsprache-Unterricht abnimmt. In der dritten Etappe sind die Lernenden in den Regelunterricht integriert, erhalten aber begleitenden Deutsch-als-Zweitsprache-Unterricht. Diese Etappen werden von allen neu zugewanderten Schüler:innen durchlaufen, von Grundschüler:innen wie auch von Schüler:innen der weiterführenden Schulen. Im Unterschied zu anderen Bundesländern steht dieser Integrationsprozess auch Schüler:innen aus Familien mit Zuwanderungsgeschichte offen, die schon längere Zeit in Deutsch-

Integrationsprozess in drei Etappen

land leben, aber noch Defizite in der deutschen Sprache aufweisen (Sächsisches Staatsministerium 2021, 6ff.).

Ziele der ersten Etappe

Ziel der ersten Etappe ist die Vermittlung grundlegender Kenntnisse in Deutsch als Zweitsprache „für die Fähigkeit zur Teilnahme am Regelunterricht und am sozialen Leben der unmittelbaren Umgebung" (Sächsisches Staatsministerium 2021, 6). Die Lerninhalte in dieser Phase entsprechen insgesamt dem Kompetenzniveau für die elementare Sprachverwendung des Gemeinsamen europäischen Referenzrahmens (A1-A2). Explizite Berücksichtigung findet in diesem Modell der Bereich Aussprache, Schrift, Rechtschreibung, der in vielen DaZ-Curricula und auch im Deutsch-als-Fremdsprache-Unterricht eher am Rande vorkommt und unseres Erachtens (zu) häufig vernachlässigt wird. „Im Verlauf der ersten Etappe beobachtet und diagnostiziert der Betreuungslehrer die sprachliche Entwicklung der Schüler auf der Grundlage der Niveaubeschreibungen Deutsch als Zweitsprache für die Primarstufe (Klassenstufen 3 und 4) bzw. für die Sekundarstufe I (Klassenstufen 5 bis 10), um mit den Fachlehrern, Personensorgeberechtigten und den Schülern die nächsten weiteren Integrationsschritte zu vereinbaren. Bei diesen Vereinbarungen ist zu berücksichtigen, dass die sprachliche Entwicklung ebenso eine Rolle spielt wie die Persönlichkeit, die soziale Integration, die fachlichen Kenntnisse, die persönlichen Interessen, die Fähigkeiten und Wünsche des Schülers" (Sächsisches Staatsministerium 2021, 6).

Ziele der zweiten Etappe

In der zweiten Etappe findet der schrittweise Übergang in die Regelklasse statt, und zwar dergestalt, dass die Schüler:innen nach und nach an verschiedenen Fächern des Regelunterrichts teilnehmen: „Bei den Entscheidungen über die Wahl der Fächer und der Bildungsgänge empfiehlt es sich, eine Reihenfolge von weniger sprachbetonten hin zu stärker sprachbetonten Fächern zu planen. Auch in der zweiten Etappe sind die Kenntnisse, Fähigkeiten und Neigungen der Schüler als Entscheidungskriterien einzubeziehen." (Sächsisches Staatsministerium 2021, 7). Der Deutsch-als-Zweitsprache-Unterricht im Rahmen der Vorbereitungsklasse erhält in diesem Zeitraum eine andere Qualität: „Der Betreuungslehrer bereitet in der zweiten bzw. in der vertieften zweiten Etappe die Schüler in Deutsch als Zweitsprache auf die sprachlichen Anforderungen des Fachunterrichts vor. Darauf aufbauend leisten die Fachlehrer in der zweiten bzw. in der vertieften zweiten Etappe die spezifische sprachliche Arbeit des jeweiligen Faches und tragen damit zur gesamtsprachlichen Entwicklung des Schülers bei. Zur individuellen Gestaltung dieses Prozesses ist eine enge Zusammenarbeit zwischen Betreuungs- und Fachlehrern erforderlich, denn bereits mit Beginn der zweiten Etappe ist die Umsetzung sprachlicher Bildung in allen Fächern und damit sprachbewusster Unterrichtskonzepte entscheidend für die sprachliche Entwicklung der Schüler." (Sächsisches Staatsministerium 2021, 7).

Ziele der dritten Etappe

In der dritten Etappe sind die Schüler:innen in die Regelklassen integriert, erhalten aber weiterhin Deutsch-als-Zweitsprache-Unterricht. Dieser Unterricht hat das Ziel, eventuell auftretenden sprachlichen Schwierigkeiten im Fachunterricht zu begegnen und die Lernenden auf die sprachlichen Anforderungen des Fachunterrichts vorzubereiten (Sächsisches Staatsministerium 2021, 7).

Rolle der Betreuungslehrer:innen

Eine wichtige Rolle kommt in diesem Integrationsmodell den Betreuungslehrer:innen zu. Sie stehen den Lernenden zur Seite, unterstützen sie in der ersten Etappe bei der Auswahl der Klasse und der Reihenfolge der Fächer, an denen die Lernenden in der zweiten Etappe teilnehmen möchten. Des Weiteren kooperieren sie mit den Klassen- bzw. Fachlehrer:innen des Regelunterrichts: „In allen Etappen des Integrationsprozesses ist die Kooperation der beteiligten Lehrkräfte von besonderer Wichtigkeit. Auch hierbei fällt dem Betreuungslehrer ein wesentlicher Teil der Verantwortung zu, z. B. die rechtzeitige Absprache der ersten Integrationsschritte, die Unterstützung bei der Kontaktaufnahme des Schülers mit seinen Fachlehrern, die gemeinsame Besprechung der weiteren Integrationsschritte und die Aufstellung der individuellen Stundenpläne der Schüler in der zweiten Etappe, die Information der Kollegen über diese Stundenpläne, die Abstimmung von Unterrichtsinhalten zwischen dem Regelunterricht und dem Unterricht des Deutschen als Zweitsprache" (Sächsisches Staatsministerium 2021, 7).

Rolle der Fachlehrer:innen

Diese Kooperation zwischen DaZ-Unterricht und Fachunterricht wird in der dritten Etappe fortgesetzt. Hervorzuheben ist in diesem Zusammenhang, dass der sächsische Lehrplan explizit eine Mitverantwortung der Fachlehrer:innen für die sprachliche Förderung der Schüler:innen vorsieht – ein Anspruch, der mit einigen der in Kapitel 3 artikulierten Forderungen übereinstimmt. Hier jedoch zeigte sich bei der Evaluation des Modells ein Schwachpunkt: Die Sprachförderung im Rahmen des Fachunterrichts bedarf der Verbesserung; Lehrkräfte für den Fachunterricht müssen weiterqualifiziert werden, d.h. sie müssen in die Lage versetzt werden, einen sprachbewussteren Unterricht durchzuführen. Dieses Problem ist erkannt, und in allen Bundesländern lassen sich Initiativen ausmachen, die die Weiterqualifizierung von Lehrkräften in diesem Bereich zum Ziel haben. Themen, die dabei im Fokus stehen, betreffen sowohl den Umgang mit sprachlicher und kultureller Heterogenität als auch den sprachsensiblen (Fach-)Unterricht sowie die Methode des „Scaffolding".

Übung 06

> Bearbeiten Sie die folgende Aufgabe:
> Bewerten Sie das sächsische Integrationsmodell auf der Basis des bisher erarbeiteten Wissens. Begründen Sie Ihre Ansicht.

Außerschulische Sprachförderung

(Sprach-)Förderung durch freie Träger

Das Angebot an Sprachfördermaßnahmen und sonstigen Bildungs- sowie Integrationsmaßnahmen im außerschulischen Bereich ist groß und insgesamt nicht leicht zu erfassen, da viele, auch sehr unterschiedliche Organisationen und Einrichtungen, in diesem Bereich engagiert sind. Sprachförder- und Integrationsmaßnahmen werden traditionell angeboten von sowohl freien als auch öffentlichen Trägern der Kinder- und Jugendarbeit. Dazu zählen bei den freien Trägern die sechs Spitzenverbände der freien Wohlfahrtspflege (u.a. die Arbeiterwohlfahrt, der Deutsche Caritasverband (kath.), die Diakonie Deutschland (ev.) und der paritätische Wohlfahrtsverband als Dachverband von über 10.000 eigenständigen Mitgliedsverbänden). Verallgemeinernde Aussagen über Art, Umfang und Qualität der hier angebotenen Maßnahmen im Bereich Sprachförderung und sprachliche Bildung für Kinder und Jugendliche aus Familien mit Zuwanderungsgeschichte lassen sich bei der Vielzahl von möglichen Trägern von Maßnahmen in diesem Bereich nicht treffen.

(Sprach-)Förderung durch öffentliche Träger

Ein vielseitiges Angebot zur Integration von Menschen mit Einwanderungsgeschichte, speziell auch von neu Zugewanderten, bieten in Nordrhein-Westfalen seit 2012 die Kommunalen Integrationszentren (KI) an mit einem gegenüber den zuvor bestehenden Regionalen Arbeitsstellen zur Förderung von Kindern und

Jugendlichen aus Zuwandererfamilien (RAA) deutlich erweiterten Aufgabenbereich, zu dem auch die Entwicklung von Konzepten durchgängiger sprachlicher Bildung und entsprechende Fortbildungsangebote für die in diesem Bereich tätigen Erzieher:innen, Ausbilder:innen und Lehrkräfte gehören:

Aufgaben kommunaler Integrationszentren in NRW

- *Bestands- und Bedarfsanalysen zu integrationsrelevanten Daten und Fakten,*
- *Entwicklung integrationspolitischer Handlungskonzepte,*
- *Konzepte interkultureller und durchgängiger sprachlicher Bildung entlang der biografiebegleitenden Bildungskette (Kindergarten, Schule, Übergang Schule-Beruf),*
- *Fortbildungen zur durchgängigen Sprachbildung für Erzieherinnen und Erzieher, für Ausbilderinnen und Ausbilder und für Lehrerinnen und Lehrer,*
- *Programme wie „Griffbereit“, „Rucksack-Kita“, „Rucksack Schule“ und „Schule ohne Rassismus – Schule mit Courage“,*
- *Bildungspartnerschaften zwischen KiTa, Schule und Elternhaus,*
- *Interkulturelle Profilierung von Kultureinrichtungen,*
- *Förderung von Unternehmerinnen und Unternehmern mit Einwanderungsgeschichte,*
- *Berücksichtigung kultursensibler Aspekte in der Altenhilfe. (https://www.mkffi.nrw/kommunale-integrationszentren [18.03.2022])*

Integrations(bei)räte

Einen wesentlichen Beitrag können hier grundsätzlich mit ihrem gesellschaftspolitischen Engagement auch die kommunalen Ausländerbeiräte bzw. Integrations(bei)räte und deren Landesorganisationen leisten: „Da Integration als gesellschaftliche Querschnittsaufgabe zu verstehen ist, können sich die Integrationsräte mit allen Angelegenheiten der Gemeinde befassen. Zu den wichtigsten Themen gehören: der Einsatz für das Kommunale Wahlrecht für Drittstaatsangehörige, die Antidiskriminierungsarbeit, die Verbesserung der Schulerfolge der Migrantenkinder, die Interkulturelle Öffnung der Verwaltung, die Förderung natürlicher Mehrsprachigkeit, der erfolgreiche Übergang von der Schule in den Beruf, die Aufnahme und Integration von Flüchtlingen, die Öffnung der Sportvereine für Migrant:innen." (https://landesintegrationsrat.nrw/ueber-uns-2/integrationsraete/ [18.03.2022])

Sprachförderung durch Stiftungen

Inzwischen sind auch viele Stiftungen im Bereich der (Sprach-) Förderung von Kindern, Jugendlichen und jungen Erwachsenen aus Familien mit Zuwanderungsgeschichte aktiv geworden. Das Engagement ist vielseitig: Es reicht von der finanziellen Unterstützung einzelner Fördermaßnahmen durch kleinere Stiftungen bis zu Stipendienprogrammen großer Stiftungen (z.B. die Programme START der Gemeinnützigen Hertie-Stiftung und „Talent im Land" der Robert-Bosch-Stiftung). Im Kontext Deutsch als Zweitsprache und Schule ist das Engagement der Stiftung Mercator, Essen, besonders hervorzuheben. Hier werden Sprachförderung und Lehrerausbildung miteinander verbunden. In verschiedenen Projekten wurden seit dem Jahr 2000 Sprachförderung für Kinder und Jugendliche mit Migrationshintergrund und die Lehrerausbildung miteinander verbunden. Ziel dieses Engagements war es zum einen, die Bildungschancen von Kindern und Jugendlichen mit Migrationshintergrund durch sprachliche und fachliche Förderung zu verbessern und zum anderen, Lehramtsstudierenden eine praxisnahe Ausbildung zu ermöglichen. Während der Projektlaufzeit wurden im Jahr 2012 an 29 Standorten in 11 Bundesländern über 7500 Schülerinnen und Schüler durch ca. 1300 studentische För-

Stiftung Mercator

Förderunterricht in der Zweitsprache Deutsch und Lehrer:innenausbildung

„Mit einem Fördervolumen von zehn Millionen Euro finanziert die Stiftung Mercator bundesweite Förderunterrichts-Initiativen zur Verbesserung der sprachlichen und fachlichen Fähigkeiten von jungen Migranten. Zusätzlich zum regulären Schulunterricht erhalten Kinder und Jugendliche in Kleingruppen kostenfreien Förderunterricht. Die zukünftigen Lehrer haben die Möglichkeit, wertvolle praktische Erfahrungen im Umgang mit heterogenen Schülergruppen zu gewinnen und Unterrichtsmethoden zu erproben. Auf ihren Unterrichtseinsatz werden sie von ihrer Hochschule in Lehrveranstaltungen, die den methodisch-didaktischen Umgang mit Deutsch als Zweitsprache-Lernern behandeln, intensiv vorbereitet und begleitet. Das Projekt wird somit an jedem Standort durch die Hochschule und weitere Kooperationspartner (z.B. RAAs, Stadt, Vereine, Stiftungen) unterstützt." (Stiftung Mercator 2012)

Mercator-Institut für Sprachförderung und Deutsch als Zweitsprache

derkräfte unterstützt (vgl. hierzu auch Stiftung Mercator (2010)). Erwähnt werden soll hier außerdem das von der Stiftung initiierte und über zwei Förderphasen (2012 – 2017, 2018 – 2022) geförderte Mercator Institut für Sprachförderung und Deutsch als Zweitsprache, ein Institut der Universität zu Köln, das die Zielsetzung verfolgt, „sprachliche Bildung und die Sprachförderung entlang des gesamten Bildungswegs" zu verbessern (https://verwaltung.uni-koeln.de/forschungsmanagement/content/grossprojekte/bundes___landesgefoerderte_projekte___stiftungen/stiftungen/mercator/index_ger.html [19.03.2022]).

Das Projekt „Förderunterricht" ist als besonders nachhaltig zu bewerten, da die Stiftung keine Einzelmaßnahmen unterstützte, sondern Bildungsallianzen an den Standorten finanziell förderte, d.h. die Kooperation von Hochschule (Lehrerausbildung), Vereinen, freien Trägern etc. Ein wichtiger Beitrag zur Verbesserung der Bildungschancen für Schüler:innen aus bildungsfernen Familien und Schüler:innen aus Familien mit Zuwanderungsgeschichte ist aber in erster Linie von einer stetigen Verbesserung der Qualität von Unterricht zu erwarten: Hierzu gehört generell eine durchgängige sprachsensible Gestaltung des Unterrichts, verbunden mit geeigneten Angeboten in Ausbildung, Fort- und Weiterbildung für Lehrkräfte aller Schulformen.

Dazu gehört aber – wie entsprechende Beobachtungen in der Zeit der Corona-Pandemie gezeigt haben (vgl. etwa Dohmen & Hurrelmann 2021) –, auch ein zielführender Einsatz von neuen Medien im Unterricht, wozu es neben einer entsprechenden technischen Ausstattung von Schulen, Lehrkräften und Schüler:innen ebenfalls geeigneter Angebote in Ausbildung, Fort- und Weiterbildung für Lehrkräfte aller Schulformen bedarf (Kaspar, Becker-Mrotzek, Hofhues et al. 2020, Rothland & Herlinger 2020, Schüller, Bulizek & Fiedler 2021).

Übung 07

> Bearbeiten Sie die folgende Aufgabe:
> Informieren Sie sich auf der Homepage des Mercator Instituts für Sprachförderung und Deutsch als Zweitsprache über aktuelle Projekte, die besonders auch Kindern und Jugendlichen aus Familien mit Zuwanderungsgeschichte und Kindern und Jugendlichen aus bildungsfernen Familien zugute-

kommen. Nutzen Sie dafür die folgende Internetquelle: https://www.mercator-institut-sprachfoerderung.de/

Lehrwerke und Unterrichtsmaterialien für Deutsch als Zweitsprache

Rolle des Lehrwerks

Wir haben in Kapitel 3 bereits gesehen, dass sich die Auswahl von methodischen Ansätzen, Arbeits- und Sozialformen, Lerninhalten etc. generell an den Bedürfnissen der Lernenden orientieren sollte. In diesem Gefüge nimmt das Lehrwerk bzw. das Lehrmaterial eine zentrale Rolle ein. Über das Lehrwerk/Lehrmaterial sollen Lernziele realisiert werden, es ist Träger des Lernstoffes, der in bestimmter Weise aufbereitet ist. Mit dem Lehrmaterial wird aber auch Unterricht in Phasen gegliedert, werden Arbeits- und Sozialformen bestimmt. Schließlich wird das Lehrmaterial auch über unterschiedliche Medien vermittelt (vgl. Neuner 1994, 8). „Betrachtet man das Unterrichtsgeschehen näher, dann wird deutlich, dass das Lehrwerk [das Lehrmaterial] zwischen dem Lehrplan (fachdidaktische und fachmethodische Konzeption), der Lehrsituation (institutionelle Bedingungen/Lehrer) und den Lernenden bzw. der Lerngruppe vermittelt" (Neuner 1994,9). Die Auswahl des Materials ist also stets von der konkreten Konstellation in einer bestimmten Unterrichtssituation bzw. einer bestimmten Sprachfördermaßnahme abhängig. Ein Intensivkurs im Rahmen einer Internationalen Vorbereitungsklasse kann – je nach Zusammensetzung der Gruppe – ein marktgängiges Lehrwerk einsetzen. Ein Förderunterricht, der zwei Nachmittagsstunden pro Woche umfasst, ist vielleicht mit einem modularisierten Material besser bedient.

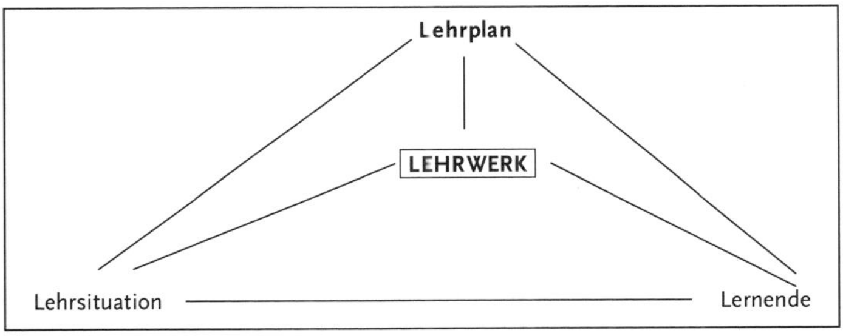

Abb. 13 Stellung des Lehrwerks im Gesamtgefüge von Unterricht (Neuner 1994, 9)

Lehrmaterialien und Unterrichtswerke DaF und DaZ

Lehrmaterialien und Unterrichtswerke Auslandsschulen

Lehrmaterialien und Unterrichtswerke des Goethe Instituts

Angebote im Internet

Für die Zielgruppe der Schüler:innen, die sich Deutsch-als-Zweitsprache im schulischen Kontext aneignen, gibt es zunehmend Materialien auf dem Markt, wenn auch nicht in vergleichbarem Umfang wie für Deutsch als Zweitsprache in der Erwachsenenbildung oder für Deutsch als Fremdsprache. Mit „Intro Deutsch als Zweitsprache“ liegt beispielsweise ein kurstragendes Lehrwerk speziell für Vorbereitungsklassen vor, in dem das Konzept eines fachsensiblen Sprachunterrichts umgesetzt wurde (vgl. Kniffka/Neuer 2017). Im Bereich der additiven Sprachförderung DaZ finden sich zahlreiche, teilweise hoch differenzierte Materialien. Die Lücken im Bereich der Alphabetisierung für Seiteneinsteiger:innen mit anderer Erstschrift als der lateinischen werden inzwischen gefüllt (vgl. z.B. Feldmeier Garcia 2019). Eine neuere Entwicklung stellen Materialien zur Unterstützung von DaZ-Lernenden im Regelunterricht dar, etwa für das Fach Mathematik oder den naturwissenschaftlichen Unterricht (vgl. www.westermann.de). Für den Bereich der Berufsschulen liegen ebenfalls Materialien vor, die die sprachliche Bildung in verschiedenen Berufsfeldern zum Gegenstand haben (vgl. die Reihe „Berufsdeutsch“ unter www.cornelsen.de). Auch das Goethe Institut bietet – teilweise in Kooperation mit Schulbuchverlagen – interessante und anregungsreiche Materialien an (vgl. www.goethe.de).

Lehrende, die aktuelle Themen in ihren DaZ-Unterricht integrieren wollen oder die nach weiteren differenzierenden Materialien suchen, finden ein reiches Angebot im Internet. Nahezu alle Verlage, die Deutsch als Fremd- und Zweitsprache in ihrem Programm haben, bieten auf ihren Homepages Zusatzmaterialien zu den einzelnen Lehrwerken als Download oder online an, vielfach kostenfrei. Anregungen für Projektarbeit, Deutschkurse, sehr aktuelle Materialen – beispielsweise langsam vorgetragene Nachrichten – finden Lehrende auch auf den Seiten der Deutschen Welle: https://learngerman.dw.com/de/deutsch-lernen/s-9095 unter „Deutschkurse“. Für berufssprachlichen Deutsch-als-Zweitsprachenunterricht finden sich zahlreiche Anregungen und Materialien bei der Fachstelle für berufsbezogenes Deutsch: https://www.netzwerk-iq.de und www.deutsch-am-arbeitsplatz.de

Übung 08

> Bearbeiten Sie die folgende Aufgabe:
> Verschaffen Sie sich einen Einblick in das Online-Angebot der Deutschen Welle, das für den Einsatz im Deutsch als Fremdsprache- / Zweitsprache-Unterricht geeignet ist.

Zusammenfassung und Ausblick

Wir haben gesehen, dass es eine Vielzahl von Maßnahmen gibt, um DaZ-lernende Schüler:innen in ihrem Zweitspracherwerbsprozess zu unterstützen. Solche Maßnahmen sind sowohl im institutionellen Rahmen (Schule) zu finden als auch im außerschulischen Bereich. Eine neuere Tendenz ist es, die Sprachförderung von Schüler:innen mit der Ausbildung von Lehrkräften zu verknüpfen. Hierbei wird kurzfristig den DaZ-Lernenden geholfen, langfristig kann aber auch über eine modifizierte, stärker praxisorientierte Ausbildung die Qualität von Unterricht im Bereich Sprachförderung und sprachliche Bildung verbessert werden.

4.3 Projektorientierte Sprachförderung

Ein gesonderter Abschnitt soll im Folgenden der projektorientierten Sprachförderung gewidmet sein, da in den letzten Jahren zunehmend Sprachfördermaßnahmen auch in Form von Projekten durchgeführt werden. Projektarbeit zählt zu den offenen Unterrichtsformen. Sie ist in der Regel themenbasiert und stark ergebnisorientiert, d.h. am Ende eines Projektes sollte ein Produkt stehen, welches in einer bestimmten Weise präsentiert wird. Dabei kann es sich um eine Theateraufführung handeln, eine Ausstellung von Bildern oder sonstige künstlerische Arbeiten. Es kann ein Bericht entstanden sein, ein (dig tales) Märchen- und Geschichtenbuch, eine Bildschirmpräsentation, ein Podcast oder ein Videofilm.

Projektarbeit – eine offene Unterrichtsform

„Projektunterricht bezeichnet eine offene und themenzentrierte Unterrichtsform, die ein hohes Maß an Selbstverantwortung und Mitbestimmung der Lernenden erlaubt. Themen- und Problemkonkretisierung sowie Planung der einzelnen Aktionsphasen resultieren aus einem gemeinsamen Aushandlungsprozess, der sowohl Raum für die Entfaltung von Lernerinteressen lässt als auch für die pädagogisch-fachdidaktisch begründeten Vorschläge des Lehrers. Der gemeinsam entwickelte Projektplan zur Bearbeitung des Themas/der Aufgabe gibt dem Lernprozess zwar die Orientierung, kann jedoch als Resultat regelmäßiger Reflexionsphasen modifiziert werden. Trotz einer klaren Prozessorientierung gilt den von den Lernern ‚hergestellten' Produkten gleichfalls große Aufmerksamkeit. Ferner ist die Forschungsorientierung als wichtigstes Merkmal zu nennen: Themen und Sachverhalte werden forschend angegangen und arbeitsteilig bearbeitet, weshalb auch die Präsentation und Evaluation arbeitsteilig gewonnener Erkenntnisse zu den Merkmalen von Projektunterricht gehören. Wegen des praktisch-handelnden Zugriffs auf Themen, Gegenstände und Fragestellungen (seiner Handlungsorientierung) soll er zur Überwindung historisch verfestigter Trennung von Schule und Leben beitragen. Durch die interdisziplinäre Vernetzung der Themen wird ferner eine Aufhebung der Partialisierung der Schulfächer angestrebt.“ (Legutke 2003, 259f.)

Merkmale von Projektarbeit

Projektarbeit ermöglicht – auch im DaZ-Erwerbskontext – ein höheres Maß an realen, authentischen Kommunikationssituationen für die Lernenden als andere Unterrichtsformen, was im Sinne des kommunikativen Ansatzes wünschenswert ist, da der Spracherwerbsprozess so gut unterstützt werden kann (vgl. Kap. 3). Charakteristische Merkmale der Projektarbeit wie etwa Handlungsorientierung, Lernendenautonomie/selbstgesteuertes Lernen und kooperative Arbeitsformen kommen modernen Vorstellungen von Sprachunterricht entgegen. Jedoch muss konstatiert werden, dass Projektarbeit in der Schule – auch im DaZ-Erwerbskontext – u.a. aus strukturellen und organisatorischen Gründen nicht immer leicht realisierbar ist: „[sie kollidiert] bis heute mit institutionellen Zwängen der Regelschule (Fachgliederung, Zeitbudgets) und Vorstellungen über den Lehrgangscharakter des Fremdsprachenunterrichts" (Legutke 2003, 261). Im Rahmen von Projektarbeit lassen sich neben den oben genannten Prinzipien der Handlungs- und Lernendenorientierung sehr gut die Aufgaben- und Inhaltsorientierung verwirklichen, über kooperative Arbeitsformen wie die Teamarbeit kann die Interaktionsorientierung realisiert werden, da im Team vielfältige Aushandlungsprozesse stattfinden. Nicht zuletzt bietet die Projektarbeit vielfältige Möglichkeiten, die sprachlichen Ressourcen der Lerner:innen zu nutzen und somit dem Prinzip der Mehrsprachigkeitsorientierung zu genügen.

Ablaufschema von Projekten

Projekte sind auf der anderen Seite, insbesondere für die Lehrenden, sehr arbeitsintensiv in der Vorbereitung und Durchführung und bedürfen einer sorgfältigen Planung. Folgendes Ablaufschema lässt sich ganz allgemein für Projekte angeben (vgl. dazu Legutke/Thomas 1997, 169–181; Legutke 2003, 261):

- Projektidee und Themenfindung, evtl. gemeinsam mit der Lerngruppe
- Erarbeitung eines Projektplanes, der u.a. die einzelnen Lernphasen mit den jeweiligen Aufgaben und Übungen enthält. Zu den Aufgaben gehören auch solche, die auf bestimmte Projektaufgaben vorbereiten. Wenn Lernende beispielsweise zur Informationsbeschaffung Telefonate führen müssen, sollten diese sprachlich vorbereitet werden. Auch die Präsentation der Arbeitsgruppenergebnisse muss sprachlich erarbeitet werden.
- Durchführung der einzelnen Phasen
- Präsentation der Ergebnisse
- Evaluation des Projektes (Prozess- und Produktevaluation)

Projektkompetenz von Lehrenden

Bei der Planung eines Projektes ist dringend zu berücksichtigen, ob und inwieweit die Lernenden in der Lage sind, selbstständig und eigenaktiv zu arbeiten oder ob eine stärkere Steuerung durch die Lehrenden notwendig ist. Lehrende sollten über eine gewisse „Projektkompetenz" verfügen: Zunächst sind sie gefordert, curriculare Anforderungen mit dem Projektplan in Übereinstimmung zu bringen. Sie sollten darüber hinaus fachliche Kompetenz bezüglich des Projektthemas besitzen – vor allem aber sollten sie „die methodischen, gruppendynamischen sowie lernstrategischen Voraussetzungen für selbstbestimmtes Lernen bereitstellen können" (Legutke 2003, 262). Außerdem sollten Lehrende den Lernprozess ihrer Lernenden beobachten, eventuell auftretende Schwierigkeiten diagnostizieren und flexibel darauf reagieren können. Diese knappen Ausführungen machen deutlich, dass Projektarbeit einerseits eine Reihe von Vorteilen für die Sprachförderung mit sich bringt, dass sie andererseits aber eine anspruchsvolle Unterrichtsform ist, die sorgfältiger Vorbereitung bedarf.

Vorteile von Projektarbeit in der Sprachförderung

Kooperative Lernformen

Binnendifferenzierung und Lernendenorientierung

Szenariodidaktik

Projektarbeit eignet sich sehr für intensive Sprachfördermaßnahmen, insbesondere auch bei heterogenen Lernendengruppen. Kooperative Lernformen lassen verschiedene Konstellationen von Lernenden zu, z.B. können stärkere Lernende mit schwächeren zusammenarbeiten und diese unterstützen. Es können aber auch leistungshomogenere Gruppen gebildet werden, die Aufgaben unterschiedlichen Schwierigkeitsgrades bearbeiten. Eine weitere Möglichkeit wäre, Gruppen nach den Interessen oder Fähigkeiten der Lernenden zu bilden. So lassen sich Binnendifferenzierung und Lernendenorientierung relativ gut realisieren. Ein weiterer Vorteil von Projektarbeit ist, dass szenariodidaktische Ansätze verfolgt werden können. Die zeitlich andere Strukturierung von Projektarbeit ermöglicht die Vermittlung des Lernstoffes in sprachlich und fachlich integrierter Form; der Unterricht wird insgesamt ganzheitlicher angelegt, wodurch eine Motivationssteigerung und infolgedessen ein höherer Lernerfolg erreicht werden kann.

Sprachcamps und Ferienschulen

Seit einigen Jahren werden bundesweit Sprachcamps und Ferienschulen für Deutsch als Zweitsprache während der Ferien, meist während der Sommer- oder Herbstferien, angeboten. Bemerkenswert an einigen dieser Projekte ist, dass sie in Kooperation zwischen Schulen, Universitäten, Schulbehörden und Kommunen durchgeführt und mit der Lehramtsausbildung verknüpft werden. Das heißt, Lehramtsstudierende werden auf Projektarbeit vorbereitet und führen anschließend – unter Begleitung ihrer Ausbilder:innen – konkrete Einzelprojekte durch oder übernehmen Aufgaben in einem größeren Projekt. Sie erwerben auf diese Weise „Projektkompetenz" (Ballis & Spinner 2008).

Sprachförderung und Theaterpädagogik

Beliebt sind, insbesondere für Grundschulkinder, Projekte, in denen Sprachförderung und Theaterarbeit miteinander vereint werden. Durchgeführt wurden solche Camps beispielsweise von der Universität Hamburg („Hamburger TheaterSprachcamp“, Laackmann 2008) und der Universität zu Köln („Königinnen und Könige der Farben“, Weinrich 2008). Die Tage im Kölner Sprachfördercamp waren in der Regel aufgeteilt in Phasen mit dem Schwerpunkt Spracharbeit und Phasen mit dem Schwerpunkt Theaterarbeit. Am Ende dieser Ferienschule stand außerdem eine Theateraufführung auf dem Programm, zu der Angehörige und Interessierte eingeladen waren. Im Rahmen eines Forschungsprojekts im Forschungsbereich Erziehungswissenschaft und Bildungssysteme des Max-Planck-Instituts für Bildungsforschung wurde 2004 in Bremen ein Sommercamp, das „Jacobs Sommercamp“, durchgeführt, welches ebenfalls Spracharbeit und theaterpädagogische Arbeit miteinander verband. Das Ferienangebot richtete sich an Schüler:innen an Grundschulen (dritte Klasse, deutsche und nichtdeutsche Herkunftssprache) und wurde an 32 Bremer Grundschulen mit einem hohen Anteil an Schüler:innen aus Familien mit Zuwanderungsgeschichte beworben. Ziel dieser Arbeit war u.a. zu untersuchen, welchen Einfluss implizite Sprachförderung (etwa durch Schaffung „sprachintensiver Situationen“ und explizite Sprachförderung (Vermittlungsstrategien mit einem Fokus auf sprachliche Strukturen, Erklärung von Regeln und Anwendung) im Kontext einer Ferienschule mit Freizeitangeboten, theaterpädagogischem Angebot und Sprachunterricht auf die Entwicklung der Sprachkompetenz der Grundschulkinder hatte (Rösch 2006; Stanat, Baumert & Müller 2008). Zu Erfahrungen mit Feriencamps für die Sekundarstufe I im Rahmen des Mercator-Projekts „Förderunterricht für Schüler und Schülerinnen mit Migrationshintergrund der Sekundarstufe I“ in Berlin vgl. Rösch (2008), in Köln vgl. Linnemann & Stephany (2022).

Feriencamps für Grundschüler:innen: Jacobs Sommercamp

Feriencamps für Schüler:innen der Sekundarstufe I

In einem Ferienprojekt der Universität Augsburg im Jahr 2005 ging es ebenfalls darum, einerseits Wege zu finden, die Sprachförderung zu optimieren und andererseits Lehramtsstudierende mit Konzepten der Zweitsprachenvermittlung bekannt zu machen, die sich als besonders effektiv erwiesen haben. Dazu wählte man das amerikanische SIOP-Modell („Sheltered Instruction Observation Protocol“), vgl. Vogt (2010). Die Beobachtungsergebnisse aus der Sommerschule in Augsburg im Jahr 2005 zeigen, dass (1) sich die Arbeit mit dem SIOP-Modell im Vormittagsunterricht, in dem in Verbindung mit einer Lektüre („Emil und die Detektive“) Lesen, Schreiben, Sprechen und über Sprache nachdenken im Fokus standen, als be-

Augsburger Sommerschule: SIOP-Modell

sonders wirksam erwies bei Schüler:innen mit geringeren Deutschkenntnissen, leistungsstärkere Schüler:innen schienen dagegen mehr an der expliziten Vermittlung sprachlicher Strukturen interessiert; (2) dass die Arbeit in Workshops (Theater, Kunst, Spiele) im Nachmittagsunterricht zeigt, dass sich sprachliches und fachliches Lernen grundsätzlich gut und effektiv verbinden lassen, sofern (3) die studentischen Lehrkräfte über entsprechende Förderkompetenzen und Fördererfahrungen verfügen (Ballis & Schneider 2008).

Sprachbildung im Museum

Projekte, die Spracharbeit und Museumspädagogik miteinander verbinden, sind für den muttersprachlichen Unterricht schon seit geraumer Zeit dokumentiert (vgl. Boettcher 2020). Seit 2005 werden die Konzepte dieser Arbeit, u.a. an der Universität zu Köln, auf den Bereich Deutsch als Zweitsprache übertragen. In Zusammenarbeit mit dem museumspädagogischen Dienst wurde ein Projekt „Deutsch als Zweitsprache im Museum" geplant und durchgeführt. Wie bei den zuvor beschriebenen Projekten wurden Lehramtsstudierende zunächst ausgebildet und leiteten später eigene kleine Museumsprojekte zur Sprachförderung. Ziele des Projektes waren, mit Bezug auf die Lehrerausbildung, Kompetenzerweiterung im Bereich Sprachfördermaßnahmen; mit Bezug auf die Sprachförderung u.a. die Verbindung von sprachlichem und fachlichem Lernen sowie die Steigerung bzw. der Erhalt der Motivation zum Deutschlernen durch Lernen im außerschulischen Raum. Vor allem aber sollten die Lernenden in kreativer Weise an die Zweitsprache Deutsch herangeführt und beim Erwerb konzeptionell-schriftsprachlicher Kompetenzen unterstützt werden (Kniffka 2008). Einen vergleichbaren Ansatz verfolgt das Kooperationsprojekt „Sprache durch Kunst" der Universität Duisburg-Essen, das seit 2009 zwischen der Hochschule und dem Museum Folkwang besteht: https://www.uni-due.de/daz-daf/sprachedurchkunst (30.04.2022).

Kreatives Schreiben

Die Ausbildung konzeptionell-schriftsprachlicher Kompetenzen kann auch über „kreatives Schreiben" geleistet werden, das sich auch für die Zielgruppe der Zweitsprachenlernenden in besonderer Weise eignet:

Lernende können über Formate des kreativen Schreibens bereits in frühen Phasen des Zweitspracherwerbs sinnhafte Kurztexte produzieren (vgl. auch Böttcher 2021[10]). Dadurch wird die Schreibmotivation, so die Erfahrung aus diversen Museumsprojekten, deutlich erhöht, wie Kniffka (2008, 63ff.) mit Verweis auf Beispiele aus verschiedenen Unterrichtsprojekten von Studieren-

Kreatives Schreiben als Methode der Kompetenzentwicklung

Um vielfältige Schreibaufgaben bewältigen zu können, sollte sich der Schreiber sowohl produktiver als auch kreativer Schreibmethoden bedienen. In der Anwendung solcher Methoden wird die Verschriftlichung als eine der Situation angemessene Handlung begriffen, die Sprach- und Ausdrucksfähigkeit fördert. Viele der Methoden provozieren ein spontanes, ungelenktes Assoziieren und eröffnen damit die Sicht auf neue Ideen und Schreibansätze. Sie fördern die Flüssigkeit des Formulierens und haben einen starken Trainingseffekt. So ist es auch für die Entwicklung der epistemischen, d.h. wissensgenerierenden Schreibfähigkeiten sinnvoll, auch einmal ganz andere Formen des Schreibens zu üben (z.B. lyrische Texte, Gedichte schreiben). Kreatives Schreiben ist geprägt durch den Anregungscharakter seiner Methoden und die Betonung des Schreibprozesses mit seinen individuellen Bedingungen" (Becker-Mrotzek & Böttcher (2018, 173).

den mit Deutsch als Zweitsprache-Lernenden in Kölner Museen veranschaulicht. Hierzu zählt die Anleitung zur Abfassung von Elfchen zu Max Liebermanns Gemälde „Die Rasenbleiche" (1882), die von den Schüler:innen auch im Plenum vorgetragen wurden (Kniffka 2008, 67):

Kies-Knirschen
Wind bläst
Wasser Luft Häuschen
Zwei Frauen waschen Wäsche
Geräusche

Zum Erhalt bzw. zur Steigerung der Schreibmotivation trägt gerade auch in Projekten zum Deutsch lernen im Museum bei, wenn auch die geschaffenen eigenen Produkte einer Öffentlichkeit vorgestellt werden: So resultierte die Begegnung mit Produkten kunsthandwerklicher Arbeit in Verbindung mit einem Besuch im Museum für Angewandte Kunst in Köln u.a. in einem „Stuhl-Projekt". Das Projekt verknüpfte durchgängig Beobachtungsaufgaben mit sprachlichen und handwerklichen Aufgabenstellungen und schloss ab mit der Ausarbeitung des selbst geschaffenen Stuhlmodells und – bei den fortgeschritteneren Schüler:innen – mit der Abfassung eines Märchens, in dem dieser Stuhl eine Rolle spielen sollte (Kniffka 2008, 67ff.).

Verknüpfung sprachlicher und handwerklicher Aufgaben

Zusammenfassung

Wir haben in diesem Abschnitt gesehen, dass Projektarbeit vielfältige Möglichkeiten bietet, Sprachfördermaßnahmen – vor allem im außerschulischen Raum – anregend und motivierend zu gestalten. Wir haben einige Beispiele für Projektarbeit in Verbindung mit Theater-, Literatur- und Museumspädagogik vorgestellt. In Verbindung mit Musik, Tanz, Technik, Naturwissenschaften etc. gibt es weitere interessante Möglichkeiten, zugewanderte Kinder und Jugendliche an die deutsche Sprache heranzuführen und sie ihren Neigungen und Begabungen entsprechend zu fördern (vgl. Bryant/Zepter 2022).

Testfragen

01 Wodurch unterscheiden sich formelle Sprachtests von informellen?

02 Welches sind – in der klassischen Testtheorie – die Hauptgütekriterien von Tests?

03 Was kann man tun, um die Qualität informeller Tests zu gewährleisten?

04 Wie sollte die Literacy-Förderung im Rahmen der Elementar-Erziehung gestaltet werden?

05 Für welche Zielgruppen sind die Beobachtungsverfahren SISMIK und SELDAK jeweils entwickelt worden?

06 Was ist unter einer „spezifischen Sprachentwicklungsstörung" zu verstehen?

07 Sollte man sich im frühen Zweitspracherwerb uneingeschränkt auf die eigenaktive Hypothesenbildung der Lernenden bei der Sprachförderung verlassen und sich darauf beschränken, den Lernenden allein ein sprachanregungsreiches Umfeld anzubieten, in das diese gewissermaßen „eintauchen" können, ohne „unterzugehen"?

08 Was zeichnet das „Sächsische Integrationsmodell" gegenüber anderen schulorganisatorischen Modellen in der Bundesrepublik Deutschland aus?

09 Welche Kenntnisse und Fähigkeiten umfasst Ihrer Ansicht nach „Projektkompetenz von Lehrenden"?

10 Welche Vorteile hat Projektarbeit im Rahmen von Sprachförderung?

5 Lernen in zwei Sprachen – interkulturelle Kommunikation

Im folgenden Kapitel werden Konzepte vorgestellt, die sich im Rahmen einer Didaktik der Mehrsprachigkeit ausdrücklich sowohl die Förderung der deutschen Sprache als Landessprache als auch die Förderung weiterer Sprachen zum Ziel gesetzt haben. Das gilt etwa für die schulische Förderung der deutschen und weiterer, in der Familie gesprochenen Sprachen von lebensweltlich mehrsprachig aufwachsenden Kindern und Jugendlichen aus Familien mit Zuwanderungsgeschichte: Das Angebot von Unterricht in der deutschen Sprache – für diese Zielgruppe häufig als Deutsch als Zweitsprache-Unterricht bezeichnet – sowie Unterricht in den in den Familien gesprochenen Sprachen – für diese Zielgruppe häufig als Herkunftssprachlicher Unterricht (HSU) oder Muttersprachlicher Ergänzungsunterricht (MEU) bezeichnet – wird für die genannte Zielgruppe auch mit der Bedeutung guter erstsprachlicher Kompetenzen für einen erfolgreichen Erwerb weiterer Sprachen begründet. Als wichtige Grundlage für einen solchen Erfolg gilt dabei die koordinierte Förderung literaler Kompetenzen in zwei Sprachen, beginnend mit der Vermittlung basaler literaler Kompetenzen im Anfangsunterricht im Lesen und Schreiben. Während dieses Angebot zunächst speziell für Kinder aus Zuwandererfamilien entwickelt wurde, wurde der bilinguale Unterricht (BIU) in Deutschland zunächst für einsprachig mit der Erstsprache Deutsch aufwachsende Schüler:innen entwickelt, mit dem Ziel, diesen zusätzlich eine fundierte Kompetenz in einer Schulfremdsprache als ‚Partnersprache' und in Verbindung damit eine besondere Kompetenz im Umgang mit der jeweiligen ‚Partnerkultur' zu vermitteln. Inzwischen werden an solche bilingualen Angebote neue Erwartungen gerichtet, insofern hier ein- und mehrsprachig aufwachsende Schüler:innen gemeinsam in zwei Sprachen unterrichtet werden sollen. Aber auch an den gemeinsamen Deutschunterricht mit Schüler:innen deutscher und anderer Erstsprachen werden neue Erwartungen gerichtet: Es wird für die Entwicklung einer ‚Kultur der Mehrsprachigkeit' im Deutschunterricht plädiert, die die Aufmerksamkeit auf verschiedene Sprachen und Kulturen lenkt und so außer sprachlichen Kompetenzen im engeren Sinne auch ‚language awareness' und ‚cultural (self) awareness' fördern soll.

5.1 Interkulturelle Bildung und Mehrsprachigkeit

Interkulturelle Germanistik, Kulturwissenschaften und Interkulturalität

Die Zusammenarbeit in sprachlich und kulturell heterogenen Gruppen ebenso wie ein vorübergehendes oder dauerhaftes Zusammenleben in sprachlich und kulturell heterogenen Gemeinschaften verlangt von allen ihren Mitgliedern besondere sprachliche und kulturelle Kompetenzen. Dies gilt sowohl für grenzüberschreitende Kontakte als auch für Kontakte zwischen Individuen und Gruppen innerhalb eines Landes. Diese Einsichten sind nicht neu. Auf grenzüberschreitende Kontakte aus beruflichen Gründen, im Rahmen des Studiums, einer Ausbildung oder im Rahmen von Austauschprogrammen wird seit Langem gezielt mit Hilfe von Sprachkursen, landeskundlichen Seminaren und interkulturellen Trainingsprogrammen vorbereitet. Sprachkurse, landeskundliche Seminare oder interkulturelle Trainingsprogramme dienen aber nicht nur der Vorbereitung auf einen Auslandaufenthalt oder der weiteren Qualifizierung während eines Aufenthalts im fremden Land. Sie können auch mit dem Ziel einer Qualifizierung für eine Mittlertätigkeit zwischen Kommunikationspartner:innen im eigenen Land dienen, deren unterschiedliches sprachliches und kulturelles Wissen ein besonderes (Konflikt-)Potenzial birgt.

Außenperspektive

Mit der ‚interkulturellen Germanistik' hat sich eine auch außerhalb des deutschen Sprachraums aktive wissenschaftliche Teildisziplin entwickelt, die sich gezielt der Beschäftigung mit den genannten Fragestellungen widmet, wobei hier zunächst die ‚Außenperspektive', d.h. die Beschäftigung mit grenzüberschreitenden Kontakten, deutlich überwiegt (Wierlacher & Bogner 2003). Mit Blick auf das mit dieser ‚Außenperspektive' verbundene Ziel der Vermittlung landeskundlicher Kompetenzen werden allerdings bereits seit Langem die mit dem Konzept ‚Landeskunde' – bzw. ‚area studies' im angelsächsischen Sprachraum – zunächst verbundenen Vorstellungen von „Landeskunde als ‚Landeswissenschaft'" und Kulturräumen als „kulturell relativ homogene Räume" sowie die „Vernachlässigung oder völlige Ausblendung interkultureller Fragestellungen" kritisiert (Lüsebrink 2008, 310f.). Als Schwerpunkte interdisziplinärer Forschung zur Interkulturellen Kommunikation nennt Lüsebrink (2008, 312ff.) Interkulturelle Interaktionsprozesse, Prozesse des Kulturtransfers, Phänomene der Fremdwahrnehmung sowie verschiedene Formen der Interkulturalität.

Formen der Interkulturalität

„Formen der interkulturellen Kommunikation, sowohl der Interaktion wie auch des Kulturtransfers, ziehen in den beteiligten Kulturen vielfältige Formen der produktiven kulturellen und sprachlichen Aneignung und damit kulturelle Mischung nach sich, die in der interkulturellen Lehre und Forschung in den letzten Jahrzehnten auf wachsende Aufmerksamkeit gestoßen sind. Diese lassen sich übergreifend als Formen der Interkulturalität bezeichnen. In der kulturwissenschaftlichen Diskussion werden sie mit sehr unterschiedlichen Begriffen gefasst, unter denen vor allem Métissage, ‚Transkulturalität', ‚Hybridität', ‚Kreolisierung', (Neo-)Baroque und Third Sprace/‚Dritter Raum' zu nennen sind." (Lüsebrink2008, 322)

Postkoloniale Theoriebildung

Dabei diskutiert Lüsebrink auch die in der kulturwissenschaftlichen Forschung zunächst kolonial geprägte Terminologie und geht ausführlich auf die postkoloniale Theoriebildung und die Neuperspektivierung zunächst kolonial geprägter Begriffe wie „Métissage", „Hybridité", „Néo-Baroque" und „Créolité" ein (Lüsebrink 2008, 322ff., vgl. auch Lüsebrink 2012, 15ff.).

Die Entwicklung einer Interkulturellen Pädagogik

Ausländerarbeit, Ausländerpädagogik

Gogolin & Krüger-Potratz (2020, 144f.) stellen kritisch fest, dass zunächst in den Teildisziplinen der Erziehungswissenschaft/Pädagogik wie der Vergleichenden Erziehungswissenschaft, der Allgemeinen Pädagogik, der Schulpädagogik oder der Sozialpädagogik nicht darüber nachgedacht wurde, „welche Folgen mit der Arbeitsmigration und anderen Migrationsbewegungen für Bildung und Erziehung verbunden sind". Den mit der Arbeitsmigration seit den 1960er Jahren verknüpften Anforderungen für Bildung und Erziehung versuchte man vielmehr zunächst praxisnah mit (sozial-)pädagogischen Maßnahmen in ‚Ausländerarbeit' bzw. ‚Ausländerpädagogik' zu begegnen, was erst später auch zu entsprechenden

Spezialisierungen in der Erziehungswissenschaft/Pädagogik führte (Gogolin & Krüger-Potratz 2020, 145f.).

Interkulturelle Pädagogik

Das wissenschaftliche Interesse in der Erziehungswissenschaft/Pädagogik am Umgang mit sprachlicher und kultureller Heterogenität speziell im Bildungswesen, das aus diesen Aktivitäten erwuchs und zur Entwicklung einer Interkulturellen Pädagogik führte, setzte erst mit einem gewissen Zeitversatz gegenüber dem Beginn des Zuzugs von angeworbenen ausländischen Arbeitskräften und deren Familienangehörigen seit Beginn der 1960er Jahre ein. In der Forschung überwog dabei zunächst die Binnenperspektive, wiederum mit einem besonderen Fokus auf das Praxisfeld Schule. Erst seit Beginn der 1990er Jahre wird die Forschung hier um eine international-vergleichende Perspektive erweitert (Auernheimer 1996, 168). Dabei spielt auch hier die kritische Auseinandersetzung mit Kulturbegriffen eine zentrale Rolle (Auernheimer 2016, 76ff.). Der Diskussionsverlauf in diesem Forschungsgebiet wird in einführenden Darstellungen und in Handbüchern häufig in Phasen eingeteilt, wissenschaftstheoretisch und wissenschaftshistorisch kann hier auch von Paradigmen und Paradigmenwechseln gesprochen werden, was allerdings keinen geradlinigen Verlauf implizieren muss (Allemann-Ghionda 1997, Auernheimer 2016, 38ff., Krüger-Potratz 2018, 186ff., Gogolin & Krüger-Potratz 2020, 144ff.).

Binnenperspektive

International-vergleichende Forschung

Allemann-Ghionda (1997) unterscheidet vier aufeinander folgende Paradigmen der Auseinandersetzung mit sprachlicher und kultureller Heterogenität in Pädagogik und Minderheitenforschung: 1. ‚Ausländerpädagogik', 2. ‚Interkulturelle Pädagogik', 3. ‚Kritik an der interkulturellen Pädagogik' und 4. ‚Pädagogik der soziokulturellen Vielfalt'. Im Sinne einer besseren Systematik sollte man in diesem Modell allerdings von drei Paradigmen sprechen: der Ausländerpädagogik, der interkulturellen Pädagogik sowie der Pädagogik der soziokulturellen Vielfalt.

Paradigmenwechsel

Die Weiterentwicklung eines Paradigmas ebenso wie die Ablösung eines Paradigmas durch ein anderes (Paradigmenwechsel) wird jeweils durch eine Phase der kritischen Auseinandersetzung mit Inhalten und Zielen des (vorangehenden) Paradigmas eingeleitet: So entwickelt sich zunächst auch die Interkulturelle Pädagogik in Auseinandersetzung mit Zielen und Inhalten des zeitlich früheren Paradigmas der ‚Ausländerpädagogik' (vgl. auch Auernheimer 1996 und 2016). Der folgende Überblick über die drei genannten Paradigmen beschränkt sich auf aus der Sicht der einschlägigen Forschung wesentliche Zielsetzungen sowie zentrale Aspekte der Kritik, die zur Entwicklung des jeweils folgenden Paradigmas überleiteten. Die ‚Ausländerpädagogik' zeichnete sich nach Ansicht ihrer Kritiker durch eine geringe Bereitschaft aus, sprachliche und kulturelle Unterschiede zu akzeptieren. Als vordringliches Ziel sah sie die Förderung von Kindern aus Familien mit Migrationshintergrund in der Zweitsprache Deutsch an, um eine schnelle Eingliederung dieser Kinder in das Schulsystem für die Dauer ihres Aufenthaltes in Deutschland zu ermöglichen. Herkunftssprachlicher Unterricht sollte in erster Linie dem Ziel dienen, den Schulerfolg der Kinder im Falle einer Rückkehr der Familie in das Herkunftsland nicht durch mangelnde Sprachkenntnisse zu gefährden. Aufgrund dieser Zielsetzungen wurde die Ausländerpädagogik kritisiert als defizitorientiert, kompensatorisch und assimilationistisch: Es ginge ihr vornehmlich um eine Anpassung ihrer Zielgruppe an geltende Normen durch ein Förderangebot, das für den Aufenthalt in Deutschland unzureichende sprachliche und kulturelle Kompetenzen ausgleichen solle. Die vorhandenen sprachlichen und kulturellen Kompetenzen der zugewanderten Schüler:innen interessierten – so die Kritik – die Schule kaum, im Fokus stünden vielmehr die Defizite der Kinder und Jugendlichen (Allemann-Ghionda 1997, vgl. auch Auernheimer 1996, 5ff. und 2016, 38ff.).

Ausländerpädagogik

Den Paradigmenwechsel hin zu einer auf sprachliche und kulturelle Diversität ausgerichteten interkulturellen Pädagogik datiert Auernheimer (1996, 8ff. und 2016, 41ff.) auf den Beginn der 1980er Jahre: Deutlich wurde jetzt, dass der Aufenthalt vieler Familien ausländischer Arbeitnehmer:innen inzwischen auf Dauer angelegt wurde und dass Deutschland damit de facto zum Einwanderungsland geworden war. Als vordringliches Ziel einer interkulturell ausgerichteten Erziehung wurde jetzt die Förderung der interkulturellen Kompetenz aller Schüler:innen angesehen, das Ziel einer sprachlichen Förderung der Kinder aus zugewanderten Familien trat demgegenüber zunächst in den Hintergrund. Aufgabe des Unterrichts in allen Fächern sollte es sein, bei allen Schüler:innen ein Interesse an anderen Sprachen und Kulturen zu wecken. Dabei sollten die Sprachen und Kulturen der Herkunftsländer der zugewanderten Familien – von Einwanderung war zu diesem Zeitpunkt noch kaum die Rede – in besonderer Weise berücksichtigt werden. Auch der herkunftssprachliche Unterricht sollte nun anderen Zielen dienen: insbesondere der Wahrung und Entwicklung einer eige-

Interkulturelle Pädagogik und Pädagogik der Vielfalt

nen sprachlichen und kulturellen Identität verbunden mit der Möglichkeit, eine dauerhafte Verbindung zum Herkunftsland zu bewahren (Allemann-Ghionda 1997, Auernheimer 1996, 10 und 2016, 42). Einen weiteren Paradigmenwechsel macht Allemann-Ghionda (1997) in den 1990er Jahren aus: Kritisiert wird hier mit Blick auf die Interkulturelle Pädagogik eine zu starke Fokussierung auf kulturelle gegenüber anderen Formen von Diversität. Grundsätzlich wird jetzt für eine Akzeptanz der Vielfalt von Lebenswelten und Standpunkten eingetreten. Im Fokus einer Pädagogik der Vielfalt sollten dabei auch weitere Facetten von Diversität stehen: Sozio-ökonomische und genderspezifische Aspekte etwa müssten hier ebenso Berücksichtigung finden wie sprachliche und kulturelle Aspekte (Allemann-Ghionda 1997). Andere Autor:innen sehen hier allerdings keinen Paradigmenwechsel, sondern eine Weiterentwicklung einer auf sprachliche und kulturelle Diversität ausgerichteten Interkulturellen Pädagogik, die durch die Anerkennung vielfältiger Formen von Differenz geprägt ist (Gogolin & Krüger-Potratz 2020, 149).

Facetten von Diversität

1. **Ausländerpädagogik**
   - Geringe Akzeptanz für sprachliche und kulturelle Diversität
   - Schwerpunkt der Förderung: Deutsch als Zweitsprache
   - Kritisiert wird die Ausländerpädagogik als assimilationistisch, kompensatorisch und defizitorientiert
2. **Interkulturelle Pädagogik**
   - Hohe Akzeptanz für sprachliche und kulturelle Diversität
   - Schwerpunkt: Förderung der interkulturellen Kompetenz, Unterstützung der Entwicklung von Zwei- bzw. Mehrsprachigkeit
   - Kritisiert wird die interkulturelle Pädagogik für ihre starke Ausrichtung auf kulturelle Unterschiede und die Vernachlässigung anderer Dimensionen von Diversität speziell der sozio-ökonomischen Dimension
3. **Interkulturelle Pädagogik als Pädagogik der Vielfalt**
   - Akzeptanz der Vielfalt der Lebenswelten und Standpunkte
   - Schwerpunkt: Berücksichtigung verschiedener Formen von Diversität (sprachliche, kulturelle, sozio-ökonomische, geschlechtsspezifische usw.)

Abb. 14 ‚Ausländerpädagogik', Interkulturelle Pädagogik und Pädagogik der Vielfalt

Interkulturelle Pädagogik

„Die Interkulturelle Pädagogik versteht sich dementsprechend zum einen als eigenständige Fachrichtung, spezialisiert auf Fragen des Umgangs mit sprachlicher, kultureller, ethnischer, nationaler sowie sozialer Heterogenität in allen Bereichen von Bildung und Erziehung. Zum anderen versteht sie sich als ein interdisziplinäres Arbeits- und Forschungsfeld mit engem Bezug zu entsprechenden Spezialisierungen in anderen Disziplinen." (Gogolin & Krüger-Potratz 2020, 150)

Sprache und Mehrsprachigkeit im Fokus der Interkulturellen Pädagogik

Lebensweltliche Mehrsprachigkeit

Für die Interkulturelle Pädagogik ist „ein weites kultur- und sozialwissenschaftlich geprägtes Verständnis" von Sprache und Mehrsprachigkeit leitend, der Fokus soll dabei auf für Erziehungs- und Bildungsprozesse relevanten Fragestellungen liegen (Gogolin & Krüger-Potratz 2020, 181). Ein besonderes Interesse gilt dabei auch dem „Sprachbesitz mehrsprachiger Kinder in der multikulturellen Gesellschaft", der als „lebensweltliche Mehrsprachigkeit" charakterisiert wird. Diese entwickelt sich im Kontakt mit Familien- und Umgebungssprache(n) in Abhängigkeit von sozialen Beziehungen, Sprachpraktiken, Medienkonsum usw. (Gogolin & Krüger-Potratz 2020, 197f., vgl. auch Gogolin 2008).

Allerdings stand in aus öffentlichen Mitteln geförderten Großprojekten wie FörMig (*Förderung von Kindern und Jugendlichen mit Migrationshintergrund*, Laufzeit 2004–2009) und BiSS (*Bildung durch Sprache und Schrift*, Laufzeit 2013–2020) nicht die Förderung der Mehrsprachigkeit dieser Schüler:innen unter Berücksichtigung der Herkunftssprachen, sondern die Förderung der deutschen Sprache, speziell die Förderung bildungsrelevanter sprachlicher Kompetenzen in der deutschen Sprache, im Fokus. „Sprachliche Bildung und Mehrsprachigkeit" steht dagegen in einem ebenfalls aus öffentlichen Mitteln geförderten Forschungsschwerpunkt (Laufzeit 1. und 2. Förderphase von 2013–2020) im Mittelpunkt (Gogolin & Duarte 2018, 71).

Integration – ressourcenorientiert

Einen Umbruch in der gesellschaftspolitischen Diskussion über die Förderung lebensweltlich mehrsprachiger Schüler:innen sehen Reich & Roth et al. (2002, 5) zu Beginn der 2000er Jahre. Sie verweisen hier auf politische Positionspapiere, in denen neben guten

Kompetenzen in der deutschen Sprache die mitgebrachten sprachlichen und kulturellen Kompetenzen von Migrant:innen als gesellschaftlich bedeutsame, weiterhin gezielt zu fördernde Ressourcen bewertet werden, wie die vorläufigen Empfehlungen des Forums Bildung der BLK für Bildungsplanung und Forschungsförderung „Förderung von Chancengleichheit" (2001) oder der Bericht der vom damaligen Innenminister Otto Schily eingesetzten Unabhängigen Kommission Zuwanderung „Zuwanderung gestalten – Integration fördern" (2001).

Zuwanderungsgesetz

Das Zuwanderungsgesetz aus dem Jahr 2002 wurde aus formalen Gründen vom Bundesverfassungsgericht für nichtig erklärt. In dem 2004 verabschiedeten und 2005 in Kraft getretenen „Gesetz zur Steuerung und Begrenzung der Zuwanderung und zur Regelung des Aufenthalts und der Integration von Unionsbürgern und Ausländern (Zuwanderungsgesetz)" wird in Kap. 3 „Förderung der Integration" als Ziel die Förderung der Integration „von rechtmäßig auf Dauer im Bundesgebiet lebenden Ausländern in das wirtschaftliche, kulturelle und gesellschaftliche Leben in der Bundesrepublik Deutschland" genannt (§ 43). „Eingliederungsbemühungen von Ausländern" werden durch ein „Grundangebot zur Integration (Integrationskurs)" unterstützt; diese verpflichtenden Kurse sollen „die Ausländer an die Sprache, die Rechtsordnung, die Kultur und die Geschichte in Deutschland heranführen" mit dem Ziel, „dass sie ohne die Hilfe oder Vermittlung Dritter in allen Angelegenheiten des täglichen Lebens selbständig handeln können" (§ 43).

Integrationskurse

Ein Hinweis auf die sprachlichen und kulturellen Kompetenzen von Migrant:innen als gesellschaftlich bedeutsame, auch von staatlicher Seite gezielt zu fördernde Ressourcen fehlt dagegen in diesem Gesetzestext. Van Avermaet et al. (2018) charakterisieren einen solchen Ansatz allerdings nicht als integrativ, sondern als assimilativ:

„Assimilation als staatsbürgerliches Ideal" (?)

„Education systems have mostly responded to the present climate of heightened linguistic diversity in polarized ways, which have left little room to negotiate and engage more fully with what it means to be a multilingual speaker in today's globalized world. The prevailing tendency has been to present assimilation as a civic ideal, with proficiency in the dominant language as its single and most important language learning outcome [...] How the language use of

multilingual minority pupils relates to learning processes and whether there can be any room for the multilingual learner's first language as a resource remains outside the picture." (Van Avermaet et al. 2018, 2)

Förderung lebensweltlicher Mehrsprachigkeit

Schon früh wird auch in bildungspolitischen Diskursen an Programmen zur Förderung der Mehrsprachigkeit von lebensweltlich mehrsprachigen Schüler:innen Kritik geübt. Hier geraten – auch mit Verweis auf gesellschaftliche Kontroversen in klassischen Einwanderungsländern wie den Vereinigten Staaten – der Unterricht in Herkunftssprachen und andere schulische Angebote zweisprachiger Bildung für diese Zielgruppe in den Fokus mit Schlagzeilen wie „Lieber gleich ins kalte Wasser" (Zimmer 1998), „Gefangen im Ghetto" (Spiewak 2000) oder „Sprachlos bunt" (Gaschke 2001). Solche Angebote dienten – so die Kritik – nicht der Integration von Schüler:innen mit Migrationshintergrund, sie würden deren Bildungserfolg vielmehr im Wege stehen oder zumindest keinen wesentlichen Beitrag dazu leisten. Van Avermaet et al. (2018, 1f.) konstatieren auch mit Blick auf die internationale Diskussion, dass das Sprachenrepertoire mehrsprachiger Schüler:innen in Schulklassen in multikulturellen Gesellschaften auch gegenwärtig zumeist noch als „insurmountable problem" und nicht als „pedagogical resource for learning and teaching" wahrgenommen wird, verweisen aber zugleich auf die Zunahme empirisch basierter internationaler Forschung zur Nutzung dieses Sprachenrepertoires in pädagogischen Kontexten (Van Avermaet et al. 2018, 1f.).

Kulturelle Vielfalt und die Diskussion um gemeinsame Grundwerte im Fokus der Interkulturellen Pädagogik

Differenzhypothese/ Defizithypothese

Von einer Pädagogik der Vielfalt in Einwanderungsgesellschaften wird zunehmend auch gefordert, die in diesen Gesellschaften „historisch herausgebildeten Deutungs- und Argumentationsmuster und Normalitätsverständnisse" kritisch zu reflektieren, um „Ansatzpunkte für Veränderungen und neue Konzepte zu identifizieren" (Gogolin & Krüger-Potratz 2020, 149). Kritik geübt wird dabei sowohl an einer Sicht auf Integration, die auf Zugewanderte als ‚die Anderen' ausgerichtet ist, deren Anders-Sein es zu respektieren und deren kulturelle Identität es zu bewahren gelte (Differenz-Hypothese), als auch an einer Sicht auf ‚die Anderen' als diejenigen, deren Anders-Sein es zu überwinden gelte, weil es ihrer Integration im Wege stehe (Defizit-Hypothese) (Gogolin & Krüger-Potratz 2020, 149). Im Zusammenhang mit der Diskussion um Integration zu Beginn der 2000er Jahre steht auch der Versuch einer Verständigung auf gemeinsame Grundwerte, auf die in der öffentlichen Diskussion zum Teil verkürzend als ‚deutsche Leitkultur' rekurriert wurde. In der weiteren Diskussion um „Sprachenlernen und Wertebildung im Kontext von Flucht und Migration" (Schmölzer-Eibinger, Akbulut & Bushati 2019) wird in Erweiterung dieser – kritisch reflektierten – (nationalen) Perspektive zum einen die Vermittlung „europäischer Werte" diskutiert (Boeckmann 2019) und es wird zum anderen gefordert, in diese Diskussion immer auch die universellen Menschenrechte einzubeziehen (Reithofer 2019).

Gemeinsame Grundwerte

Auf die universellen Menschenrechte, welche Gesetzgebung (Legislative), vollziehende Gewalt (Exekutive) und Rechtsprechung (Judikative) binden, bezieht sich auch Artikel 1 des Grundgesetzes für die Bundesrepublik Deutschland (GG), das am 8.Mai 1949 vom Parlamentarischen Rat verabschiedet wurde und am 23.5.1949 in Kraft trat:

Universelle Menschenrechte

„(1) Die Würde des Menschen ist unantastbar. Sie zu achten und zu schützen ist Verpflichtung aller staatlichen Gewalt. (2) Das Deutsche Volk bekennt sich darum zu unverletzlichen und unveräußerlichen Menschenrechten als Grundlage jeder menschlichen Gemeinschaft, des Friedens und der Gerechtigkeit in der Welt. (3) Die nachfolgenden Grundrechte binden Gesetzgebung, vollziehende Gewalt und Rechtsprechung als unmittelbar geltendes Recht."
(Grundgesetz für die Bundesrepublik Deutschland, Artikel 1)

Allerdings kann in einer global orientierten und zunehmend durch sprachliche und kulturelle Vielfalt geprägten Gesellschaft auch dieses Leitziel durchaus zu Konflikten führen, wie im Folgenden an einigen Beispielen gezeigt werden soll. Grundsätzlich setzt das Grundgesetz der geforderten Akzeptanz der Vielfalt der Lebenswelten und Sichtweisen, aufbauend auf den Erfahrungen der Weimarer Republik und dem Erstarken des Nationalsozialismus in dieser Zeit, eine klare Grenze mit dem Prinzip einer streitbaren, wehrhaften Demokratie: Grundrechte dürfen nicht zum Kampf gegen die Verfassung missbraucht werden (Art.18 GG). Zum anderen kann die Umsetzung von Verfassungsartikeln in geltendes Recht sowie in alltägliche Praxis durchaus konfliktträchtig sein: Art.3 GG, in dem es um die Gleichheit vor dem Gesetz geht, enthält die folgenden Gleichheitsgrundsätze und Benachteiligungsverbote:

Gleichheitsgrundsätze und Benachteiligungsverbote

„(1) Alle Menschen sind vor dem Gesetz gleich. (2) Männer und Frauen sind gleichberechtigt. [Der Staat fördert die tatsächliche Durchsetzung der Gleichberechtigung von Männern und Frauen und wirkt auf die Beseitigung bestehender Nachteile hin.] [Dieser Passus wurde erst 1994 ergänzt, GSO]. (3) Niemand darf wegen seines Geschlechts, seiner Abstammung, seiner Rasse, seiner Sprache, seiner Heimat und Herkunft, seines Glaubens, seiner religiösen oder politischen Anschauungen benachteiligt oder bevorzugt werden. [Niemand darf wegen seiner Behinderung benachteiligt werden.] [Dieser Passus wurde erst 1994 ergänzt, GSO].“ (Grundgesetz für die Bundesrepublik Deutschland, Artikel 3)

Gleichberechtigung von Frauen und Männern

Allerdings bestimmt Art.117 GG mit einer Frist bis zum 31.3.1953, dass das dem Artikel 3 Abs.2 „Männer und Frauen sind gleichberechtigt“ entgegenstehende Recht bis zu seiner Anpassung an diese Bestimmung des Grundgesetzes in Kraft bleibt. Mit dem Ablauf dieser Frist tritt, wie das Bundesverfassungsgericht ausdrücklich feststellt, das dem Art.3 Abs.2 entgegenstehende Recht außer Kraft: Mann und Frau sind jetzt auch im Bereich Ehe und Familie gleichberechtigt. Erst am 1. Juli 1958 wird nach heftigen Kontroversen im Deutschen Bundestag ein erstes „Gesetz über die Gleichberechtigung von Mann und Frau auf dem Gebiet des bürgerlichen Rechts“ verabschiedet, weitere Gesetze folgen. Dass sich offenbar trotz dieser veränderten Gesetzeslage die „tatsächliche Durchsetzung der Gleichberechtigung von Männern und Frauen“ und „die Beseitigung bestehender Nachteile“ weiterhin als schwierig erweist, zeigt die Ergänzung von Art.3 Abs.2 GG aus dem Jahr 1994.

Man muss sich diese Schwierigkeiten im Umgang mit einem Wandel in kulturellen Werten und Normen in der deutschen Gesellschaft deutlich machen, wenn man sich in aktuellen Diskursen über Integration kritisch auseinandersetzt mit Rollenbildern und den traditionellen Vorstellungen von der Rolle von Frauen und Männern in Ehe und Familie und der Erziehung von Jungen und Mädchen in Familien mit Zuwanderungsgeschichte. Dies zeigt auch die noch immer fortdauernde Debatte um Vorzüge und Nachteile von Koedukation (alle Schüler:innen werden gemeinsam unterrichtet), Monoedukation (getrennter Unterricht von Schülerinnen und Schülern), und neuerdings auch Bi-Edukation (getrennter Unterricht von Schülerinnen und Schülern bei gemeinsamem Schulalltag).

Debatte über Koedukation und Bi-Edukation

Übung 01

Bearbeiten Sie die folgende Aufgabe:
Stellen Sie in Ihrem Freundeskreis mit Bezug auf die andauernde Debatte über die Vorzüge und Nachteile von Koedukation (durchgängig gemeinsamer Unterricht) und neuerdings auch über die Vorzüge und Nachteile von Bi-Edukation (durchgängig getrennter Unterricht bei gemeinsamem Schulalltag) verschiedene Vorschläge zur Diskussion, den Unterricht mit Schüler:innen der Sekundarstufe I zu organisieren und zu gestalten.

Auch die Umsetzung der anderen Benachteiligungsverbote aus Art.3, Abs.2 GG „Niemand darf wegen [...] seiner Abstammung, seiner Rasse, seiner Sprache, seiner Heimat und Herkunft, seines Glaubens, seiner religiösen oder politischen Anschauungen benachteiligt oder bevorzugt werden" oder des erst 1994 in das Grundgesetz aufgenommenen Passus „Niemand darf wegen seiner Behinderung benachteiligt werden" erweist sich in der Praxis nicht immer als einfach. Gleichwohl bleiben diese im Grundgesetz verankerten Verbote der Benachteiligung bzw. der Bevorzugung bestimmter gesellschaftlicher Gruppen eine wesentliche Grundlage für alle Bestrebungen nach gesellschaftlicher Gleichstellung. Art.3, Abs.2 sowie weitere Artikel des Grundgesetzes wie Art.4 (Glaubens- und Gewissensfreiheit) oder Art.33, Abs. 2 (Zugang zu öffentlichen Ämtern unabhängig vom religiösen Bekenntnis) sol-

Weltanschauliche Neutralität des Staates

Glaubens- und Gewissensfreiheit

len auch die weltanschauliche Neutralität des Staates gewährleisten. Dennoch können sich aus der Auslegung des Neutralitätsgebots in Verbindung mit bestimmten Artikeln des Grundgesetzes wie Art.4, Abs.1 „Die Freiheit des Glaubens, des Gewissens und die Freiheit des religiösen und weltanschaulichen Bekenntnisses sind unverletzlich" Konflikte ergeben.

„Kruzifix-Beschluss"

So löste der 1. Senat des Bundesverfassungsgerichts (BVerfG) nach einer Verfassungsbeschwerde eines Elternpaares aus Bayern mit seinem Beschluss vom 16. Mai 1995, der die „Anbringung eines Kreuzes oder Kruzifixes in den Unterrichtsräumen einer staatlichen Pflichtschule, die keine Bekenntnisschule ist" verbot („Kruzifix-Beschluss"), heftige öffentliche Kritik aus; nach Einschätzung des früheren bayerischen Kultusministers Hans Maier „der heftigste Wirbel, den das Bundesverfassungsgericht je mit einem Beschluss erzeugt hat" (Maier 2020).

„Kopftuch-Verbot"

Unterschiedlich urteilt das Bundesverfassungsgericht in Fragen des Tragens religiöser Symbole (wie Kreuz, Kopftuch oder Kippa) bei beruflichen Tätigkeiten. Hier entschied das Gericht 2015, dass ein pauschales Kopftuchverbot in öffentlichen Schulen mit der Verfassung nicht vereinbar ist (BVerfG, Beschluss vom 27.1.2015, https://www.bundesverfassungsgericht.de/SharedDocs/Entscheidungen/DE/2015/01/rs20150127_1bvr047110.html [16.08.2021]). Dagegen erklärt es ein auf wenige einzelne Tätigkeiten bei Gericht beschränktes Kopftuchverbot auch für Rechtsreferendarinnen für verfassungsgemäß. In den Erwägungen des Senats wird auf Gründe für die unterschiedliche Gewichtung des Neutralitätsgebotes eingegangen: „Anders als im Bereich der bekenntnisoffenen Gemeinschaftsschule, in der sich gerade die religiös-pluralistische Gesellschaft widerspiegeln soll, tritt der Staat dem Bürger in der Justiz klassisch-hoheitlich und daher mit größerer Beeinträchtigungswirkung gegenüber." (BVerfG, Beschluss vom 14.1.2020, https://www.bundesverfassungsgericht.de/SharedDocs/Pressemitteilungen/DE/2020/bvg20-013.html [16.08.2021])

Diskussion des Begriffs „Rasse" im Grundgesetz

Zuletzt soll an dieser Stelle noch darauf hingewiesen werden, dass gegenwärtig unter Abgeordneten des Deutschen Bundestages die Frage diskutiert wird, wie sich der Begriff „Rasse" in Art.3, Abs.3 GG ersetzen lässt, ohne dabei das Schutzniveau dieses Artikels des Grundgesetzes vor Rassismus und Diskriminierung zu verringern; ein Vorschlag ist, von einem Verbot der „Diskriminierung aus rassistischen Gründen" zu sprechen. Außerdem wird ein

Vorschlag diskutiert, auch in Art.3, Abs.3 GG einen Passus hinzuzufügen wie in Art.3, Abs.2 GG, dass der Staat den tatsächlichen Schutz vor Diskriminierung gewährleistet und auf die Beseitigung bestehender Nachteile hinwirkt (Deutscher Bundestag 2020). Damit werden auch aktuelle gesellschaftspolitische Diskurse zu dieser Problematik aufgegriffen (Hormel 2018). Diese kritischen Diskurse um die Ungleichbehandlung von Schwarzen Menschen und People of Color finden sich tatsächlich bereits im Nachkriegsdeutschland zu Beginn der 1950er Jahre, wo es um die Forderung nach gesetzlicher Gleichberechtigung und Gleichbehandlung der sog. „brown babies" geht, Kinder „von deutschen (‚weißen') Müttern und US-amerikanischen (‚schwarzen') Vätern, die nach Kriegsende als Soldaten in der amerikanischen Zone bzw. im amerikanischen Sektor stationiert waren" (Gogolin & Krüger-Potratz 2020, 143f. mit Verweis auf Lemke Muniz de Faria 2002).

Sprachplanung und Sprachpolitik

In Art.3 GG (Gleichheit vor dem Gesetz) findet sich in Abs.3 auch der Passus, dass niemand wegen seiner Sprache und seiner Herkunft benachteiligt oder bevorzugt werden darf. Ein Artikel, wie Art.8, Abs.1 im Bundesverfassungsgesetz (B-VG) der Republik Österreich „Die deutsche Sprache ist, unbeschadet der den sprachlichen Minderheiten bundesgesetzlich eingeräumten Rechte, die Staatssprache der Republik" (http://www.verfassungen.at/indexheute.htm [05.03.2021]), findet sich im Grundgesetz nicht; die Frage, ob ein solcher Artikel aufgenommen werden sollte, wird allerdings gelegentlich öffentlich diskutiert. Weiter wird in Art.8 B-VG des Bundesverfassungsgesetzes von Österreich die Österreichische Gebärdensprache als eigenständige Sprache anerkannt (http://www.verfassungen.at/indexheute.htm [05.03.2021]). In den Fokus gerückt wird hier außerdem die gewachsene sprachliche und kulturelle Vielfalt des Landes: „Die Republik (Bund, Länder und Gemeinden) bekennt sich zu ihrer gewachsenen sprachlichen und kulturellen Vielfalt, die in den autochthonen Volksgruppen zum Ausdruck kommt. Sprache und Kultur, Bestand und Erhaltung dieser Volksgruppen sind zu achten, zu sichern und zu fördern" (Art.8 B-VG). In der Bundesrepublik Deutschland sind nationale Minderheiten – wie dargelegt – grundsätzlich bereits durch die Benachteiligungsverbote in

Schutz nationaler Minderheiten

Art. 3 Abs. 3 Satz 1 GG geschützt. Darüber hinaus stehen nationale Minderheiten durch das Rahmenübereinkommen des Europarates zum Schutz nationaler Minderheiten vom 1. Februar 1995, das in Deutschland am 1. Februar 1998 in Kraft trat, unter einem besonderen Schutz. Zu den in Deutschland anerkannten nationalen Minderheiten zählen die dänische Minderheit, die friesische Volksgruppe, die deutschen Sinti und Roma sowie das sorbische Volk. Grundlage für den Schutz von Regional- oder Minderheitensprachen ist außerdem die Europäische Charta der Regional- oder Minderheitensprachen des Europarats aus dem Jahr 1992, die in Deutschland am 1. Januar 1999 in Kraft trat (Beauftragter der Bundesregierung für Aussiedlerfragen und nationale Minderheiten o.J.).

Schutz von Minderheiten- und Regionalsprachen

„Schutz und Förderung der nationalen Minderheiten umfassen auch die Minderheitensprachen Dänisch, Nord- und Saterfriesisch, Ober- und Niedersorbisch sowie das Romanes der deutschen Sinti und Roma. Geschützt wird in Deutschland zudem die Regionalsprache Niederdeutsch (Plattdeutsch)." (Beauftragter der Bundesregierung für Aussiedlerfragen und nationale Minderheiten o.J.).

Sprachliche Super-Diversität

Gesetzliche Regelungen gibt es außerdem auf Länderebene im Hinblick auf die Auswahl möglicher Schulfremdsprachen, die Anzahl der Fremdsprachen, die in den verschiedenen Schulformen anzubieten sind, mögliche Sprachenfolgen sowie den Beginn des Fremdsprachenunterrichts. Regelungen bestehen auf Länderebene außerdem im Hinblick auf ein mögliches Angebot an Herkunftssprachen, entweder unter der Schulaufsicht des jeweiligen Bundeslandes oder in der Verantwortung der Konsulate der Herkunftsländer. Seit geraumer Zeit ist das alltägliche Leben in Deutschland insgesamt – anders als noch in den ersten Jahren der Bundesrepublik Deutschland – durch eine große Sprachenvielfalt geprägt. In der neueren Forschung wird hier auch von Super-Diversität gesprochen. Diese Entwicklung prägt seit langem den Schulalltag in vielen städtischen Quartieren. Zu der Zahl der aktuell in Deutschland gesprochenen Sprachen und deren Bedeutung als alltägliche Verkehrssprachen gibt es allerdings bislang kaum zuverlässige Daten (Gogolin & Krüger-Potratz 2020, 190ff.).

Lebensweltliche Mehrsprachigkeit

Offen bleibt auch, wie bildungspolitisch auf diese Super-Diversität von im Alltag gesprochenen Sprachen reagiert werden soll: Soll der Förderung der jeweiligen Landessprache(n) – unter Berücksichtigung der Sprachen von nationalen Minderheiten – und modernen Schulfremdsprachen mit großer Reichweite Priorität eingeräumt werden? Oder sollten neben einer Schulfremdsprache mit großer Reichweite nach jeweiligem Bedarf eine größere Anzahl von Sprachen angeboten werden, um die durch den alltäglichen Gebrauch der (Herkunfts-)Sprachen entwickelte lebensweltliche Mehrsprachigkeit (Gogolin 2008) von Schüler:innen auch bildungspolitisch zu berücksichtigen?

Übung 02

Bearbeiten Sie die folgende Aufgabe:
Diskutieren Sie in Ihrem Freundeskreis den Vorschlag, das schulische Angebot an modernen Fremdsprachen bedarfsorientiert zu erweitern unter Einbeziehung des in etlichen Bundesländern vorhandenen staatlichen Angebots an Herkunftssprachen und dieses für alle interessierten Schüler:innen zu öffnen. Nutzen Sie zur Vorbereitung auf das Thema die folgende Quelle: https://mediendienst-integration.de/artikel/wie-verbreitet-ist-herkunftssprachlicher-unterricht.html [04.03.2021]

Autochthon und allochthon

Bedeutsam für diese Diskussion erscheint nach wie vor die von Allemann-Ghionda (1997) getroffene Unterscheidung von ‚großen Sprachen' und ‚kleinen Sprachen', die allerdings nicht zwischen „autochthonen" (alteingesessenen, einheimischen) und „allochthonen" (zugewanderten) Sprachminderheiten unterscheidet.

Große Sprachen
- Mit eigenem (großen) Territorium
- Sprecher:innen leben innerhalb dieses Territoriums
- Sprache einer kulturell/gesellschaftlich/wirtschaftlich starken Gruppe
- Sprache mit einer zahlenmäßig starken Sprechergruppe
- Sprache mit hohem Prestige
- Im Bildungssystem präsent (Regelschule oder eigenes Schulsystem)

Kleine Sprachen
• Ohne eigenes Territorium oder mit kleinem Territorium • Sprecher:innen leben nicht innerhalb des eigenen Territoriums • Sprache einer kulturell/gesellschaftlich/wirtschaftlich schwachen Gruppe • Sprache mit einer zahlenmäßig schwächeren Gruppe von Sprecher:innen • Sprache mit geringem Prestige • Sprache im Bildungssystem kaum oder gar nicht präsent

Abb. 15 „Große" Sprachen und „Kleine" Sprachen (Allemann-Ghionda 1997)

Große Sprachen

Große Sprachen verfügen nach Allemann-Ghionda (1997) über ein eigenes, großes Territorium. Ihre Sprecher:innen leben überwiegend innerhalb dieses Territoriums. Große Sprachen werden von den gesellschaftlich, wirtschaftlich und kulturell starken Gruppen gesprochen. Sie sind die Sprachen mit den zahlenmäßig starken Sprechergruppen innerhalb einer Gesellschaft. Sie genießen ein hohes Ansehen, sie sind außerdem im Bildungssystem an den Regelschulen präsent oder verfügen über ein eigenes Schulsystem.

Kleine Sprachen

Kleine Sprachen verfügen dagegen nach Allemann-Ghionda (1997) entweder über gar kein eigenes Territorium oder nur über ein kleines Territorium. Kleine Sprachen werden von gesellschaftlich, wirtschaftlich und kulturell schwächeren Gruppen gesprochen, die auch zahlenmäßig schwächer sind. Sie genießen ein geringeres Ansehen und sind im Bildungssystem kaum oder gar nicht präsent. Die hier aufgeführten Unterschiede zwischen ‚kleinen' und ‚großen' Sprachen müssen allerdings als graduelle Unterschiede angesehen werden, da weder alle genannten Kriterien für den jeweiligen Typ zutreffen müssen noch auszuschließen ist, dass auch für den jeweils anderen Typ formulierte Unterscheidungskriterien im Einzelfall Gültigkeit beanspruchen können; dies kann insbesondere auch für die Sprachen alteingesessener (autochthoner) Sprachminderheiten gelten.

Zusammenfassung und Ausblick

Das Zusammenleben in sprachlich und kulturell heterogenen Gesellschaften erfordert besondere Kompetenzen. Über die Frage, welche sprachlichen und kulturellen Kompetenzen bei Schüler:innen in Gesellschaften, die durch sprachliche und kulturelle Diversität geprägt sind, besonders gefördert werden sollten, wurde in der Vergangenheit und wird auch gegenwärtig noch kontrovers diskutiert. Einen wesentlichen Beitrag zu dieser Diskussion leistet die Interkulturelle Pädagogik in Verbindung mit weiteren Fachdisziplinen, wie in den folgenden Abschnitten mit einem besonderen Fokus auf sprachliches und kulturelles Lernen weiter ausgeführt wird.

5.2 Mehrsprachigkeit als Bildungsziel: Lernen in zwei Sprachen

Erziehungsziel Mehrsprachigkeit

Im folgenden Kapitel geht es um Formen mehrsprachiger Gesellschaften und Typen von Mehrsprachigkeit. In diesem Zusammenhang sollen Bildungsangebote für in mehrsprachigen Kontexten aufwachsende Schüler:innen vorgestellt werden. Dabei werden Bildungsangebote für Kinder aus den alten (autochthonen) und den neuen (allochthonen) Sprachminderheiten berücksichtigt. Das können einerseits Bildungsangebote sein, die sich von ihrer Konzeption her bevorzugt oder ausschließlich an Schüler:innen einer Sprachgruppe wenden. Das können andererseits Bildungsangebote sein, die sich ausdrücklich an Schüler:innen aus zwei oder mehr Sprachgruppen wenden. Berücksichtigt werden soll dabei auch die Frage, auf welche Formen individueller bzw. gesellschaftlicher Mehrsprachigkeit das Angebot jeweils zugeschnitten ist. Wichtig für die folgende Darstellung ist daher die Unterscheidung verschiedener Formen mehrsprachiger Gesellschaften und verschiedener Typen von Mehrsprachigkeit.

Formen mehrsprachiger Gesellschaften und Typen von Mehrsprachigkeit

Territorialprinzip

Bei den Formen mehrsprachiger Gesellschaften unterscheidet Riehl (2014, 63) vier Typen: mehrsprachige Staaten mit Territorialprinzip, mehrsprachige Staaten mit individueller Mehrsprachigkeit, einsprachige Staaten mit Minderheitenregionen sowie ein-

oder mehrsprachige Staaten mit Zuwanderung insbesondere in städtische Regionen. Territorial mehrsprachige Staaten sind zum Beispiel unsere europäischen Nachbarstaaten die Schweiz und Belgien. Zwar ist die Schweiz ein Land mit mehreren offiziellen Sprachen: Deutsch, Französisch, Italienisch und Rätoromanisch. Hier gilt allerdings das Territorialprinzip: In der Mehrzahl der Kantone gibt es nur eine offizielle Sprache. Nur in vier Kantonen gibt es mehr als eine offizielle Sprache: Deutsch und Französisch in den Kantonen Bern, Freiburg und Wallis, Deutsch, Italienisch und Rätoromanisch im Kanton Graubünden. In diesen Fällen können aber offizielle Sprachen auf Bezirks- und Gemeindeebene festgelegt werden. Individuelle Mehrsprachigkeit ist auch in Kantonen mit mehreren offiziellen Sprachen also keineswegs die Regel (Riehl 2014, 62).

Territoriale Mehrsprachigkeit – Beispiel Schweiz

Territoriale Mehrsprachigkeit – Beispiel Belgien

Ähnlich ist die Situation in Belgien, einem Föderalstaat mit drei offiziellen Sprachen: Flämisch, Französisch und Deutsch. Eine wichtige Funktion haben in diesem Föderalstaat zum einen die drei „Regionen" (vergleichbar etwa mit den Bundesländern in Deutschland) als wirtschaftliche Einheiten: die Flämische Region, die Region Brüssel-Hauptstadt (hier gelten Flämisch und Wallonisch als Amtssprachen) und die Wallonische Region. Eine wichtige Funktion haben zum anderen die drei „Gemeinschaften" mit besonderen Befugnissen in den Bereichen Sprache und Kulturangelegenheiten: die Flämische Gemeinschaft, die Französische Gemeinschaft und die Deutschsprachige Gemeinschaft. Die Deutschsprachige Gemeinschaft ist in die föderale Struktur Belgiens eingebunden, d.h. ihr Siedlungsgebiet (die ‚Ostkantone' bzw. ‚Ostbelgien'), das unmittelbar an den deutschen Sprachraum grenzt, zählt zur Wallonischen Region. Ihre Mitglieder beherrschen neben der deutschen häufig auch die französische Sprache (Riehl 2014, 64, https://www.belgium.be/de/ueber_belgien/staat/federale_staat [05.03.2021]).

Individuelle Mehrsprachigkeit – Beispiel Luxemburg

Anders ist die Situation dagegen in Luxemburg. Das an Frankreich, Deutschland und Belgien angrenzende Land hat 626.000 Einwohner:innen (Stand 01.01.2020). Der Anteil ausländischer Einwohner:innen liegt bei fast 50% der Gesamtbevölkerung. Luxemburgisch (Letzeburgisch), Französisch und Deutsch sind die Landessprachen. Diese können im Justiz- und Verwaltungsbereich verwendet werden, Gesetze werden allerdings ausschließlich auf Französisch verfasst. In Radio- und Fernsehsendern ist Luxemburgisch die verbreitetste

Sprache, in den Printmedien Deutsch. Französisch ist wichtigste Kommunikationssprache im Arbeitsleben, im politischen Leben wird bevorzugt Luxemburgisch als gesprochene Sprache und Französisch als Schriftsprache verwendet (https://luxembourg.public.lu/de/gesellschaft-und-kultur/sprachen/welche-sprachen-luxemburg.html [10.03.2021]). Luxemburg ist ein mehrsprachiges Land mit individueller Mehrsprachigkeit: Die einheimische Bevölkerung ist weitgehend trilingual: Neben Deutsch und Französisch wird Luxemburgisch (Lëtzebuergesch) gesprochen. In Luxemburg ist auch das Bildungssystem auf die Förderung der Mehrsprachigkeit aller Schüler:innen angelegt: Luxemburgisch ist das Hauptkommunikationsmittel in der (verpflichtenden) Vorschulerziehung (Dauer zwei Jahre). Außerdem werden die Kinder an das gesprochene Französisch herangeführt. In der Grundschule (Dauer sechs Jahre) ist Deutsch Unterrichtssprache, die Alphabetisierung der Schüler:innen erfolgt in der deutschen Sprache. Die Schüler:innen erhalten außerdem Französischunterricht. Die Sekundarschulen haben unterschiedliche Profile und eröffnen den Schüler:innen verschiedene Bildungswege, die auf einen Einstieg ins Berufsleben bzw. auf ein Studium vorbereiten. Für neu zugezogene Schüler:innen und junge Erwachsene gibt es zusätzliche Beratungs-, Förder- und Bildungsangebote (https://www.lifelong-learning.lu/View/Document/willkommen-in-der-luxemburger-schule/de [10.03.2021]). Mehrsprachigkeit ist im luxemburgischen Bildungswesen also institutionalisiert mit dem Ziel, die individuelle Mehrsprachigkeit aller Schüler:innen zu fördern und die gesellschaftliche Mehrsprachigkeit des Landes zu bewahren (Siebert-Ott 2001).

Einsprachige Staaten mit Minderheitenregionen

Im Gegensatz zur Schweiz und zu Belgien ordnet Riehl (2014, 66ff) Deutschland ebenso wie Italien als einsprachige Staaten mit Minderheitenregionen, in denen autochthone Minderheiten leben, ein. Riehl unterscheidet zwischen Grenzminderheiten, als Beispiel nennt sie hier u.a. die deutschen Sprachgruppen in Südtirol, in Ostbelgien, im Elsass und in Dänemark, und Sprachinselminderheiten, gebildet von Gruppen, die aus wirtschaftlichen oder religiösen Gründen nach Südost- und Osteuropa oder nach Übersee auswanderten, ohne einen solchen unmittelbaren Sprachkontakt zum deutschen Sprachraum.

Grenzminderheiten und Sprachinselminderheiten

Dänisch, Deutsch und Friesisch als Sprachen autochthoner Minderheiten

Dänisch, Deutsch und Friesisch sind indoeuropäische Sprachen und gehören zur Gruppe der germanischen Sprachen. Dänisch ist eine nordgermanische Sprache, Deutsch und Friesisch sind westgermanische Sprachen. Seit Ende des 1. Weltkriegs entwickelt sich eine klare Sprachgrenze zwischen Deutsch (in Schleswig-Holstein) und Dänisch (auf der angrenzenden Halbinsel Jütland). Damit wird das Land Schleswig zu einem Beispiel dafür, wie ein ursprünglich mehrsprachiges Gebiet mit einer Bevölkerung, die mehrere Sprachen nutzt, bedingt durch politische und gesellschaftliche Entwicklungen, zunehmend einsprachig wird. Das alte Herzogtum Schleswig gehörte seit dem Mittelalter staatsrechtlich zur dänischen Krone, das alte Herzogtum Holstein (mit dem dänischen König als Herzog) gehörte bis zu dessen Ende 1806 zum multiethnischen „Heiligen Römischen Reich" und war seit 1815 Mitglied im Deutschen Bund. Im Zeitalter der Nationalstaatenbildung im 19. Jahrhundert kam es zu Spannungen – mit bürgerkriegsähnlichen Zuständen – auch in der Bevölkerung Schleswigs um die Zugehörigkeit zu Dänemark, ein Teil der Bevölkerung plädierte für einen Beitritt zum Deutschen Bund. Nach dem Deutsch-Dänischen Krieg zwischen Dänemark, Preußen und Österreich 1864 kam Schleswig zunächst unter die gemeinsame Verwaltung von Preußen und Österreich, nach dem Krieg zwischen Preußen und Österreich 1866 wurde es preußische Provinz. Nach dem 1. Weltkrieg wurde 1919 in den Versailler Verträgen für das alte Herzogtum Schleswig eine Volksabstimmung festgelegt, die bereits im Friedensvertrag nach dem Deutsch-Dänischen Krieg vereinbart war, aber nicht durchgeführt wurde. In der 1920 durchgeführten Volksabstimmung votierte in der nördlichen Abstimmungszone Schleswigs („Nordschleswig") eine Mehrheit für eine Zugehörigkeit zu Dänemark, in der südlichen Abstimmungszone („Südschleswig") votierte eine Mehrheit für eine Zugehörigkeit zu Deutschland. Das alte Herzogtum Schleswig war mehrsprachig: Neben Dänisch und Deutsch wurden hier Sønderjysk (Synnejysk), ein dänischer Dialekt, sowie Niederdeutsch und Nordfriesisch gesprochen, die neue politische Grenze von 1920 wurde zunehmend auch zur Sprachgrenze. Auf beiden Seiten der Grenze blieben Sprachminderheiten zurück: eine deutsche Grenzminderheit in

Von der Mehrsprachigkeit zur Einsprachigkeit

Dänische und deutsche Grenzminderheit

Dänemark im Süden der Halbinsel Jütland und eine dänische Grenzminderheit in Deutschland im Landesteil Schleswig im heutigen Bundesland Schleswig-Holstein. Die „Bonn-Kopenhagener Erklärungen" von 1955 gaben nach dem 2. Weltkrieg eine rechtliche Garantie für die freie Sprachenwahl durch die jeweilige Minderheit und stellten das Bekenntnis der Zugehörigkeit zur dänischen bzw. zur deutschen Minderheit frei, d.h. es durfte „von Amts wegen" nicht nachgeprüft werden. Die Angehörigen der beiden Minderheiten sind jeweils Staatsbürger:innen des Landes, in dem sie leben. Die dänische Minderheit in Schleswig-Holstein umfasst ca. 50.000 Mitglieder. Als deren Vertreter unterliegt der Südschleswigsche Wählerverband (SSW) bei Landtagswahlen in Schleswig-Holstein nicht der Fünfprozenthürde.

Bildungsangebote der dänischen Minderheit

Neben kulturellen Angeboten für alle Altersgruppen existiert ein besonderes Bildungsangebot für Kinder und Jugendliche. Der dänische Schulverein ist Träger von Kindertagesstätten und Schulen. Der Unterricht wird hier – außer in den Fächern Deutsch und den Fremdsprachen – auf Dänisch erteilt (https://www.schleswig-holstein.de/DE/Fachinhalte/M/minderheiten/minderheiten_daenen.html [15.03.2021]).

Aktuelle Zahlen zu den Sprachkenntnissen in der dänischen und der deutschen Sprache bei Eintritt in die Bildungseinrichtungen gibt es nicht. Es gibt auch keine aktuellen Zahlen, wie hoch der Anteil der Angehörigen der dänischen Minderheit ist, die nicht Dänisch, sondern die Umgebungssprache Deutsch als Familiensprache verwenden. Zu Beginn des 21. Jahrhunderts wurde er auf 80% geschätzt (Siebert-Ott 2001).

Bildungsangebote der deutschen Minderheit

Auch aktuelle Zahlen dazu, wie hoch der Anteil der Angehörigen der deutschen Minderheit in Dänemark ist, die Deutsch als Familiensprache verwenden, liegen nicht vor. Zu Beginn des 21. Jahrhunderts lag er in der älteren Generation bei etwa einem Drittel, bei der jüngeren Generation nur noch bei 20%. Entsprechend hoch ist der Anteil derjenigen, die die Umgebungssprache Dänisch als Familiensprache verwenden. Bei der jüngeren Generation steigt außerdem der Anteil derjenigen, die mehr als eine Sprache als Familiensprache nennen (Siebert-Ott 2001). Auch die deutsche Minderheit in Dänemark verfügt über ein eigenes Angebot an Kindergärten (19) und Schulen (13) sowie ein Gymnasium (in Aabenraa/Apenrade). Es handelt sich auch hier um private Einrichtungen, Träger der Einrichtungen sind örtliche Schulvereine (http://

www.dssv.dk [16.03.2021]). Schulträger des Gymnasiums ist der deutsche Schul- und Sprachverein für Nordschleswig (DSSV). Deutsch ist Unterrichtssprache, Dänisch wird auf Muttersprachenniveau unterrichtet. Mit einem erfolgreichen Abschluss sind die Voraussetzungen sowohl für ein Studium in Dänemark als auch für ein Studium in Deutschland erfüllt (https://www.deutsches-gym.dk [16.03.2021]).

Sprachforschung in der Grenzregion

Der Sprachgebrauch in „Nordschleswig" und „Südschleswig" und die Nutzung von Deutsch, Dänisch und Friesisch als weitere Minderheitensprache, Niederdeutsch als Regionalsprache und Synnejysk – einem dänischen Dialekt, der auch im nördlichen Teil von Schleswig-Holstein verbreitet war (s.o.) –, ist grenzübergreifend Forschungsgegenstand für Sprachkontaktforschung, Regionalsprachenforschung, Mehrsprachigkeitsforschung und Mehrsprachigkeitsdidaktik. Außerdem werden hier Unterrichtsmaterialien u.a. für Synnejysk erstellt (Fredsted 2019a, 2019b, 2018).

Nordfriesisch

In Schleswig-Holstein leben Friesen an der Westküste, auf den nordfriesischen Inseln und auf Helgoland. „Die Zahl derjenigen, die sich von Abstammung und Selbstverständnis her als Nordfriesen fühlen, wird auf etwa 50.000 Personen geschätzt – das ist etwa ein Drittel der Bevölkerung dieser Region"; aktiv beherrschen etwa 8.000 bis 10.000 Menschen Nordfriesisch, die Zahl derjenigen, die Nordfriesisch passiv beherrschen, ist etwa doppelt so hoch (https://www.schleswig-holstein.de/DE/Fachinhalte/M/minderheiten/minderheiten_friesen.html [16.03.2021]). In Schleswig-Holstein wird im Kreis Nordfriesland und auf Helgoland insbesondere an öffentlichen Grundschulen aber auch an anderen Schulformen für Friesisch ein systematischer Sprachunterricht angeboten mit dem Ziel, die Sprache zu erhalten und Kenntnisse über Kultur und Geschichte der Nordfriesen zu vermitteln (http://www.friesenrat.de/inside/pdf/friesisch_schule.pdf [16.03.2021]).

Saterfriesisch

Auch in Niedersachsen in der Gemeinde Saterland, Kreis Cloppenburg, gibt es noch eine kleine Gruppe von Friesisch Sprechenden. Aktuelle Angaben über die Zahl der Saterfriesisch Sprechenden gibt es allerdings nicht, für das Jahr 2000 geht man von etwa 2250 Personen aus. Bestrebungen, die Sprache durch entsprechende Aktivitäten in Schulen und Kindergärten lebendig zu halten, werden vom Land Niedersachsen unterstützt (https://www.saterland.de/kultur-freizeit/ [17.03.2021]).

Übung 03

Bitte bearbeiten Sie folgende Aufgaben:
Informieren Sie sich über zentrale Zielsetzungen des dänischen Schulvereins für Südschleswig (Dansk Skoleforening for Sydslesvig e.V.) und des deutschen Schul- und Sprachvereins für Nordschleswig (DSSV). Nutzen Sie dafür folgende Quellen: http://www.skoleforeningen.org/foreningen?showgerman=1 [Zugriff: 04.03.2021]
http://www.dssv.dk/ [Zugriff: 04.03.2021]

Obersorbisch und Niedersorbisch als Sprachen einer Sprachinselminderheit

Ober- und Niedersorbisch

Sorbisch gehört zu den westslawischen Sprachen. Die sorbischen Sprachen Ober- und Niedersorbisch werden nur in Deutschland gesprochen. Die Siedlungsgebiete des sorbischen Volkes, in dem die Sorben seit dem frühen Mittelalter siedeln, liegen in den Bundesländern Brandenburg (Niederlausitz) und Sachsen (Oberlausitz), nahe der Grenze zu Polen und Tschechien. Das Bekenntnis zum sorbischen Volk ist frei und darf nicht nachgeprüft, nicht registriert und nicht bestritten werden. Geschätzt wird die Zahl der Sorben gegenwärtig auf etwa 60.000 Personen, von denen etwa 40.000 in Sachsen und 20.000 in Brandenburg leben (Staatsministerium für Wissenschaft und Kunst des Freistaates Sachsen 2017, 20).

Sorbisch wird in beiden Bundesländern als Unterrichtsfach angeboten. An Schulen in Sachsen wird es außerdem als Unterrichtssprache verwendet: Das Sächsische Schulgesetz sichert allen Kindern und Jugendlichen, deren Eltern es wünschen, an Schulen im sorbischen Siedlungsgebiet grundsätzlich nicht nur das Recht auf sorbischen Sprachunterricht, sondern auch auf Fachunterricht in der sorbischen Sprache zu. Schulartübergreifend wurde im Schuljahr 2013/14 im sorbischen Siedlungsgebiet in Sachsen ein zweisprachiges Bildungsangebot für Schüler:innen aus sorbischsprachigen, zweisprachig sorbisch-deutschen und deutschsprachigen Elternhäusern eingeführt. Ziel dieses Angebotes ist es, nicht nur Kinder aus sorbischsprachigen bzw. zweisprachig sorbisch-deutschen Familien zur aktiven sorbisch-deutschen Zweisprachigkeit

Zweisprachige sorbisch-deutsche Bildungsangebote

zu führen, sondern dieses Angebot auch für interessierte einsprachig deutsche Familien zu öffnen. Nach dem ‚Konzept 2plus' arbeiteten im Schuljahr 2015/2016 in Sachsen bereits neun Grundschulen, sechs Oberschulen und das sorbische Gymnasium in Bautzen. Unterrichtet wird in Abhängigkeit vom Sprachstand der Schüler:innen in drei Sprachgruppen. Im Fach Sorbisch ist die sorbische Sprache Unterrichtsgegenstand und Unterrichtssprache, in anderen Fächern ist sie ganz oder teilweise Unterrichtssprache. Dieses zweisprachige Bildungsangebot soll zum einen einer entsprechenden Nachfrage Rechnung tragen, zum anderen soll es aber auch den Fortbestand von Unterrichtsangeboten in sorbischer Sprache in Gegenden mit einer kleinen Anzahl von sorbischsprachigen Familien ermöglichen (Staatsministerium für Wissenschaft und Kunst des Freistaates Sachsen 2017, 48ff.).

Übung 04

Bearbeiten Sie folgende Aufgabe:
Informieren Sie sich über die Arbeiten des sorbischen Instituts im Bereich Sprachwissenschaft, die zum Erhalt und zur Pflege der sorbischen Sprache in Deutschland einen Beitrag leisten können. Verwenden Sie dazu die folgende Quelle: https://www.serbski-institut.de/de/Sprachwissenschaft [04.03.2021]

Zuwanderung in städtische Regionen und Fluchtmigration

Zuwanderung in städtische Zentren

Zuwanderung in städtische Zentren ist nach Riehl (2014, 71ff.) in Europa schon seit Jahrhunderten zu beobachten. Als Beispiel für historische Formen städtischer Migration nennt sie die Auswanderung von Kaufleuten, Handwerkern, Ärzten usw. im 18. Jh. aus Deutschland nach Russland (Moskau und St. Petersburg). Als Beispiel für aktuelle Entwicklungen nennt Riehl (2014, 73) türkische und türkischstämmige Migrantengruppen in deutschen Großstädten wie Berlin, Hamburg und Köln, die in der zweiten und dritten Generation ebenfalls „wichtige Positionen in der deutschen Gesellschaft bekleiden". Gogolin & Krüger-Potratz (2020, 41) charakterisieren in ihrem historischen Überblick mit Bezug auf Zu- und Abwanderungen Deutschland als „Land vielfältiger Migrationsbewegungen". Dabei gehen sie auch auf die Situation im geteilten Deutschland in den Jahren 1949–1990 ein. Für die Deutsche Demokratische Republik waren Hauptanwerbeländer in den 1950er und 1960er Jahren Polen und Ungarn, in den 1970er und 1980er Jahren Angola, Mozambik, Algerien, Kuba, Libyen, die Mongolei, Nordkorea und Vietnam. Diese Arbeitsaufenthalte waren aber zeitlich begrenzt, ein Zuzug von Familienangehörigen war nicht vorgesehen (Gogolin & Krüger-Potratz 2020, 85f). Hauptanwerbeländer für die alte Bundesrepublik waren Italien (seit 1955), Griechenland und Spanien (seit 1960), die Türkei (seit 1961), Marokko (seit 1963), Portugal (seit 1964), Tunesien (seit 1965), Jugoslawien (seit 1968) und Südkorea (seit 1970). Ende 1973 kam es aus wirtschaftlichen Gründen zu einem Anwerbestopp. Nur Bürger:innen aus Staaten der Europäischen Union bzw. ihrer Vorläuferorganisationen genießen Freizügigkeit, d.h. diese könnten in ihre Heimatländer zurückkehren und zu einem späteren Zeitpunkt wieder einreisen, um in Deutschland erneut eine Arbeit aufzunehmen. Für Bürger:innen aus den anderen genannten Ländern gilt dies nicht, diese müssten zwischen Verbleib und Rückkehr entscheiden, Familienangehörige können aber weiterhin nachziehen (Gogolin & Krüger-Potratz 2020, 88f).

Grenzöffnungen in Europa

Die von Michail Gorbatschow seit 1985 eingeleiteten Reformen in der UdSSR und im Ostblock (Gorbatschow 1987) begünstigten im gesamten Ostblock die Entstehung von Demokratiebewegungen. In Verbindung mit der Entspannungspolitik führte dies zur Öffnung der Grenzen zwischen den Staaten des Ostblocks und dem übrigen Europa. Mit den Zwei+Vier-Verträgen zwischen den beiden deutschen Staaten, Frankreich, Großbritannien, der UdSSR und den Vereinigten Staaten wurden 1990 dann die Voraussetzungen für die Vereinigung der beiden deutschen Staaten geschaffen. Für neue Spannungen in Europa sorgten aber die mit dem Zerfall Jugoslawiens verbundenen kriegerischen Auseinandersetzungen in den 1990'er Jahren, die zu einer hohen Zahl von Kriegstoten auch in der Zivilbevölkerung sowie zu einer hohen Zahl von Kriegsflüchtlingen führten: Nach Schätzung des UNHCR handelt es sich um fast 735.000 Menschen. Knapp die Hälfte fand in den 1990er Jahren Aufnahme in Deutschland (http://www.efms.uni-bamberg.de/ds27_2_d.htm [15.03.2021]). In diesen Jahren stieg außerdem die Zahl der (Spät-)Aussiedler stark an (https://www.bpb.de/nachschlagen/zahlen-und-fakten/

Zwei+Vier-Verträge

Bürgerkriege und Fluchtmigration

Änderung des Asylrechts

soziale-situation-in-deutschland/61643/spaet-aussiedler [15.03.2021]). 1993 beschloss der Deutsche Bundestag mit Zweidrittelmehrheit eine Änderung des Grundgesetzes: Im neuen Artikel 16a GG wurde Abs. (1) „Politische Verfolgte genießen Asyl" deutlich eingeschränkt. Das oben bereits erwähnte „Gesetz zur Steuerung und Begrenzung der Zuwanderung und zur Regelung des Aufenthalts und der Integration von Unionsbürgern und Ausländern (Zuwanderungsgesetz)" (2004) folgte ebenfalls dieser Tendenz.

In den Jahren 2015/16 kommt es dann in Europa – wieder auch in Verbindung mit kriegerischen Auseinandersetzungen, insbesondere dem Bürgerkrieg in Syrien – erneut zu einer „Flüchtlingskrise". 2015 werden alleine in Deutschland knapp 442.000 Erstanträge auf politisches Asyl gestellt (BAMF 2015, 13), was zum einen – wie auch schon im Zusammenhang mit den Jugoslawienkriegen – zu einem starken bürgerschaftlichen Engagement, aber auch zu heftigen Kontroversen in der öffentlichen Diskussion in Deutschland und in anderen europäischen Ländern zum Umgang mit Fluchtursachen, Fluchtmigration, und dem Umgang mit Flüchtlingen führt. Zeitgleich werden aber auch wieder die Bemühungen verstärkt, den damit verbundenen Anforderungen – etwa im Bildungswesen – gerecht zu werden: zunächst durch Bestandsaufnahmen und erste Empfehlungen für den Umgang mit der großen Zahl neu zugewanderter Kinder Jugendlicher und junger Erwachsener ohne oder mit geringen Deutschkenntnissen (Massumi et al. 2015, 2016), dann aber auch durch die Weiter- oder Neuentwicklung von Lehrwerken und Unterrichtsmaterialien (vgl. etwa Kniffka & Neuer 2017, Kniffka et al. 2019) sowie neue Angebote für die Aus- und Weiterbildung von Lehrkräften und neue Forschungs- und Transferprojekte im universitären Bereich.

Nationaler Aktionsplan Integration

Die Bundesregierung reagierte auf diese Entwicklungen gemeinsam mit anderen Akteuren 2018 auch mit einem nationalen Aktionsplan Integration (NAP-I). Dieser in fünf Phasen gegliederte Aktionsplan „ist ein Gemeinschaftswerk von mehr als 300 Partnerinnen und Partnern. Bund, Länder, Kommunen und Zivilgesellschaft, darunter mehr als 75 Migrantenorganisationen, haben den Aktionsplan gemeinsam erarbeitet." Die Ergebnisse der Arbeit aus Phase 1–3 wurden 2020 beim 11. und 12. Integrationsgipfel vorgestellt. Aktuell wird jetzt in den Phasen 4 und 5 an der „Weiterentwicklung von Rahmenbedingungen und Diversitätsstrategien" und an Fragen einer nachhaltigen Bekämpfung von „Diskriminierung, Rassismus und allen weiteren Formen gruppenbezogener Menschenfeindlichkeit" gearbeitet. (https://www.bundesregierung.de/breg-de/suche/aktionsplan-integration-1850112 [12.03.2021])

Ukraine-Krieg und Fluchtmigration in Europa

Ende Februar 2022 bricht – was viele Menschen in Europa für undenkbar gehalten hatten – mit dem Angriff Russlands auf die Ukraine ein neuer Krieg mitten in Europa aus. Kurze Zeit später sind– einschließlich der Binnenflüchtlinge in der Ukraine – eine hohe Zahl von Menschen auf der Flucht vor den kriegerischen Handlungen. Laut UNHCR sind (Stand 15.03.2022) knapp drei Millionen Menschen – überwiegend Frauen mit ihren Kindern – aus der Ukraine geflohen. Polen hat mit 1,8 Millionen Menschen (Stand 15.03.2022) bislang die höchste Zahl von Geflüchteten aufgenommen (https://data2.unhcr.org/en/situations/ukraine [15.03.2022]). Aktuell ist – neben den anlaufenden staatlichen Hilfeleistungen – in allen Ländern ein hohes bürgerschaftliches Engagement bei der Unterstützung der ankommenden Flüchtenden, insbesondere auch der geflüchteten Familien, zu beobachten.

Beschulung von geflüchteten Kindern und Jugendlichen

Dazu gehört aktuell auch die Frage, wie den aus der Ukraine geflüchteten Kindern und Jugendlichen im Schulalter ohne großen Zeitverzug ein Zugang zu für sie passenden schulischen Bildungsangeboten ermöglicht werden kann und auf welche Kompetenzen und Erfahrungen im Umgang mit dieser Herausforderung man hierbei zurückgreifen kann.

Übung 05

Bearbeiten Sie die folgende Aufgabe:
Orientieren Sie sich zunächst allgemein über Aufgaben und Ziele des Mercator-Instituts für Sprachförderung und Deutsch als Zweitsprache der Universität zu Köln und informieren Sie sich dann über aktuelle Forschungs- und Entwicklungsprojekte des Instituts. Verwenden Sie dazu die folgende Quelle: https://www.mercator-institut-sprachfoerderung.de [26.03.2021]

Mehrsprachige Bildungsangebote für ein- und mehrsprachige Schüler:innen

An Regelschulen in Deutschland gibt es seit den späten 1960er Jahren Schulen, in denen eine Fremdsprache auch als Unterrichtssprache im Fachunterricht in einem oder mehreren Schulfächern (wie etwa Geographie oder Geschichte) eingesetzt wird. Zunächst wurden solche Programme an Gymnasien angeboten und richteten sich von ihrer Konzeption her an einsprachig deutsch aufwachsende Schüler:innen, wurden aber seit Beginn auch von zweisprachig aufwachsenden Schüler:innen besucht. Die am häufigsten angebotenen Sprachkombinationen waren hier zunächst Deutsch & Französisch, Deutsch & Englisch sowie Deutsch & Spanisch.

Two-way-Immersion

Inzwischen gibt es solche Angebote auch mit anderen Sprachenkombinationen und auch an anderen Schulformen. Besonders interessant sind hier Programme, die – bereits ab der Grundschule – als ‚two way immersion'-Programme konzipiert sind. Diese Programme wurden für Schüler:innen aus zwei Sprachgruppen entwickelt, deren Erstsprachen jeweils auch als Unterrichtssprachen eingesetzt werden. Beide Sprachen sollen außerdem im Sach-/Fachunterricht verwendet werden. In jedem Fall muss berücksichtigt werden, dass die Unterrichtssprache immer für einen Teil der Schüler:innen Erstsprache und für einen Teil der Schüler:innen Zweit- oder Fremdsprache ist. Entschieden werden muss daher, in welchem Ausmaß diesen unterschiedlichen Voraussetzungen mit innerer oder äußerer Differenzierung Rechnung zu tragen ist: Soll also etwa die Alphabetisierung beider Sprachgruppen zunächst getrennt nach Erstsprachen erfolgen und der Schrifterwerb in der Zweit-/Fremdsprache erst zeitversetzt erfolgen, sollen beide Sprachgruppen gemeinsam in beiden Sprachen koordiniert alphabetisiert werden oder sollen beide Gruppen zunächst gemeinsam in einer der beiden Sprachen und dann zeitversetzt gemeinsam in der anderen Sprache alphabetisiert werden? Es sollte außerdem dafür gesorgt sein, dass die Schüler:innen anschließend – sofern sie dies wünschen – auch in der Sekundarstufe ein zweisprachiges Bildungsangebot wählen können, das ihnen die Gelegenheit bietet, ihre bereits erworbenen besonderen sprachlichen und kulturellen Kompetenzen weiter auszubauen.

Exemplarisch für ein solches Bildungsangebot soll hier die Leonardo da Vinci Schule, eine Grund- und Gesamtschule mit gymnasialer Oberstufe in Wolfsburg, genannt werden. In der Stadt mit einem großen Automobilwerk, das seit Beginn der 1960er Jahre Arbeitskräfte in Italien anwarb, wurde Mitte der 1990er Jahre eine zweisprachig deutsch-italienische Schule gegründet, diese Schulgründung wurde wissenschaftlich begleitet und evaluiert (Sandfuchs, Zumhasch, Kaweik & Sewing 2013).

Bilinguale Grundschule

Die Grundschule der Leonardo da Vinci Schule bietet zwei bilingual deutsch-italienische Klassen mit einem besonderen sprachlichen Profil und eine ‚Naturforscher-Klasse' mit einem experimentierend-forschenden, auf Natur und Technik ausgerichteten Profil an. In den bilingualen Klassen wird eine koordinierte deutsch-italienische Alphabetisierung angeboten. Der Sachunterricht in den bilingualen Klassen wird in Doppelbesetzung von zwei muttersprachlichen Lehrkräften gemeinsam geplant und durchgeführt. Die Wochenplan-Arbeit unterstützt eine Differenzierung der Aufgabenstellungen unter Berücksichtigung der Lernausgangslage (http://ldv-wob.de/grundschule/was-macht-unsere-schule-besonders [18.03.2021]).

Förderung von Mehrsprachigkeit in der Sekundarstufe I

Ein sprachliches Profil kann auch in der Sekundarstufe I gewählt werden. Hier werden dann drei Sprachen angeboten: „Das sind **Deutsch** als Bildungs- und Zielsprache, **Italienisch** und **Englisch.** Alle drei Sprachen werden im Klassenverband und/oder in Kleingruppen gelernt und erprobt. Zusätzlich wird im Fach Gesellschaftslehre Deutsch und Italienisch gesprochen [...] In einem weiteren Fach (z.B. Kunst oder Sport) kann auf Englisch gesprochen werden." Das sprachliche Profil wendet sich an alle Schüler:innen „die bereits Erfahrungen mit Mehrsprachigkeit haben" oder „die ganz viel Lust haben, neue Sprachen zu lernen und zu benutzen" (http://ldv-wob.de/sekundarstufe-1/profile [18.03.2021]).

Die Sekundarstufe II führt bis zur Fachhochschulreife und zum Abitur; in der Qualifikationsphase werden drei Profile angeboten, ein naturwissenschaftliches, ein gesellschaftliches und ein sprachliches mit einem Fokus auf Kultur, Literatur und Theater. Beim Sprachenangebot besteht u.a. die Möglichkeit, Italienisch fortzuführen oder als neu einsetzende Sprache zu wählen (http://ldv-wob.de/sekundarstufe-2/qualifikationsphase [18.03.2021]).

Übung 06

> Bearbeiten Sie die folgende Aufgabe:
> Zum Profil der Leonardo da Vinci Grund- und Gesamtschule Wolfsburg (LDV) gehört auch die Zugehörigkeit zum Netzwerk Europaschule sowie zum Netzwerk Schule ohne Rassismus. Bitte informieren Sie sich über die Ziele dieser beiden Netzwerke und nutzen Sie dazu die folgenden Quellen:
> http://ldv-wob.de/besondere-auszeichnungen/europaschule/ [20.03.2021]
> http://ldv-wob.de/besondere-auszeichnungen/schule-ohne-gewalt/ [20.03.2021]

Zusammenfassung und Ausblick

In diesem Kapitel wurden am Beispiel von Dänisch, Deutsch, Friesisch und Sorbisch als Minderheitensprachen verschiedene Bildungsangebote für Schüler:innen aus den alteingesessenen (autochthonen) Minderheiten in Deutschland vorgestellt sowie am Beispiel der Stadt Wolfsburg ein Bildungsangebot, das im Schuljahr 1993/94 als eine der ersten Gründungen dieser Art im Grundschulbereich mit einem deutsch-italienischen Programm startete und dabei gezielt italienische Familien adressierte, die sich – ursprünglich als Arbeitskräfte befristet angeworben – dazu entschlossen hatten, dauerhaft in Deutschland zu bleiben. Weitere Bildungsangebote, die gezielt auch Schüler:innen aus neu zugewanderten Familien mit einem anderen sprachlichen Hintergrund als Deutsch adressieren, werden in den folgenden Kapiteln vorgestellt.

5.3 Herkunftssprachlicher Unterricht im mehrsprachigen Kontext

Terminologische Fragen

Herkunftssprachen, Sprachen des kulturellen Erbes

Wenn von ‚Herkunftssprachen', ‚Sprachen des kulturellen Erbes' oder – wie beispielsweise in Frankreich – von ‚langues d'origines' gesprochen wird, so wird auf eine durch Herkunft und Tradition begründete Verbindung von Familien oder sozialen Gruppen mit bestimmten Sprachen Bezug genommen. Ist von ‚Familiensprachen' oder – wie beispielsweise in Großbritannien – von ‚community languages' die Rede, so wird damit auf den aktuellen Sprachgebrauch von Familien oder sozialen Gruppen Bezug genommen. Die Begriffe ‚Familiensprachen' und ‚community languages' sollten also dann verwendet werden, wenn diese Sprachen (ggf. neben Deutsch) tatsächlich als Verständigungsmittel innerhalb der jeweiligen Familien bzw. der jeweiligen sozialen Gruppen dienen.

Familiensprachen, ‚community languages'

Die Frage, wie sich ‚Familiensprachen' und ‚community languages' im Kontakt mit anderen Sprachen in anderssprachiger Umgebung entwickeln, seien es die Amtssprachen, regionale Dialekte oder andere 'community languages', ist Thema der Sprachkontaktforschung. Riehl (2014), unterscheidet die folgenden drei Typen von Kontaktphänomenen: Übertragung bestimmter sprachlicher Phänomene (Transfer), Vermeidung bestimmter sprachlicher Phänomene und Entwicklung einer ‚Interlanguage', in der sich zeitweilig im Spracherwerb sprachliche Phänomene finden, die weder der Ausgangs- noch der Zielsprache zugeordnet werden können. Transfererscheinungen lassen sich auf allen sprachlichen Ebenen finden, wie etwa im Wortschatz, in der Grammatik, in der Aussprache, aber auch im alltäglichen Umgang in der gesprochenen Sprache bei der Verwendung von Höflichkeitsmustern oder bei der Abfassung von Texten. Transfer kann dabei in beide Richtungen stattfinden: von den Familiensprachen zur Umgebungssprache und umgekehrt (Riehl 2014, 95f. und 157ff.).

Spracherwerbs- und Sprachkontaktforschung

Für die Weiterentwicklung bildungspolitischer Maßnahmen ebenso wie für die konkrete Ausgestaltung der Lernumgebungen für lebensweltlich mehrsprachige Kinder in Kindertagesstätten sowie lebensweltlich mehrsprachige Schüler:innen in Grundschulen und in weiterführenden Schulen ist die in Familie und Community entwickelte Mehrsprachigkeit ebenfalls bedeutsam. In wissenschaftlichen Diskursen werden für diese Zielgruppen Begriffe wie Schüler:innen ‚mit Migrationshintergrund' oder Schüler:innen ‚mit Zuwanderungsgeschichte' verwendet. Ahrenholz (2017a, 14ff.) verweist auf die mit diesen Bezeichnungen hinsichtlich der potentiellen Sozialschichtzugehörigkeit verbundenen möglichen negativen Konnotationen, was in der Forschung auch dazu führte, diese durch kompetenzorientierte Bezeichnungen wie ‚mehrsprachige

Mehrsprachige Schüler:innen

Migrationshintergrund, Zuwanderungsgeschichte

Kinder und Jugendliche' oder neuerdings auch ,Kinder und Jugendliche mit internationaler Familiengeschichte' zu ersetzen. Zwar wird diese Entwicklung von Ahrenholz (2017a) grundsätzlich begrüßt, gleichzeitig kritisiert er an gleicher Stelle aber auch die Unschärfen dieser neueren Begrifflichkeit, da sie bestimmte Problemlagen verdecken könne. Bereits in den ersten PISA-Studien wird auf einen Zusammenhang zwischen Bildungserfolg, Sozialschichtzugehörigkeit und Migrationshintergrund verwiesen (Deutsches PISA-Konsortium 2001, 360ff, Siebert-Ott 2006, 536ff.). Auch noch die Ergebnisse der PISA-Studie aus dem Jahr 2018 verweisen bei sozioökonomisch benachteiligten Schüler:innen – unabhängig von einer Zuwanderungsgeschichte – auf nachteilige Effekte für deren Bildungserfolg. Allerdings können sich diese Effekte bei Schüler:innen mit Zuwanderungsgeschichte verstärkt auswirken (OECD 2019, 1f):

Bildungserfolg und ungünstiger sozioökonomischer Hintergrund

„Der Anteil der Schülerinnen und Schüler mit Migrationshintergrund hat sich in Deutschland zwischen 2009 und 2018 von 18% auf 22% erhöht. Die Hälfte dieser Schüler ist sozioökonomisch benachteiligt. Zwischen Schülern mit und Schülern ohne Migrationshintergrund besteht im Bereich Lesekompetenz ein Leistungsabstand von 63 Punkten. Dieser Abstand ist auch nach Berücksichtigung des sozioökomischen Profils der Schüler und der Schulen noch vergleichsweise groß (17 Punkte). 16% der Schülerinnen und Schüler mit Migrationshintergrund konnten sich jedoch trotz ihrer relativen sozioökonomischen Benachteiligung im obersten Quartil der Leistungsverteilung platzieren. Der Begriff ,Schüler mit Migrationshintergrund' steht bei PISA für Schüler, deren beide Eltern im Ausland geboren sind. Deutschland gehört zur Gruppe der langjährigen Zielländer mit einem hohen Anteil seit Langem ansässiger geringqualifizierter Zuwanderer“ (OECD 2019, 1f.).

Herkunftssprachlicher Unterricht: Organisationsformen und Curricula

Herkunftssprachlicher Unterricht (HSU), auch als Muttersprachlicher Unterricht (MSU) bezeichnet, wird in Deutschland in zwei Organisationsformen erteilt. In einigen Bundesländern, wie z.B. in Bayern und Baden-Württemberg, findet er gegenwärtig ausschließlich als sogenannter Konsulatsunterricht unter der Verantwortung der konsularischen Vertretungen statt, eine besondere Genehmigung ist dazu nicht erforderlich. In anderen Bundesländern zählt HSU zu den Aufgaben öffentlicher Schulen und steht damit unter staatlicher Schulaufsicht, Konsulatsunterricht wird ergänzend angeboten. Die Lehrkräfte stehen in diesem Fall im Landesdienst und müssen bestimmte fachliche Qualifikationen nachweisen. In Nordrein-Westfalen soll HSU von Lehrkräften erteilt werden, „die die entsprechende Befähigung für ein Lehramt nach deutschem Recht in dem Fach des herkunftssprachlichen Unterrichts besitzen“ (https://bass.schul-welt.de/Service/16253.htm [29.03.2021]).

Herkunftssprachlicher Unterricht (HSU), Muttersprachlicher Unterricht (MSU)

Konsulatsunterricht

Zählt der HSU / MSU zu den Aufgaben öffentlicher Schulen, gelten für ihn außerdem auch curriculare Vorgaben: In Nordrhein-Westfalen beispielsweise wurde zunächst für den MSU in den Klassen 1 bis 4 sowie 5 und 6 aller Schulformen ein sprachenneutraler Lehrplan für den Muttersprachlichen Unterricht entwickelt (Ministerium für Schule, Wissenschaft und Forschung des Landes Nordrhein-Westfalen 2000), außerdem ein – ebenfalls sprachenneutral formulierter – Kernlehrplan für den MSU in der Sekundarstufe I für die Klassen 7–10 sowie den Unterricht in der Muttersprache anstelle einer zweiten oder dritten Pflichtfremdsprache in diesen Klassen (Ministerium für Schule, Wissenschaft und Forschung des Landes Nordrhein-Westfalen 2006). Für die Sekundarstufe I von Gymnasium, Gesamtschule und Realschule traten 2009 neue Kernlehrpläne u.a. für die folgenden Sprachen: Italienisch, Niederländisch, Portugiesisch, Russisch und Spanisch in Kraft, in den Jahren 2011 – 2013 außerdem Kernlehrpläne für das Fach Türkisch an Hauptschulen sowie den Sekundarstufen I und II von Gesamtschulen und Gymnasien.

Curriculare Vorgaben

Herkunftssprachlicher Unterricht: Sprachenangebot und Adressaten

Sprachenangebot

Die Kulturhoheit der Länder beinhaltet, dass es in den einzelnen Bundesländern – auch in Abhängigkeit vom jeweiligen Bedarf – ein unterschiedliches Angebot an Herkunftssprachen geben kann. In Nordrhein-Westfalen etwa werden (Stand Mai 2019) im HSU die folgenden Sprachen angeboten: Albanisch, Aramäisch, Arabisch, Bosnisch, Bulgarisch, Farsi/Dari, Griechisch, Italienisch, Koreanisch, Kroatisch, Kurmanci und Sorani (jeweils kurdische Sprachen), Mazedonisch, Niederländisch, Polnisch, Portugiesisch, Romanes, Rumänisch, Russisch, Serbisch, Spanisch, Türkisch und Vietnamesisch. Der Herkunftssprachliche Unterricht in NRW wendet sich an Schüler:innen der Primarstufe und der Sekundarstufe I „mit internationaler Familiengeschichte, die zwei- oder mehrsprachig in Deutsch und in einer oder mehreren anderen Sprachen aufwachsen." In der Sekundarstufe I soll er nach Möglichkeit „in ein Fremdsprachenangebot überführt werden." Bei einer mindestens ausreichenden Leistung in der Abschlussprüfung nach Klasse 9 oder 10 kann er dann in der gymnasialen Oberstufe als fortgeführte Fremdsprache gewählt werden (https://www.schulministerium.nrw/sites/default/files/documents/Faktenblatt-HSU.pdf [02.04.2021]).

Schüler:innen mit internationaler Familiengeschichte

Herkunftssprachlicher Unterricht und Förderung der deutschen Sprache

Bei Recherchen zur Begründung der Angebote für die sprachliche Förderung von Schüler:innen aus Familien mit Migrationshintergrund wird deutlich, dass – anders als bei Schüler:innen aus autochthonen Sprachminderheiten – das Ziel des Erhalts und Ausbaus der Familiensprachen bzw. der Sprachen des kulturellen Erbes der Schüler:innen nicht unbedingt als gleichbedeutend mit dem Ziel, die Kompetenzen in der Landessprache Deutsch als Unterrichtssprache zu fördern, angesehen wird. Diese Prioritätensetzung wird sowohl im Schulgesetz wie auch im Teilhabe- und Integrationsgesetz des Landes Nordrhein-Westfalen deutlich: Angebote zum Erwerb der deutschen Sprache werden als Beitrag zur Förderung der Integration dieser Zielgruppe angesehen, als bedeutsam werden in diesem Zusammenhang aber auch die Wertschätzung der natürlichen Mehrsprachigkeit sowie die Förderung der sprachlichen Identität (Muttersprache) der Schüler:innen hervorgehoben.

Das Erlernen der deutschen Sprache und das Gelingen von Integration

„§ 2 Abs. 10 Schulgesetz bestimmt: ‚Die Schule fördert die Integration von Schülerinnen und Schülern, deren Muttersprache nicht Deutsch ist, durch Angebote zum Erwerb der deutschen Sprache. Dabei achtet und fördert sie die ethnische, kulturelle und sprachliche Identität (Muttersprache) dieser Schülerinnen und Schüler.'
§ 2 Abs. 3 Teilhabe- und Integrationsgesetz bestimmt: ‚Das Erlernen der deutschen Sprache ist für das Gelingen der Integration von zentraler Bedeutung und wird daher gefördert. Dabei ist das eigene Engagement beim Spracherwerb unerlässlich und zu fördern. Die Wertschätzung der natürlichen Mehrsprachigkeit ist ebenfalls von besonderer Bedeutung.'"
(https://www.schulministerium.nrw/sites/default/files/documents/Faktenblatt-HSU.pdf [02.04.2021]).

Das Land Bayern gehört zu den Bundesländern, die keinen Herkunftssprachlichen Unterricht anbieten und in denen – wie auch im Land Nordrhein-Westfalen – das Förderziel Erwerb der deutschen Sprache Priorität hat. Jedoch wird hier ausdrücklich der Wertschätzung der vielfältigen sprachlichen Ressourcen der mehrsprachigen Schüler:innen durch die Einbeziehung der Erstsprachen in den Unterricht eine zentrale Bedeutung für eine gelungene Integration beigemessen. Für die Fächer Deutsch und Deutsch als Zweitsprache an Grund- und Mittelschulen hat das Land Bayern außerdem gut miteinander vernetzte Lehrpläne vorgelegt (Bayerisches Staatsministerium für Bildung und Kultus, Wissenschaft und Kunst 2014 und 2016).

Lehrpläne für das Fach Deutsch als Zweitsprache

Ein Fach „Deutsch als Zweitsprache" gibt es im Land Nordrhein-Westfalen dagegen nicht, entsprechend finden sich entsprechende Lehrpläne weder bei den aktuell gültigen Kernlehrplänen für die Sekundarstufe I noch bei den Lehrplanentwürfen für die Grundschule, die Ende 2020 für die Verbändebeteiligung vorgelegt wurden.

Wertschätzung von Mehrsprachigkeit und gelungene Integration

„Sprachverstehen und Sprachhandlungsfähigkeit in der deutschen Sprache sind grundlegend für die Entwicklung zu einem selbstbewussten, sozial aktiven und an Bildung interessierten Menschen in der deutschsprachigen Umgebung. Sie sind unabdingbare Voraussetzungen für den schulischen Erfolg in allen Fächern und die berufliche Zukunft. Das Erlernen von Sprachen ist ein wichtiges Bildungsziel. Gerade mehrsprachige Schülerinnen und Schüler erfahren durch die Einbeziehung der Erstsprache eine Wertschätzung ihrer vielfältigen sprachlichen Ressourcen. Die Wertschätzung der Mehrsprachigkeit

- *fördert die transkulturelle Identität, die Akzeptanz der Lebenssituationen im Einflussbereich*
- *mehrerer Kulturen, und ist für eine gelungene Integration zentral."* (Bayerisches Staatsministerium 2014: 52)

Herkunftssprachlicher Unterricht im Kontext von Mehrsprachigkeit

Interdependenz- und Schwellenhypothese

Basic Interpersonal Communicative Skills

Cognitive Academic Language Proficiency

Als eine Begründung für die Bedeutsamkeit der Förderung der Familiensprachen von Schüler:innen aus eingewanderten Familien wurden in der Vergangenheit häufig zwei dem kanadischen Bildungsforscher Jim Cummins zugeschriebene Hypothesen – auch als Interdependenz- und Schwellenhypothese bezeichnet – angeführt: Danach beeinträchtige eine unzureichende Förderung der Familiensprache die kognitive Entwicklung der Schüler:innen und damit auch deren Schulerfolg. Eine gezielte Förderung der Familiensprachen nicht nur im Bereich der für den Alltag relevanten sprachlichen Fertigkeiten (als ‚Basic Interpersonal Communicative Skills (BICS)' bezeichnet), sondern auch im Bereich der für die schulische Bildung relevanten sprachlichen Fähigkeiten (als ‚Cognitive Academic Language Proficiency' (CALP) bezeichnet) sei daher die Grundlage für den erfolgreichen Erwerb weiterer Sprachen und damit für den Bildungserfolg insgesamt; bleiben die sprachlichen Kompetenzen in den Familiensprachen der Schüler:innen dagegen unter einem bestimmten Schwellenniveau, wirke sich das nachteilig auf die sprachliche und die kognitiven Entwicklung und damit auch auf den Bildungserfolg aus. Die beiden Hypothesen sind in dieser Form nicht haltbar und werden von Cummins auch in dieser starken Form nicht vertreten (Baker & Hornberger 2001, Siebert-Ott 2001, Siebert-Ott 2006a, 2006b).

Förderung der Familiensprachen

Cummins' These, dass eine gezielte schulische Förderung der Familiensprache auch eine gute Basis für den Erwerb weiterer Sprachen und für den Bildungserfolg insgesamt bilden *kann*, findet dagegen auch in der einschlägigen Forschung zahlreiche Befürworter: So kommen Reich und Roth (2002, 41f.) in ihrem Überblick über den Stand der internationalen Forschung zum Spracherwerb von Schüler:innen aus Einwandererfamilien zu dem Ergebnis, dass von Programmen, die systematisch die Familiensprachen der Schüler:innen einbeziehen, in aller Regel bessere Ergebnisse zu erwarten sind als von einsprachigen Programmen, in denen der Unterricht ausschließlich in der jeweiligen Landessprache erteilt wird. Auch Marx (2019, 16f.) vertritt mit Verweis auf eigene und fremde Forschung (Collier & Thomas 2017) die These, dass „eine durchgehende Förderung der Familiensprache [...] die kognitive Entwicklung und auch den schulischen Erfolg fördern" kann. Dies gelte insbesondere dann, wenn dabei „schriftsprachliche Strukturen und Texte" fokussiert werden, d.h. wenn auch bei der Förderung sprachlicher Kompetenzen in den Familiensprachen Wert auf die Förderung bildungsrelevanter (schrift-)sprachlicher Kompetenzen gelegt wird.

Förderung schriftsprachlicher Kompetenzen

Schaffung guter schulischer Lernbedingungen

Neben der systematischen Einbeziehung der Familiensprachen in das schulische Sprachenangebot gibt es noch weitere Faktoren, die den Bildungserfolg von Schüler:innen aus eingewanderten Familien beeinflussen können. Wichtig ist auch die grundsätzliche Bereitschaft von Schulen, sich selbst in der Verantwortung zu sehen, für alle Schüler:innen unabhängig von ihren sprachlichen und kulturellen Voraussetzungen Lernbedingungen zu schaffen, die ihnen das Erreichen wesentlicher Unterrichtsziele ermöglichen (Reich & Roth 2002, Siebert-Ott 2006a, Gebele & Zepter 2018, Siebert-Ott & Decker 2018).

Übung 07

> Bearbeiten Sie die folgende Aufgabe:
> Bitte informieren Sie sich am Beispiel des Bundeslandes Nordrhein-Westfalen über die Aufgabe des Herkunftssprachlichen Unterrichts. Nutzen Sie dazu die folgende Quelle: https://bass.schul-welt.de/16253.htm [12.04.2021]

Der herkunftssprachliche Unterricht soll als ergänzendes Unterrichtsangebot in NRW in der Regel im Umfang von fünf Wochenstunden erteilt werden und soll dabei „so weit wie möglich mit dem Unterricht in den Fächern sowie mit außerunterrichtlichen Angeboten, insbesondere im Ganztag, verknüpft werden“ (https://bass.schul-welt.de/16253.htm [21.04.2021]). Eine solche Verknüpfung von sprachlichem und fachlichem Lernen, adressiert an mehr als eine Sprachgruppe und unter Verwendung von mehr als einer Unterrichtssprache wird in unterschiedlichen Formen international seit den 1960er Jahren erprobt und in der wissenschaftlichen Begleitforschung als eine sehr erfolgreiche Methode der Vermittlung von Fremdsprachenkenntnissen beschrieben. Auch in Deutschland starteten Ende der 1960er Jahre – zunächst an Gymnasien mit mehrheitlich einsprachigen Schüler:innen, aber auch mit von Hause aus zweisprachigen Schüler:innen – zweisprachige (bilinguale) Modellversuche, d.h. Programme in denen zwei (oder mehr) Sprachen Unterrichtsmedium und Unterrichtsgegenstand sind. Bevorzugte Sprachenkombinationen waren hier zunächst Deutsch-Französisch und Deutsch-Englisch. Bereits seit Ende der 1960er Jahre wurde hier die deutsche Sprache nicht nur als Erst- sondern zunehmend auch als Zweit- und Fremdsprache in den Blick genommen (Doff 2010, Hallet & Königs 2013, Lütke, Petersen & Tajmel 2017, Michalak, Lemke & Goeke 2015, Siebert-Ott 2001, Siebert-Ott &Decker 2017, Wode 1995).

Übung 08

> Bearbeiten Sie die folgende Aufgabe:
> Bitte machen Sie sich am Beispiel der Leonardo da Vinci Schule, einer Grund- und Gesamtschule mit gymnasialer Oberstufe in Wolfsburg, noch einmal das besondere Konzept von *Two way Immersion*-Programmen deutlich. Nutzen Sie dazu die entsprechenden Informationen in Kap.5.2.

Immersion und Submersion

Immersion, verstanden als ‚Eintauchen in ein Sprachbad‘, gilt in der internationalen Forschung schon seit den späten 1960er Jahren als eine besonders erfolgreiche Methode der Fremdsprachenvermittlung. Aus diesen Beobachtungen wurde der Schluss gezogen, dass eine solche ‚immersive‘ Situation auch für den Erwerb des Deutschen als Zweitsprache von Vorteil sein kann. Allerdings sollte dabei auf die Familiensprachen der Schüler:innen sowohl als Unterrichtsgegenstand als auch als Unterrichtssprache verzichtet werden. Begründet wurde das damit, dass die Forschung gezeigt habe, dass eine frühe, vollständige Immersion („early total immersion") besonders erfolgreich sei, erfolgreicher insbesondere auch als eine frühe, partielle Immersion („early partial immersion") oder als später einsetzende zweisprachige Programme („delayed immersion" bzw „late immersion"). Bei dem Vergleich solcher Programme muss allerdings auch berücksichtigt werden, in welchem Ausmaß über den Unterricht hinaus überhaupt hinreichend Gelegenheiten bestehen und genutzt werden, die Unterrichtssprachen etwa im Kontakt mit Gleichaltrigen auch zu nutzen (Siebert-Ott 2001, Wode 1995). Zu bedenken ist außerdem, dass eine ‚immersive' Situation auch leicht in eine ‚submersive' Situation umschlagen kann, wenn bestimmte Voraussetzungen fehlen. Während Immersion nach dem Prinzip verfährt ‚lerne mit Hilfe geeigneter Unterstützung schwimmen', verfährt Submersion – um im Bilde zu bleiben – nach dem Prinzip ‚lerne (wie auch immer) schwimmen oder gehe unter'. Zu den Unterstützungsangeboten für erfolgreiches Sprachenlernen in Programmen mit früher vollständiger Immersion zählen etwa für diese Programme speziell ausgebildete zweisprachige Lehrkräfte, für diese Programme entwickelte Curricula und Lehrmittel etc. (Siebert-Ott 2001, Reich & Roth 2002, Siebert-Ott 2006a und 2006b, Wode 1995). Zu bedenken ist weiter, dass auch die kanadischen ‚early total immersion'-Programme nicht auf Dauer angelegt sind, sondern nach einem begrenzten Zeitraum in zweisprachige ‚early partial immersion'-Programme überführt werden, in denen auch die Familiensprache der Schüler:innen zum Unterrichtsmedium und Unterrichtsgegenstand wird. Diese Programme werden grundsätzlich auch als sehr gut geeignet angesehen für Schüler:innen aus Familien mit Zuwanderungsgeschichte (Reich & Roth 2002, Siebert-Ott 2001).

Übung 09

> Bearbeiten Sie die folgende Aufgabe:
> Bitte erörtern Sie am Beispiel der Leonardo da Vinci Schule, einer Grund- und Gesamtschule mit gymnasialer Oberstufe

in Wolfsburg, Vorteile und Nachteile eines Fremdsprachen-Frühbeginns ab Klasse 1 in *Early Two way Immersion* Programmen – verglichen mit einem Start eines *Two way Programms* etwa ab Klasse 3 oder ab Klasse 5. Nutzen Sie dazu die entsprechenden Informationen in Kap.5.2.

Two way Immersion: Deutsch in Kombination mit mehreren Herkunftssprachen

Recherchen – etwa mit Hilfe des Deutschen Bildungsservers – zeigen, dass inzwischen in Deutschland etliche ‚Two way Immersion' Programme bereits ab der ersten Klasse in der Grundschule mit verschiedenen Sprachenkombinationen angeboten werden. Über ein erfolgreich arbeitendes deutsch-italienisches Programm an der Leonardo da Vinci Schule, einer Grund- und Gesamtschule mit gymnasialer Oberstufe in Wolfsburg, wurde bereits in Kap. 5.2 berichtet. Ein weiteres Programm, die Staatliche Europa-Schule (SESB) in Berlin, soll im Folgenden vorgestellt werden.

Staatliche Europa-Schule Berlin

Die Staatliche Europa-Schule Berlin startete 1992, d.h. zwei Jahre nach der Unterzeichnung der „Zwei+Vier-Verträge", mit einem zweisprachigen Bildungsangebot an sechs Berliner Grundschulen mit den Sprachenkombinationen Deutsch-Englisch, Deutsch-Französisch und Deutsch-Russisch. Inzwischen sind an 18 Berliner Grundschulen sowie an 15 weiterführenden Schulen Zweige der Staatlichen Europa-Schule Berlin eingerichtet, in denen Unterricht in zwei Sprachen erteilt wird. Deutsch kann hier mit einer der folgenden (Partner-)Sprachen kombiniert werden: Außer Englisch, Französisch und Russisch stehen jetzt noch folgende Partner-Sprachen zur Wahl: Griechisch, Italienisch, Polnisch, Portugiesisch, Spanisch und Türkisch. Das Angebot adressiert sowohl einsprachige als auch zweisprachig aufwachsende Schüler:innen, die und deren Familien Interesse an diesem zweisprachigen Bildungsangebot haben. Aufgenommen werden sollen im Rahmen der Einschulung zu gleichen Teilen (a) Schüler:innen, die die deutsche Sprache oder (b) die jeweilige (Partner-)Sprache altersgemäß „wie eine Muttersprache" beherrschen, sowie (c) Schüler:innen, die eine der beiden Sprachen auf muttersprachlichem Niveau und die andere „auf mindestens annähernd muttersprachlichem Niveau" beherrschen (bilinguale Schüler:innen). Ermittelt werden die

Sprachenangebot und Aufnahmekriterien

Sprachkenntnisse vor der Aufnahme in das Programm mit Hilfe einer „von der Schulaufsichtsbehörde einheitlich genehmigten Überprüfung“ (Senatsverwaltung für Jugend, Bildung und Familie 2018, 4).

Gleichgewichtige Nutzung von zwei Unterrichtssprachen

Während der Unterricht im Fach Deutsch und in der jeweiligen Partner-Sprache bis zum Abschluss von Klasse 8 getrennt stattfindet – ab Klasse 9 sollen beide Sprachen auf muttersprachlichem Niveau unterrichtet werden –, werden die Schüler:innen in den Sachfächern von der ersten Klasse an gemeinsam unterrichtet. In den Fächern Mathematik, Physik und Chemie ist die Unterrichtssprache Deutsch, die Fächer Sachunterricht, Gesellschaftswissenschaften, Geografie, Geschichte und Politische Bildung sowie Biologie werden in der jeweiligen Partnersprache unterrichtet. Das Fach „Naturwissenschaften“ kann wechselnd in beiden Sprachen unterrichtet werden, über die Unterrichtssprache in den Fächern Musik, Kunst, Sport und Ethik kann die jeweilige Schule entscheiden. Dabei soll ein Gleichgewicht zwischen beiden Unterrichtssprachen gewahrt werden. Alle Fächer sollen von Lehrkräften unterrichtet werden, die die Unterrichtssprache in dem von ihnen unterrichteten Fach als Muttersprache sprechen (Senatsverwaltung für Jugend, Bildung und Familie 2018, 7 und 10). Die staatliche Europa-Schule Berlin ist als „durchgängiger Bildungsgang“ konzipiert, beginnend mit Klasse 1 in der Grundschule und mit der Möglichkeit des Erwerbs verschiedener schulischer Abschlüsse: „Berufsbildungsreife, erweiterte Berufsbildungsreife, mittlerer Schulabschluss, Abitur“ (Senatsverwaltung für Jugend, Bildung und Familie 2018, 4). Erklärtes Ziel ist eine durchgängig bilingual-bikulturelle Bildung und Erziehung aller Schüler:innen, die und deren Familien an einem solchen Bildungsangebot interessiert sind, ausdrücklich wird in diesem Zusammenhang auch auf die Zielsetzung des Programms, der Entstehung von Vorurteilen unter den Schüler:innen entgegenzuwirken, verwiesen, sowie – mit Berufsfeldbezug – auf potentielle Brückenfunktionen des Programms.

Bilingual-bikulturelle Erziehung

„Dieses Schulangebot bereitet Kinder und Jugendliche auf die Arbeitswelt der Zukunft vor. Für die Jugend eines vor allem exportorientierten Landes, das mehr und mehr eine Brückenfunktion zwischen West- und Osteuropa übernimmt, ist Mehrsprachigkeit ein großer Vorteil und damit eines (sic!) der wichtigsten Kompetenzen, die die Schule mit auf den Lebensweg geben kann.
Gleichzeitig leistet die Staatliche Europa-Schule Berlin mit ihrem Konzept der bikulturellen Erziehung einen wichtigen Beitrag gegen jede Form der Fremdenfeindlichkeit: In jeder Klasse wachsen Schülerinnen und Schüler verschiedener Nationen mit unterschiedlichen Muttersprachen auf. Sie lernen nicht nur miteinander, sondern auch voneinander. Da bleibt kein Platz für Vorurteile. Diese kulturübergreifende Erziehung unter Wahrung der eigenen kulturellen Identität ist eine wichtige Leitlinie der Staatlichen Europa-Schule Berlin.“ (https://www.berlin.de/sen/bildung/schule/besondere-schulangebote/staatliche-europaschule/ [24.04.21])

Übung 10

Bearbeiten Sie die folgende Aufgabe:
Erörtern Sie am Beispiel der Staatlichen Europa-Schule Berlin potenzielle „Brückenfunktionen“ bilingual-bikultureller Bildungsangebote, berücksichtigen Sie dabei sowohl eine Binnen- als auch eine Außenperspektive (siehe dazu Kap.5.1).

Zusammenfassung und Ausblick

Obwohl gute Kompetenzen in den Erstsprachen, zu denen die Entwicklung von Sprachaufmerksamkeit und Sprachbewusstheit sowie die Entwicklung konzeptioneller Schriftlichkeit zu rechnen sind, eine gute Basis für das weitere schulische Sprachenlernen und den allgemeinen Bildungserfolg bilden, wurde in bildungspolitischen Diskursen in der Vergangenheit der Beitrag des herkunftssprachlichen Unterrichts zum Bildungserfolg von lebensweltlich mehrsprachig aufwachsenden Schüler:innen häufig unterschätzt. Dabei wurde insbesondere auch die für dieses Unterrichtsangebot häufig praktizierte Trennung der Schüler:innen nach

Sprachgruppen kritisch betrachtet, da diese in multilingual-multikulturellen Lerngruppen die Segregation und nicht die Integration fördere. Recherchen zeigen allerdings, dass bilingual-bikulturelle Bildungsangebote im Vorschul- und Schulbereich, wie das in diesem Kapitel vorgestellte Angebot der Staatlichen Europa-Schule Berlin, mit Blick auf ihre sprachlich und kulturell diverse Schülerschaft ausdrücklich auf eine „kulturübergreifende Erziehung unter Wahrung der eigenen kulturellen Identität" abzielen; eine Trennung nach Sprachgruppen spielt in diesem Programm – das, wie dargelegt, ausdrücklich nicht Schüler:innen aus bestimmten Sprachgruppen bevorzugt adressiert – gerade keine zentrale Rolle.

5.4 Sprachunterricht und Sprachförderung im mehrsprachigen Kontext – Kontrastive Sprachbetrachtung

Sprache und Sprachgebrauch untersuchen in mehrsprachigen Kontexten

Wie oben an Beispielen dargelegt, wird in der Gesetzgebung der Länder der Einbeziehung der verfügbaren vielfältigen sprachlichen Ressourcen der Schüler:innen in den Unterricht ausdrücklich eine besondere Bedeutung als ein Zeichen der Wertschätzung dieser Kompetenzen und damit zugleich als ein Beitrag für eine gelingende Integration beigemessen. In den Bildungsstandards und Kernlehrplänen für das Fach Deutsch und – soweit vorhanden – auch für das Fach Deutsch als Zweitsprache wird außerdem in den Kompetenzbereichen „Sprache und Sprachgebrauch untersuchen" (Grundschule und Sekundarstufe I) bzw. „Sprache und Sprachgebrauch reflektieren" (Sekundarstufe II) auf einen bewussten und reflektierenden Umgang mit Sprache hingearbeitet.

Innere Mehrsprachigkeit

Bei der Untersuchung von Sprache und Sprachgebrauch soll ein besonderer Fokus auf die „innere Mehrsprachigkeit" sowie auf die „sprachübergreifende Mehrsprachigkeit" oder auch „äußere Mehrsprachigkeit" gerichtet werden (Ossner 2008, 53 ff.). Mit Blick auf die innere Mehrsprachigkeit nennt Ossner (2008, 53f.) dialektale und soziolektale sowie historische Varietäten sowie formelle und informelle Stilebenen. Ein zentrales Ziel des Unterrichts, zu dem seines Erachtens alle Unterrichtsfächer einen Beitrag leisten können, ist nicht nur die Entwicklung fachsprachlicher Kompetenzen, sondern auch die Entwicklung der kommunikativen Kompetenz einer „sprachlich gebildeten Persönlichkeit", die auch darin besteht, „sich verständlich, personen- und situationsangemessen in Wort und Schrift" auszudrücken (Ossner 2008, 54).

Äußere, sprachübergreifende Mehrsprachigkeit

Mit Blick auf die äußere, sprachübergreifende Mehrsprachigkeit plädiert Ossner (2008) für eine „systematische didaktische Einbeziehung der Herkunftssprachen (als Gegenstand und Medium des Unterrichts)" und hält ausdrücklich einen Unterricht für wünschenswert, in dem „zweisprachige Kinder und Jugendliche zweisprachig unterrichtet werden"; hiervon sei „die Realität allerdings häufig weit entfernt" und dies sei kurzfristig auch nicht realisierbar. Zur Situation zweisprachig aufwachsender Kinder und Jugendlicher und zu Überlegungen, welche bildungspolitischen Maßnahmen für diese Zielgruppe „auf alle Fälle förderlich" sein könnten, verweist (Ossner 2008, 59ff.) auf den oben bereits erwähnten Forschungsüberblick von Reich & Roth et al. (2002) zum Stand der nationalen und internationalen Forschung zu zweisprachig aufwachsenden Kindern und Jugendlichen und den dort (2002, 41) in sieben Punkten zusammengefassten Erkenntnissen, welche nach Auffassung der Forschergruppe bei bildungspolitischen Entscheidungen für diese Zielgruppe beachtet werden sollten. Ossner (2008, 61) hebt im Einklang mit diesen Überlegungen als eine der auch „unter psychohygienischen Gesichtspunkten sinnvollsten Maßnahmen" die „Akzeptanz und Wertschätzung der Sprachen im Klassenzimmer" hervor. Als hilfreich könne sich in diesem Zusammenhang eine vergleichende Sprachbetrachtung auf verschiedenen sprachlichen Ebenen erweisen: Er nennt hier Beispiele aus dem Lautsystem (segmental und suprasegmental), dem Wortschatz und der Syntax (unter Einbeziehung orthographischer Aspekte) (Ossner 2008, 61f.).

Akzeptanz und Wertschätzung der Sprachen im Klassenzimmer

Vergleichende Sprachbetrachtung

Gesamtsprachencurriculum

Ehlich (2017) geht in seinem Beitrag „Ein Gesamtsprachencurriculum für die deutsche Schule des 21. Jahrhunderts" noch einen Schritt weiter. Zunächst konstatiert er, dass Schule und Gesellschaft in Deutschland faktisch zwar bereits seit einem halben Jahrhundert mit einer demographisch mehrsprachigen Situation konfrontiert seien, was aber zunächst nicht zu nachhaltigen Lösungen der damit verbundenen Anforderungen an das Bildungssystem geführt habe. Die Tragweite der (bildungs-)politischen Versäumnisse in diesem Bereich wurde nach seiner Einschätzung tatsächlich erst im ersten

Jahrzehnt des 21. Jahrhundert wirklich erkannt. Bildungspolitisch wurde darauf u.a. bei der Qualifizierung von Lehrkräften und bei der (Weiter-)Entwicklung der Curricula reagiert. Besonders hilfreich bei der Entwicklung von Lösungsansätzen in diesem Bereich war seiner Auffassung nach auch das bürgerschaftliche Engagement von Stiftungen, wie etwa der Mercator-Stiftung oder der Hertie-Stiftung (Ehlich 2017, 249f.). Einen wesentlichen Beitrag zur Entwicklung des Gesamtsprachencurriculums kann darüber hinaus nach seiner Auffassung eine Muttersprachenunterricht und Fremdsprachenunterricht verbindende „Mehrsprachigkeitsdidaktik" leisten, die auch eine systematische Einbeziehung der Herkunftssprachen einschließt (Ehlich 2017, 260):

Mehrsprachigkeitsdidaktik

Gesamtsprachencurriculum und kontrastive Sprachbetrachtung

„Ein Gesamtsprachencurriculum bezieht den nationalsprachlich verfassten Muttersprachenbereich ebenso systematisch mit ein wie die sogenannten Herkunftssprachen, also die Muttersprachen von jenen Schülerinnen und Schülern, die aus anderen Sprachwelten in das hiesige Bildungssystem migriert sind. Ein Gesamtsprachencurriculum neutralisiert also die Dichotomie Muttersprache vs. Fremdsprache. Zugleich bezieht ein Gesamtsprachencurriculum Sprache als Unterrichtsgegenstand wie als Unterrichtsmedium in gleicher Weise ein. Seine zentralen Bildungsziele liegen in der Entwicklung von Sprachbefähigung wie Sprachaneignungsbefähigung und in einer hinreichenden und biographisch weiter entwickelbaren Qualifikation für das Arbeiten mit Sprache in der späteren beruflichen wie universitären sprachlichen Praxis [...] Ein Gesamtsprachencurriculum verflüchtigt nicht die Konkretheit der Sprachen in eine allgemeine Sprachbetrachtung oder -reflexion, die die Lernenden letztendlich mit einer leeren Begrifflichkeit zurücklässt. Im Gegenteil: indem z.B. Kontrastivik der Sprachen und sprachtypologische Sensibilisierung frühzeitig mit eingesetzt werden, gewinnen alle Sprachaneignungsprozesse eine Transparenz, die gerade für die Erfordernisse des schulischen Umgangs mit den Sprachen von erheblichem Nutzen ist." (Ehlich 2017, 261f.)

Der Umgang mit Sprachen, der auf eine sprachtypologische Sensibilisierung auf der Basis kontrastiver Sprachbetrachtung setzt, baut nach Ehlich (2017) auf die „Konkretheit der Sprachen". Hier lässt sich das so verstehen, dass die Sprachenfächer einer Schule auf dieser Grundlage jeweils ihren Beitrag zu einem schulischen Gesamtsprachencurriculum leisten, andere Gestaltungsformen für eine Didaktik der Sprachenvielfalt sind aber grundsätzlich denkbar. Grundlegende Beiträge für entsprechende Entwicklungen im Kompetenzbereich „Sprache und Sprachgebrauch untersuchen" wurden von Sprachwissenschaft und Sprachdidaktik geleistet; auch in Bildungsstandards und Kernlehrpläne des Faches Deutsch haben diese Überlegungen Eingang gefunden, zahlreiche Unterrichtsvorschläge wurden entwickelt und erprobt (Baurmann & Müller 2016, Decker & Siebert-Ott 2019, Dirim & Oomen-Welke 2013, Nauwerk 2009, Oomen-Welke 2017a und b, Oomen-Welke 2019, Schader 2012).

Kompetenzerwartungen an Lehrkräfte in mehrsprachigen Kontexten

Didaktisches Expertenhandeln

Mit Bezug auf ein gängiges Modell – das „didaktische Dreieck" – unterscheidet Ossner (2008, 17f) drei Felder für „didaktisches Expertenhandeln" in Schule und Unterricht, die jeweils spezifische Kompetenzen erfordern: (a) Fachliche Kompetenz (Lernfeld/Lernstoff), wozu er anschlussfähige fachwissenschaftliche und fachmethodische Kompetenzen zählt, die Fähigkeit zur Teilnahme an fachlichen Diskursen in Wissenschaft und Gesellschaft sowie die Fähigkeit zur ästhetischen und ethischen Bewertung von Lernstoffen (2008, 19f.). (b) Personale Kompetenz (Personenfeld/Schüler:innen) umfasst nach Ossner Erziehungskompetenz, Kommunikationskompetenz, didaktische und methodische Kompetenz im engeren Sinne sowie Diagnose-, Beurteilungs- und Förderkompetenz (2008, 20ff). (c) Zur institutionellen Kompetenz (Institutionsfeld) rechnet er mit Blick auf die eigene Weiterentwicklung und die der Institution Evaluations- und Entwicklungskompetenz (2008, 26).

Ossner (2008) bezieht sich dabei auf einen in der empirischen Bildungsforschung und auch in den empirisch arbeitenden Fachdidaktiken häufig verwendeten und auch viel diskutierten Kompetenzbegriff von Weinert (2001), verstanden als Problemlösungskompetenz, zu der er nicht nur die kognitiven Fähigkeiten und Fertigkeiten einer Person zur Lösung einer (selbst-)gestellten Aufgabe, sondern auch die „inneren Beweggründe" (Motive), diese Aufgabe zu lösen, und den Willen / die Willenskraft zur Umsetzung von Handlungsabsichten rechnet:

Kompetenz

„Dabei versteht man unter Kompetenzen die bei Individuen verfügbaren oder durch sie erlernbaren kognitiven Fähigkeiten und Fertigkeiten, um bestimmte Probleme zu lösen, sowie die damit verbundenen motivationalen, volitionalen und sozialen Bereitschaften und Fähigkeiten, um die Problemlösung in variablen Situationen erfolgreich und verantwortungsvoll nutzen zu können." (Weinert 2001, 27f.)

Systematisch untersucht wurde die professionelle Kompetenz von Lehrkräften in Deutschland in einer empirischen Untersuchung (COACTIV) – als Zusatzstudie integriert in die PISA-Längsschnittuntersuchung (2003/04) – von einem multidisziplinären Team von Wissenschaftler:innen aus den Bereichen Psychologie, Pädagogik und Fachdidaktik (Mathematik) unter Leitung von J. Baumert, W. Blum und M. Neubrand. Im Rahmen dieser Untersuchung wurde am Max-Planck-Institut für Bildungsforschung (Berlin) im Kontext internationaler Forschung ein – für die Forschung zur Professionalisierung von Lehrkräften einflussreiches – theoretisches Modell zur Konzeptionalisierung der Lehrerkompetenz entwickelt: Als wesentliche Bestandteile professioneller Kompetenz von Lehrkräften finden sich in diesem Modell – wie auch in der Begriffsbestimmung von Weinert (2001) – zum einen das Professionswissen (hier mit den Wissensbereichen Fachwissen, Fachdidaktisches Wissen, Organisationswissen und Beratungswissen) und zum anderen Überzeugungen/Werthaltungen, motivationale Orientierungen und selbstregulative Fähigkeiten (bei Weinert volitionale Bereitschaften und Fähigkeiten) (Kunter 2006, Baumert & Kunter 2011).

Professionelle Kompetenz von Lehrkräften

Die genannten Wissensbereiche/Kompetenzbereiche werden auf einer nächsten Ebene (fachspezifisch) weiter spezifiziert (Wissensfacetten / Kompetenzfacetten); im Modell spezifiziert am Beispiel des Faches Mathematik, werden als Kompetenzfacetten des Fachwissens „ein tiefes Verständnis der Schulmathematik", des fachdidaktischen Wissens u.a. „Erklärungswissen" und „Wissen über

Kompetenzfacetten

mathematische Aufgaben" und des pädagogisch-psychologischen Wissens u.a. „Wissen über Lernprozesse" genannt (Baumert & Kunter 2011, 32).

Qualifizierung für Unterricht in mehrsprachigen Kontexten

Eine notwendige Voraussetzung dafür, dass Lehrkräfte in mehrsprachigen Kontexten erfolgreich handeln können, sind Aus- und Fortbildungsangebote für (angehende) Lehrer:innen, in denen diese sowohl ihr Professionswissen weiter ausbauen, um die Kompetenzentwicklung bei ihren Schüler:innen auch in mehrsprachigen Kontexten gezielt fördern zu können, als auch hinreichend Gelegenheit finden, Überzeugungen, Werthaltungen und motivationale Orientierungen mit Blick auf mehrsprachige und multikulturelle Lerngruppen zu reflektieren und außerdem dabei unterstützt werden, ihre selbstregulativen Fähigkeiten auszubauen (Decker, Kaplan & Siebert-Ott 2019, Masanek & Kilian 2020, Kaplan 2019 und 2020, Petersen 2019, Schmölzer-Eibinger, Akbulut & Bushati 2019, Schöndorf & Steinmetz 2021).

Modellierung von Kompetenzerwartungen an Schüler:innen in mehrsprachigen Unterrichtskontexten

International vergleichende Schulleistungsstudien: TIMSS, IGLU, PISA)

Die Beteiligung der Länder der Bundesrepublik Deutschland an international vergleichenden Schulleistungsstudien wie der TIMSS-Studie (Trends in International Mathematics and Science Study, seit 2007) und der PIRLS (Progress in International Reading Literacy Study) / IGLU-Studie (Internationale Grundschul-Lese-Untersuchung, seit 2001) in der Jahrgangsstufe 4 der Grundschule und der PISA Studie (Programme for International Student Assessment, seit 2000), in der die Kompetenzen von 15-jährigen Schüler:innen in den Bereichen Lesekompetenz, Mathematik und Naturwissenschaften untersucht werden, haben – ebenso wie die DESI-Studie (Deutsch Englisch Schülerleistungen International, als nationale Ergänzung zur PISA-Studie einmalig im Schuljahr 2003/04 durchgeführt) – auch zu einer deutlichen Kompetenz-Orientierung, durchaus auch im Sinne einer kritischen Auseinandersetzung, in den Fachdidaktiken geführt.

Impulse für die Deutschdidaktik

In seinem Beitrag „Sprachförderung – mit PISA in anderem Licht?" beim 14. Symposion Deutschdidaktik 2002 vertritt Sieber die These, dass die – auch in einer breiteren Öffentlichkeit geführten – Diskussionen um diese erste PISA-Studie aus dem Jahr 2000 mit Blick auf „Leistungen zu unterschiedlichen Dimensionen der Lesefähigkeit“ und „Aussagen über den Einfluss von Sozialisationsfeldern“ vor dem Hintergrund von für das deutsche Bildungssystem wenig erfreulichen Ergebnissen dazu beitragen können, „die grundlegenden Orientierungen der Sprachförderung zu überprüfen und dabei „dem Wissen um die Effekte unserer Bemühungen“ mehr Aufmerksamkeit zu schenken (Sieber 2003, 4).

Förderung von Schlüsselqualifikationen

Sieber plädiert in seinem Beitrag für eine Umorientierung der Deutschdidaktik, die (1.) die Förderung von Schlüsselqualifikationen, wie die Förderung von Lesekompetenz, bei allen Schüler:innen stärker fokussiert und merkt dazu kritisch an: „Könnte es sein, dass wir – aus einer langen bildungsbürgerlichen Tradition heraus – vergessen haben, welches Welt-, Sprach- und Handlungswissen notwendig ist, damit Texte verstanden werden können und damit auch schreibend darauf reagiert werden kann?“ Er fordert außerdem (2.) Verbesserungen in der Aus- und Weiterbildung von Lehrkräften im Bereich der Diagnosefähigkeit und (3.) im Bereich der individuellen Förderung von Schüler:innen im Rahmen individualisierender und differenzierender Unterrichtsangebote sowie (4.) eine Ausrichtung des Unterrichts „auf verbindliche Standards hin“ und plädiert insgesamt für eine Abkehr von einer defizitorientierten Sichtweise auf Schülerleistungen (Sieber 2003, 15f.).

Abkehr von einer defizitorientierten Sicht auf Schüler:innen

„Diskussionslinien innerhalb der Kompetenzdebatte“ in der Fachdidaktik Deutsch, „welche Kompetenzen im Rahmen des Deutschunterrichts erworben werden, bzw. erworben werden sollen“ (Böhnisch 2008a, 5 u. 15) zeigen die Beiträge zum 16. Symposion Deutschdidaktik „Kompetenzen im Deutschunterricht“ auf (Böhnisch 2008b). Einen wichtigen Impuls für diese Diskussion in der Fachdidaktik Deutsch um eine stärkere Kompetenzorientierung gibt Ossner (2006) mit einem Beitrag zu Kompetenzen und Kompetenzmodellen im Deutschunterricht. Er konstatiert zu diesem Zeitpunkt noch kritisch: „Die Deutschdidaktik ist mit und nach PISA in diese Diskussion hineingestolpert, ohne dass sie sie selbst hätte gestalten wollen, geschweige denn können“ (Ossner 2006, 5). In dem von Ossner entwickelten dreidimensionalen Kompetenzmodell werden berücksichtigt: (a) Kompetenzinhalte (x-Achse), (b) Kompetenzdimensionen (y-Achse) und (c) Anforderungsniveaus (Kompetenzstufen) oder Entwicklungsstadien (z-Achse) (Ossner 2006, 9ff.). Bei der Modellierung der Kompetenzinhalte (x-Achse des Modells) orientiert sich Ossner (2006) an den (traditionellen)

Ein Kompetenzmodell für das Fach Deutsch

Kompetenzinhalte

Arbeitsbereichen des (Schul-)Faches Deutsch, wie sie auch in die nationalen Bildungsstandards für das Fach Deutsch für die verschiedenen Schulformen / Schulstufen Eingang gefunden haben: Mündlichkeit (Hören und Sprechen) und Schriftlichkeit (Lesen und Schreiben (untergliedert in motorisches Schreiben, orthographisch richtiges Schreiben und Schreiben im Sinne von Texte verfassen) sowie die Beschäftigung mit Sprache und Sprachgebrauch. Anknüpfend an die Modellierung von „Wissensarten" in der Pädagogischen Psychologie (Mandl, Friedrich & Hron 1986) unterscheidet Ossner (2006, 10) vier Kompetenzdimensionen (Wissensarten) (y-Achse des Modells): Deklaratives Wissen („spezifisches Wissen über das Gegenstandsfeld"), Problemlösungswissen („Methodisches Wissen zur Erkenntnisgewinnung"), prozedurales Wissen („zu Prozeduren und Routinen verdichtetes Wissen" und metakognitives Wissen („Bewusstheit des Tuns in einem Gegenstandsfeld").

Kompetenzdimensionen

Schreib- und Textkompetenzen

Das Modell von Ossner (2006) dient sowohl als Ausgangspunkt für weitere grundsätzliche Überlegungen zur Modellierung, Entwicklung und Testung von im Rahmen des Deutschunterrichts zu vermittelnden Kompetenzen wie etwa von Schreibkompetenzen (Becker-Mrotzek & Schindler 2007, 2008), verstanden auch als basale Schreibkompetenzen, die im Anfangsunterricht der Grundschule erworben werden sollen (Schindler & Siebert-Ott 2014a), oder von Text- und Diskurskompetenzen, verstanden als Schreiben im Sinne von Texte verfassen mit Bezug auf und in Auseinandersetzung mit anderen Texten, die in der Sekundarstufe I angebahnt und in der Sekundarstufe II auch im Sinne wissenschaftspropädeutischen Schreibens weiter ausgebaut werden sollen (Schindler & Siebert-Ott 2012 und 2014b, Siebert-Ott, Decker, Kaplan & Macha 2015, Schindler, Rosell, Gleis 2018, Decker & Siebert-Ott 2019, Decker, Guschker, Hensel & Schindler 2021).

Professionelle Kompetenzen für den Unterricht in mehrsprachigen Kontexten: Der Kompetenzbereich (Recht-)Schreiben

Die spezifischen Anforderungen an das Professionswissen von Lehrkräften (s.o.) für den Unterricht in mehrsprachigen Kontexten sollen im Folgenden mit Bezug auf den Deutschunterricht am Beispiel des

Kompetenzbereichs ‚Schreiben' mit einem besonderen Fokus auf die Entwicklung orthographischer Kompetenzen betrachtet werden.

Analyse eines Schülertextes

Die Fliegende Statd
Es war einmal ein Junge. Er lebte in einem dorf, das war sehr arm. Er lebte mit seinem mutter und mit seinem zwei gescwester. Er hatte nur einem er wollte könig sein, aber es war unmöglich. Eines tag laufte in wald, hat er ein geruch [Geräusch, GK] gehört. Er hatte Angst. Er hat weiter gegangen. Er siehte da einem riesigen vogel. Die hat gesagte: „Wie heißt du den?" Er hatte Angst, aber er geantwortete: „Ich heiße Lukas!" „Und wie heißt du?" fragte er die vogel. sagte: „Ich heiße Lala." Wen Lukas mit die Lala spricht er denkt „Ich habe enlich eine freunde!" Aber sie krank. „Was hast du den?" fragte Lukas. Sie antwortete:" Mein zehne tuht we!" „Las mich mal kuken!" sagte Lukas. Sie zeigt und Lukas sagt: „Deine Zehne sind voll schlecht, ich muss es ziehen!" Dan ziehte er Lalas zehne. Erste mal sie weihnte und dann hörte sie auf zum weihnen, sie sagte: „Danke, es tut nicht mehr we, ich muss dich belohnen! Ich komme um fünf Uhr morgen!" sagte sie. „Okey!" sagte Lukas. Dan gehte zum haus das alles sagte zum seine mutter. Danach schläfte er. Dan es war morgen morgen fünf uhr. Die vogel kommte und sie hollte Lukas und sie fliegten. Nach eine Stunde sie kommten zum eine Stadt. Aber es fliegte. An diese stadt gebte keinen konig sie wollten ein konig, aber wollte keine könig werden. Aber eine wollte könig und das war Lukas und dan war Lukas der könig. Und war immer glucklich. Ende (Kniffka 2006, 77)

Beurteilung von Schülertexten – kompetenzorientiert

Die Beurteilung von Schülertexten, die ggf. auch die Grundlage für eine Benotung bildet, soll – unabhängig von ihrer Form (mündlich oder schriftlich) – kriteriengeleitet erfolgen, unterstützend werden hierfür oft Kriterienkataloge (auch als Kompetenz- bzw. Beurteilungsraster bezeichnet) genutzt. Die Kriterien beziehen sich auf Inhalt und Aufbau des Textes, die sprachliche Angemessenheit mit Bezug auf die Textsorte (Wortwahl, Satzbau) sowie die Sprachrichtigkeit (Orthographie, Grammatik) (Becker-Mrotzek 2014, Jost & Böttcher 2015, Decker & Kaplan 2019, Kaplan 2019, Petersen 2019): In seinem Text „Die Fliegende Statd" wählt der Schüler sprachlich angemessen für die Textsorte Märchen das Präteritum (Es war einmal ein Junge. Er lebte in einem Dorf...). Am Anfang und am Ende des Textes wählt er außerdem für die Textsorte typische Formulierungen: einleitend „Es war einmal..." und zum Schluss „Und war immer glucklich". Märchentypisch ist auch die Belohnung einer guten Tat und die Eindimensionalität: Tiere (im Text ein Vogel) können sprechen wie Menschen und entsprechend auch planvoll handeln.

Fehleranalyse

Der Text enthält etliche grammatische und orthographische Fehler: Auffällig ist die Übergeneralisierung des Musters für die Bildung regelmäßiger (schwacher) Verbformen auf unregelmäßige (starke) Verben: gehte (ging), laufte (lief) usw. Orthographische Fehler finden sich gehäuft bei der Großschreibung von Nomen: dorf, mutter, könig, wald usw. Texte wie der hier vorliegende weisen auf die Notwendigkeit einer differenzierten Schülertextbeurteilung hin, die nicht nur die kriteriale Bezugsnorm und soziale Bezugsnorm, sondern auch die individuelle Bezugsnorm berücksichtigt, d.h. auch die individuellen Voraussetzungen sowie die individuelle Kompetenzentwicklung in den Blick nimmt. Hilfreich wäre hier eine stärkere Verankerung der Entwicklung diagnostischer Kompetenzen unter Berücksichtigung sowohl von Deutsch als Erst- als auch von Deutsch als Zweitsprache bereits in der ersten Phase der Lehrer:innenausbildung (Decker & Kaplan 2019, Kaplan 2019, Petersen 2019, Steinhoff 2010).

Differenzierte Schülertextbeurteilung

Entwicklung diagnostischer Kompetenzen

Übung 11

Bitte bearbeiten Sie folgende Aufgaben:
(a) Lesen Sie noch einmal das Märchen „Die fliegende Statd", das ein Schüler (11) mit der Muttersprache Türkisch in der Regelklasse (Stufe 5) verfasst hat, nachdem er zuvor etwa 13 Monate eine internationale Förderklasse besucht und dort Deutsch als Zweitsprache erlernt hat und bilden Sie sich einen Gesamteindruck von dem Text.
(b) Konzentrieren Sie sich dann auf die Orthographie (speziell die Großschreibung) und die Zeichensetzung im Text: Welche Regeln werden hier vom Schüler bereits beachtet und in welchen Bereichen benötigt der Schüler noch eine besondere Unterstützung?

Decker & Kaplan (2019, 121f.) konstatieren mit Bezug auf die fachliche Diskussion in der Schreibdidaktik um Anforderungen an die Beurteilung von schriftlichen Schülerleistungen, dass fördernde Beurteilungen, orientiert am Leistungsvermögen der Schüler:innen, konkrete Überarbeitungsvorschläge enthalten sollen, die sowohl der „Optimierung" des vorliegenden Textes als auch der Einleitung der nächsten Lernschritte dienen. Im vorliegenden Fall kann die Lehrkraft durchaus kontrastiv arbeiten. Dazu kann sie sich zum einen im Vergleich mit weiteren, ihr bekannten Sprachen – wie etwa Englisch, Französisch, Spanisch, Italienisch – verdeutlichen, dass die satzinterne Großschreibung im Deutschen eine Besonderheit darstellt. Sie sollte sich außerdem – sofern nicht bekannt – über Regeln der Großschreibung im Türkischen informieren. Hierbei kann auch das Expertenwissen des Schülers genutzt werden. Zum anderen muss die Lehrkraft selbst über fundierte fachliche Expertise im Bereich von Orthographie und Schriftsystem des Deutschen verfügen, d.h. sie muss orthographische Regeln nicht nur korrekt anwenden können, sondern sie muss über vertieftes, schulrelevantes Fachwissen im Bereich des Schriftsystems des Deutschen verfügen. Im konkreten Fall bedeutet das, dass ihr bewusst sein muss, dass sich die Regeln der satzinternen Großschreibung im Deutschen nicht allein auf der Basis von semantischen Kriterien, d.h. nicht ausschließlich bedeutungsorientiert, vermitteln lassen: Die Regel ‚Namenwörter schreibt man groß, Tätigkeitswörter und Eigenschaftswörter schreibt man klein', kann bereits bei Grundschulkindern für Verwirrung sorgen, wie das folgende Beispiel zeigt: „Die Kinder wollen gerne schwimmen. Am Nachmittag dürfen sie sich zum Schwimmen verabreden." Erst die Verwendung morphologischer und syntaktischer Kriterien bei der Klassifikation von Wortarten erlaubt in diesem Beispiel eine sichere Entscheidung über die korrekte Schreibweise (vgl. dazu Eisenberg 2016, Fuhrhop 2020, Steinig & Ramers 2020).

Förderndes Beurteilen

Sprachvergleich – satzinterne Großschreibung

Unterrichtsrelevantes Expertenwissen

Auch wenn von Schüler:innen am Ende der Grundschulzeit in diesem Bereich der deutschen Rechtschreibung noch kein sicheres Problemlösungswissen verlangt werden kann, sollten sie sich bereits mit der satzinternen Großschreibung beschäftigt haben. Sie sollten bereits über das deklarative Wissen verfügen, dass – wie das Beispiel oben zeigt – in manchen Fällen erst im Satzzusammenhang entschieden werden kann, ob ein Wort groß oder klein geschrieben werden muss, sie sollten außerdem bereits über ers-

Aufbau orthographischer Kompetenzen

tes Problemlösungswissen in diesem Bereich – wie die Artikelprobe und die Möglichkeit einer Erweiterung durch Attribute – sowie über das metakognitive Wissen verfügen, dass sie in den folgenden Schuljahren in diesem Bereich ihre Kompetenzen noch erweitern können. Dies verlangt von den Lehrkräften, die in der Sekundarstufe I unterrichten, dass sie den Standards für den Hauptschul- bzw. den Mittleren Bildungsabschluss im Fach Deutsch entsprechend besonders in den Bereichen satzinterne Großschreibung, Getrennt- und Zusammenschreibung und Zeichensetzung systematisch weiter an dem in den Kompetenzbereich „Schreiben" integrierten Auf- und Ausbau der orthographischen Kompetenzen ihrer Schüler:innen arbeiten und dazu – soweit erforderlich – ihre eigene Expertise weiter ausbauen (Naumann & Weinhold 2018 (für die Grundschule), Bremerich-Vos 2014 (für die Sekundarstufe I).

Ausbau orthographischer Kompetenzen in der Sek. I

Expertise von Lehrkräften

Grundsätzlich sollte kontrastive Sprachbetrachtung an Schulen als eine das einzelne Fach übergreifende Aufgabe verstanden und grundsätzlich von allen Sprachfächern unterstützt werden, vgl. hierzu oben die Überlegungen von Ehlich (2017) zur Entwicklung eines (schulischen) Gesamtsprachencurriculums. Hier ist eine fachlich fundierte kontrastive Sprachbetrachtung für Lehrkräfte – trotz des erhöhten koordinativen Aufwandes – grundsätzlich leichter möglich, da hier stets auf mehr Expertenwissen zurückgegriffen werden kann. Nach Überzeugung von Oomen-Welke, die sich schon früh für eine kontrastive Sprachbetrachtung in sprachlich heterogenen Lerngruppen im Rahmen des Deutschunterrichts einsetzte, setzt kontrastive Sprachbetrachtung bei Lehrkräften grundsätzlich aber auch die Bereitschaft voraus, auf das sprachliche Wissen und Können der Schüler:innen und ihrer Familien zurückzugreifen, indem etwa spontan geäußerte Beobachtungen der Schüler:innen zu sprachlichen Phänomenen im Unterricht wie „Auf Türkisch heißt Katze kedi und wird auch klein geschrieben" aufgegriffen werden und darüber hinaus den Schüler:innen auch gezielt ‚Untersuchungsaufgaben' zu bestimmten sprachlichen Phänomenen übertragen werden (Oomen-Welke 2019).

Schüler:innen als (Sprach-)Expert:innen

Schriftspracherwerb und sprachliche Bildung in zwei Sprachen

Mehrsprachige schulische Bildungsangebote – Rückschau

In den vorangehenden Unterkapiteln von Kapitel 5 wurden zahlreiche schulische Bildungsangebote vorgestellt, die eine sprachliche (Aus-)Bildung in zwei oder mehr Sprachen, die zu einer aktiven Mehrsprachigkeit führt, ermöglichen sollen. Exemplarisch genannt werden sollen hier noch einmal das an alle Schüler:innen adressierte Bildungsangebot in Luxemburg, die Bildungsangebote für die Angehörigen der deutschen Grenzminderheit in Dänemark und der dänischen Grenzminderheit in Deutschland und weitere Bildungsangebote an Schulen in Deutschland mit einem besonderen sprachlichen Profil, wie die oben erwähnte Leonarda da Vinci Schule, eine Grund- und Gesamtschule mit gymnasialer Oberstufe in Wolfsburg mit einem zweisprachig deutsch-italienischen Bildungsangebot ab Klasse 1, und die oben erwähnte Staatliche Europa-Schule Berlin, in der man – ebenfalls mit der Grundschule beginnend – Deutsch mit einer Partner-Sprache kombinieren kann, diese kann gegenwärtig aus einem Angebot von neun Sprachen ausgewählt werden. In Deutschland wird außerdem in einigen Bundesländern an Regelschulen in der Grundschule und der Sekundarstufe I herkunftssprachlicher Unterricht angeboten, der – wie beschrieben – in NRW in der Sekundarstufe I nach Möglichkeit in ein Fremdsprachenagebot überführt und in der gymnasialen Oberstufe als fortgeführte Fremdsprache gewählt werden kann.

Alphabetisierung in zwei Sprachen – Organisationsformen

Mit der ersten Klasse der Grundschule einsetzende mehrsprachige schulische Bildungsangebote gibt es in verschiedenen Organisationsformen: Während – wie oben dargelegt – an der Leonardo da Vinci Schule in den bilingualen Klassen der Grundschule eine koordinierte zweisprachige Alphabetisierung angeboten wird, findet an der Staatlichen Europa Schule Berlin der Unterricht im Fach Deutsch und in der jeweiligen Partnersprache bis zum Abschluss von Klasse 8 getrennt statt. Mit der ersten Klasse der Grundschule einsetzende Projekte zum mehrsprachigen koordinierten Lernen werden, beginnend mit einer koordinierten Alphabetisierung in zwei Sprachen, auch in Kooperation von Regelunterricht und Herkunftssprachlichem Unterricht angeboten:

KOALA – Koordiniertes mehrsprachiges Lernen

„KOALA – Koordiniertes Mehrsprachiges Lernen – ist die inhaltliche und methodische Koordination des Regelunterrichts (RU) und des Herkunftssprachlichen Unterrichts (HSU). Dabei werden alle in der Klasse vorhandenen Sprachen mit einbezogen. Kernidee ist, die Deutschkenntnisse der Kinder – orientiert an individuellen Spracherwerbsbedingungen – weiterzuentwickeln sowie die Familiensprache zu erhalten und auszubauen. Bei der Koordinierten Alphabetisierung verläuft der Schriftspracherwerb in der Herkunftssprache und in Deutsch parallel. In der KOALA-Stunde unterrichten beide Lehrkräfte gleichberechtigt im Team. Die Mehrsprachigkeit der Kinder wird in das Unterrichtsgeschehen mit eingebunden und als Ressource verstanden. So werden die Kinder durch das Vergleichen von Sprachen (kontrastives Lernen) sowohl für ihre als auch für die (noch) fremde Sprache sensibilisiert. KOALA – Koordiniertes Mehrsprachiges Lernen – bietet sich in allen Fächern an und ist eine wichtige Grundlage für das Erlernen von Unterrichtsinhalten für alle Kinder. Da seit mehreren Jahren die Zusammenarbeit der RU- und HSU-Lehrkräfte weit über den Anfangsunterricht hinausgeht, änderte man den ursprünglichen Konzeptnamen KOALA (Koordinierte Alphabetisierung im Anfangsunterricht) hin zu KOLE (Koordiniertes Lernen). Diese Entwicklung geht weiter, hin zu aktuell KOALA – Koordiniertes Mehrsprachiges Lernen –, das die Sprachenvielfalt in den Klassen berücksichtigt und widerspiegelt. Hiermit sind die Stunden gemeint, in denen die HSU-Lehrkraft und die RU-Lehrkraft gemeinsam im Team, den Unterricht nach dem Konzept KOALA – Koordiniertes Mehrsprachiges Lernen – gestalten.“
(Bezirksregierung Köln 2021, 14)

Koordiniertes mehrsprachiges Lernen

Das Konzept „KOALA – koordiniertes mehrsprachiges Lernen“ für die Primarstufe wird im Regierungsbezirk Köln gegenwärtig an fünfzehn Grundschulen durchgeführt, davon sechs in der Stadt Köln, drei in der Städteregion Aachen, zwei in der Stadt Bonn, zwei im Oberbergischen Kreis sowie einer Grundschule im Rhein-Sieg Kreis. Alle Schulen zeichnen sich aus durch einen großen Anteil von Schüler:innen „mit internationaler Familiengeschichte“. Schulen im Regierungsbezirk, die an der Einführung des Konzeptes interessiert sind, erhalten Beratung und Unterstützung bei der Arbeitsstelle Migration der Bezirksregierung (Bezirksregierung

Köln 2021, 17). Vier der Schulen sind auch am bundesweiten Programm „Bildung durch Sprache und Schrift" (BISS-Transfer, Laufzeit 2020–2025) beteiligt, einer gemeinsamen Initiative des Bundesministeriums für Bildung und Forschung (BMBF) und der Länder. Gemeinsames Ziel „ist der wissenschaftsbasierte Transfer von Konzepten zur Sprachbildung, Lese- und Schreibförderung in bis zu 2700 Schulen und Kitas bundesweit" (https://www.mercator-institut-sprachfoerderung.de/de/forschung-entwicklung/aktuelle-projekte/biss-transfer/ [23.06.2021]). In Nordrhein-Westfalen werden Programme zur zweisprachigen Alphabetisierung und zum zweisprachigen koordinierten Lernen seit Ende der 1990er Jahre entwickelt und erfolgreich erprobt, dabei konnte an Erfahrungen mit Programmen zur koordinierten Alphabetisierung in anderen Bundesländern, wie etwa in Hessen und in Berlin entwickelten Programmen zur zweisprachigen Alphabetisierung, angeknüpft werden (Bezirksregierung Köln 2021, 18).

Bildung durch Sprache und Schrift

KOALA in NRW

Entwicklung orthographischer Fähigkeiten im mehrsprachigen Kontext

Die vielfältigen Programme zu Alphabetisierung und sprachlicher Bildung in zwei Sprachen bauen – wie oben dargelegt – auch auf dem spezifischen Expertenwissen der in diesen Programmen kooperierenden Lehrkräfte auf. Davon kann bei der Entwicklung orthographischer Fähigkeiten in einer Sprache in mehrsprachigen Kontexten nicht uneingeschränkt ausgegangen werden. Röber-Siekmeyer (2006, 400) stellt in ihrem Beitrag „Die Entwicklung orthographischer Fähigkeiten im mehrsprachigen Kontext" mit Blick auf bestimmte Methodenkonzepte für den Anfangsunterricht in mehrsprachigen Lerngruppen fest: „Aufgrund der durchgängig phonetisch-linearen Interpretation des Laut-Schrift-Verhältnisses (1:1) der Konzepte wird die Möglichkeit, durch die Schriftrepräsentation die spezifischen phonetischen und phonologischen Bedingungen des Deutschen generell und zusätzlich ihren Kontrast zu den Herkunftssprachen der Kinder zu systematisieren, nicht ausreichend gesehen." Röber-Siekmeyer spricht hier ein grundsätzliches Problem an, das in der Fachdiskussion mit einer bestimmten Methode für den Anfangsunterricht im Lesen und Schreiben in Verbindung gebracht wird, das lautorientierte Konzept „Lesen

Probleme eines durchgängig phonetisch-linearen Ansatzes

durch Schreiben" des Schweizer Pädagogen Jürgen Reichen, die sog. Reichen-Methode (zur Kritik an dieser Methode vgl. auch Schründer-Lenzen 2013, 211ff.). Kritisiert werden aber grundsätzlich alle Ansätze, die das Laut-Schrift-Verhältnis phonetisch-linear interpretieren und daher zunächst mit den Schüler:innen das lautorientierte phonetische Schreiben einüben, d.h. ein „Schreiben nach Gehör", und dann zu einem späteren Zeitpunkt einen „Strategiewechsel" zum orthographischen Schreiben einleiten (Bredel & Röber 2011, 5ff und 2021). Bredel & Röber sprechen sich demgegenüber für einen fachlich auch sprachwissenschaftlich fundierten Unterricht im Lesen und Schreiben aus, der von der ersten Klasse an auf der Erkenntnis gegründet ist, dass „die Orthographie auf einem Regelsystem basiert, das für Leser Markierungen bereitstellt, die phonologische, morphologische und grammatische Merkmale der Sprache symbolisieren" und sie plädieren für einen Unterricht, der „auf ein kognitiv basiertes Lernen" setzt und nicht nur mit Merksätzen und Lernwörtern arbeitet.

„Schreiben nach Gehör"

Kognitiv basiertes Lernen

Grundlegende Prinzipien des deutschen Schriftsystems

Die Graphematik, als fachwissenschaftliche Beschäftigung mit dem Schriftsystem des Deutschen, unterscheidet zwischen wortbezogene Prinzipien einerseits, zu denen das phonographische und das silbische Prinzip (beide lautorientiert) sowie das bedeutungsorientierte morphologische Prinzip gerechnet werden, sowie wortübergreifende Prinzipien andererseits, die insbesondere Groß- und Kleinschreibung und Getrennt- und Zusammenschreibung im Deutschen erfassen (vgl. hierzu Eisenberg 2016 und Fuhrhop 2020). Auch in neueren Einführungen in das Schriftsystem des Deutschen und seine Vermittlung wird dafür plädiert, bereits von der Grundschule an mit Rechtschreibstrategien zu arbeiten und einen entdeckenden und experimentierenden Umgang mit der deutschen Sprache unbedingt auch bei der Beschäftigung mit der Schriftstruktur des Deutschen zu unterstützen (Müller 2017, vgl. hierzu auch Bredel, Müller & Hinney 2010, Röber & Olfert 2015, Bredel & Reißig 2011 und 2021).

In einer aktuellen Handreichung des Ministeriums für Schule und Bildung (MSB) des Landes Nordrhein-Westfalen aus dem Jahr 2019 mit Hinweisen und Materialien für einen systematischen Rechtschreibunterricht in der Primarstufe des Landes wird im Einklang mit solchen Überlegungen gleichfalls ein systematischer und anregender Rechtschreibunterricht ab Klasse 1 unterstützt:

Richtig schreiben lernen von Anfang an I

„Damit alle Kinder richtig schreiben lernen können, bedarf es eines systematischen und anregenden Rechtschreibunterrichts in der Grundschule, der Sicherheit beim Schreiben vermittelt und die Erfahrung ermöglicht, dass das richtige Schreiben machbar, sinnvoll und notwendig ist. Dies gilt auch für die erste Klasse, denn schon Schreibanfängerinnen und Schreibanfänger brauchen Hinweise auf normgerechte Schreibungen und Anregungen, dem System unserer Orthografie auf die Spur zu kommen, damit sie nicht denken, dass man ‚schreibt wie man spricht'". (Ministerium für Schule und Bildung des Landes Nordrhein-Westfalen 2019, 6)

Strategie-Wissen und Strategiewechsel

Als grundlegendes Wissen über Strategien für die Rechtschreibung im Deutschen, die auch schon für den Rechtschreibunterricht in der Grundschule von Bedeutung sind, werden auch in dieser Handreichung die folgenden vier Prinzipien genannt: alphabetisches Prinzip, orthographisches Prinzip (hier wird das silbische Prinzip subsumiert), morphematisches Prinzip sowie die insbesondere für die satzinterne Großschreibung und die Getrennt- und Zusammenschreibung relevanten wortübergreifenden Prinzipien (MSB NRW 2019, 8ff.) Im Lehrplanentwurf für das Fach Deutsch in der Primarstufe in NRW bleibt allerdings gegenwärtig noch die oben kritisierte Trennung von lautorientiertem und orthographischem Schreiben erhalten. Das kommt zum Ausdruck in den Kompetenzerwartungen (Ende Klasse 2), die Schüler:innen „beherrschen sicher das Lautprinzip" und den Kompetenzerwartungen (Ende Klasse 4), die Schüler:innen können „Texte unter Berücksichtigung der erarbeiteten Prinzipien der deutschen Orthographie (Grundprinzipien der Wortbildung, der Groß- und Kleinschreibung, der Zeichensetzung)" verfassen (Ministerium für Schule und Bildung des Landes Nordrhein-Westfalen 2021). Dies würde einen Strategiewechsel nach Klasse 2 erforderlich machen, was durchaus intendiert sein kann. Die Kompetenzerwartungen für Klasse 2 und Klasse 4 bleiben mit Blick auf die insbesondere für Erfassung der Vokalqualität im Deutschen bedeutsame Einheit „Silbe" begrifflich vage, weil nicht deutlich wird, ob das oben erwähnte „Lautprinzip" sich nur auf Einzellaute beziehen oder auch die Einheiten „Sprech-Silbe" und „Schreib-Silbe" erfassen und miteinander in Verbindung bringen soll, d.h. bereits in Klasse 1/2

Bedeutung des silbischen Prinzips

thematisiert werden soll, oder ob die Einheit „Silbe" als „Wortbaustein" den „Grundprinzipien der Wortbildung" zugeordnet und erst in Klasse 3/4 thematisiert werden soll.

Übung 12

> Bitte bearbeiten Sie folgende Aufgaben:
> Lesen Sie den Abschnitt „Das alphabetische Prinzip" in der Handreichung „Hinweise und Materialien für einen systematischen Rechtschreibunterricht in der Primarstufe in NRW" des Ministeriums für Schule und Bildung des Landes Nordrhein-Westfalen (2019, 9f.) und erläutern Sie dann die Begriffe „Basisgraphem" und „Orthographem".
> (https://www.schulentwicklung.nrw.de/cms/grundwortschatz-nrw/handreichung/index.html [01.07.2021])

Im LehrplanPLUS für die Grundschule in Bayern finden sich – wie oben bereits dargelegt – Lehrpläne für die Fächer Deutsch und Deutsch als Zweitsprache. Beide Lehrpläne sind gut miteinander vernetzt (Bayerisches Staatsministerium für Bildung und Kultus, Wissenschaft und Kunst 2014). Allerdings werden in den Fachlehrplänen für die Grundschule anders als im Fach Deutsch und in den übrigen Fächern im Fach Deutsch als Zweitsprache Kompetenzerwartungen und Kompetenzinhalte nicht für Klasse1/2 und Klasse 3/4 getrennt, sondern übergreifend für Klasse 1–4 formuliert mit Blick auf Aufnahmezeitpunkt, individuelle Vorkenntnisse und individuellen Lernfortschritt der Schüler:innen:

Richtig schreiben lernen von Anfang an II

Im Fach Deutsch als Zweitsprache erwerben die Kinder die Kompetenz, die deutsche Sprache situationsgerecht, sprachlich korrekt und entwicklungsgemäß anzuwenden. Differenziertheit des Wortschatzes und der grammatikalischen Strukturen sowie der zunehmend sichere Umgang mit Texten in mündlicher, schriftlicher oder medial dargestellter Form entwickeln sich im Laufe des Spracherwerbs. Das Fach Deutsch als Zweitsprache hat die Aufgabe, Sprachanfänger und fortgeschrittene Lerner während der Grundschule zu den Bildungsstandards Deutsch für die Primarstufe (2004) hinzuführen. Vom Aufnahmezeitpunkt in das bayerische Schulsystem, den individuellen Vorkenntnissen und dem individuellen Lernfortschritt hängt es ab, ob und wann diese Kompetenzen erreicht werden. Die genannten Kriterien beeinflussen erheblich, inwieweit die Schülerinnen und Schüler zum Ende der Jahrgangsstufe 4 nahe an den Sprachstand ihrer Mitschülerinnen und Mitschüler mit Deutsch als Erstsprache herangeführt werden und dem Unterricht in weiterführenden Schulen folgen können. (Bayerisches Staatsministerium für Bildung und Kultus, Wissenschaft und Kunst 2014, 52)

Strategiewissen Orthographie

Die Entwicklung von Strategiewissen im Bereich Rechtschreibung gehört bereits zu den Kompetenzerwartungen für Klasse 1/2 (Fach Deutsch), ebenso wie zu den Kompetenzerwartungen für Klasse 1/2/3/4 (Fach Deutsch als Zweitsprache) der Grundschulen in Bayern. Dies wird differenziert und fachlich fundiert in beiden Lehrplänen ausgeführt. Vgl. hierzu zum einen die Kompetenzinhalte in den Kompetenzbereichen „Sprechen und Hören" und „Sprache und Sprachgebrauch untersuchen und reflektieren" (Fach Deutsch) und „Hören, Sprechen und Zuhören" und „Sprache – Wortschatz und Strukturen entwickeln und untersuchen" (Fach Deutsch als Zweitsprache) in den Kompetenzstrukturmodelle beider Fächer (Bayerisches Staatsministerium für Bildung und Kultus, Wissenschaft und Kunst 2014, 42 und 54) und zum anderen die entsprechenden Ausführungen dazu in den Fachlehrplänen für das Fach Deutsch und das Fach Deutsch als Zweitsprache (Bayerisches Staatsministerium für Bildung und Kultus, Wissenschaft und Kunst 2014, 159f. und 171ff.). Im Fachlehrplan für das Fach Deutsch werden in Kap.4.4 „Richtig schreiben" für die Klassen 1/2 u.a. die folgenden Kompetenzerwartungen und Inhalte genannt: Die Schüler:innen „nutzen den Grundwortschatz für die Jahrgangsstufen 1 und 2, um Rechtschreibstrategien bewusst zu üben und sich Schreibungen einzuprägen" und „zeigen Rechtschreibbewusstsein, indem sie nachfragen, Strategien und Rechtschreibkenntnisse gezielt anwenden sowie eigene Schreibungen überprüfen und berichtigen" (2014, 159). Dies wird weiter spezifiziert für (a) „das phonologische und silbische Prinzip", (b) „das morphologische Prinzip" und (c) „das grammatische Prinzip" (2014, 159f.) Im Fachlehrplan für das Fach Deutsch als Zweitsprache werden in Kap.4.5 „Wortschatz richtig schreiben und Rechtschreibstrategien anwenden" für die Klassen 1/2/3/4 u.a. die folgenden Kompetenz-

Kompetenzerwartungen Anfangsunterricht

Kompetenzerwartungen im Fach DaZ

erwartungen und Inhalte thematisiert, die sich ebenfalls den genannten Prinzipien zuordnen lassen (2014, 189): „Die Schülerinnen und Schüler

1. wenden das bewusste Mitsprechen für das Aufschreiben lautgetreuer Wörter an.
2. schreiben die beim Wortschatzerwerb erlernten Wörter richtig (Lernwörter/ Grundwortschatz).
3. erkennen Silben in Wörtern und trennen Wörter sprechsilbengerecht.
4. nutzen Silben und Klangunterschiede der Vokale, um sich Schreibungen zu erschließen (z. B. Esel/Ente – offene/geschlossene Silbe, doppelter Konsonant, Wörter mit <tz>/<ck>, Wörter mit <ie>).
5. nutzen Verlängerungen und Ableitungen, um Auslautverhärtungen und Stammveränderungen zu erkennen (z. B. Hund – Hunde, Zug – Züge, käuflich – kaufen). [...]
6. nutzen Wortbausteine und das Prinzip der Stammtreue (z. B. kaufen, ich kaufe, er kaufte, du hast gekauft, Kaufmann, käuflich, verkaufen, ankaufen, einkaufen) zum Richtigschreiben und zur Wortschatzerweiterung.
7. nutzen Strategien zur Erkennung eines Nomens (z. B. indem sie die Artikelprobe im Satzzusammenhang anwenden oder die Mehrzahl bilden), eines Verbs (z. B. indem sie die Personalformen bilden) und eines Adjektivs (z. B. indem sie das Adjektiv steigern oder zwischen Begleiter und Nomen stellen), um die Regeln der Groß- und Kleinschreibung im Deutschen umzusetzen. [...]“

Übung 13

Bitte bearbeiten Sie folgende Aufgabe:
Vergleichen Sie in den Kompetenzstrukturmodellen die im Kompetenzbereich „Sprechen und Zuhören“ und im Kompetenzbereich „Hören, Sprechen und Zuhören“ (LehrplanPLUS für die bayerische Grundschule für das Fach Deutsch (2014, 42) und das Fach Deutsch als Zweitsprache, (2014, 54) jeweils genannten Teilkompetenzen. Welche Gemeinsamkeiten und Unterschiede stellen Sie fest?
Der LehrplanPLUS für die bayerische Grundschule ist verfügbar unter:

https://www.lehrplanplus.bayern.de/sixcms/media.php/107lehrplanplusgrundschulestmbw-mai2014.3793434.pdf [01.07.2021]

Ausblick: Sprachvergleich und die Entwicklung von Sprachbewusstheit

In Kap.2.3 „Die Entwicklung der Lernersprache" wurde ausführlich dargelegt, dass sich im Zweitspracherwerb neben charakteristischen Merkmalen der Erstsprache (L1) als Ausgangssprache und der Zweitsprache (L2) als Zielsprache sehr häufig „lernersprachspezifische" Merkmale finden. Als ein typisches Beispiel wurde hier die Übergeneralisierung der regelmäßigen Präteritumsbildung in Lernertexten genannt, vgl. dazu auch den Schülertext „Die Fliegende Statd" hier in Kap.5.4 (laufte/lief, siehte/sah, ziehte/zog, gehte/ging, schläfte/schlief, kommte/kam, fliegte/flog, gebte/gab). Anders als im Deutschen, einer flektierenden Sprache, in der der Wechsel des Stammvokals eine grammatische Funktion hat (singen – sang – gesungen), werden im Türkischen, einer agglutinierenden Sprache, Suffixe mit grammatischen Informationen an den Stamm angehängt: (i) gitmek (gehen) (ii) gidiyorum (ich gehe). Dabei ist git- /gid- der Verbstamm, es folgt in (i) die Infinitivendung -mek, in (ii) nach einem eingeschobenen Vokal (hier i) ohne grammatische Funktion -yor (Suffix für Präsens) und -um (Suffix für 1.Pers.Sg.) (vgl. Böttle & Jeuk 2008, 190). Die sprachliche Förderung sollte bei diesem Schüler allerdings nicht bei der Beschäftigung mit den unregelmäßigen Verbformen im Präteritum ansetzen, sondern bei der Festigung des Perfekts und den regelmäßigen Formen des Präteritums (Kniffka 2006, 81). Auffällig sind in diesem Schülertext außerdem Unsicherheiten bei der satzinternen Großschreibung im Deutschen. Als zu vermittelndes Strategiewissen für das Erkennen von Nomen wird – wie oben dargelegt – im Fachlehrplan Deutsch als Zweitsprache für die Grundschulen in Bayern die Artikelprobe im Satzzusammenhang oder das Bilden der Mehrzahl vorgeschlagen.

In den Bildungsstandards für das Fach Deutsch für den Primarbereich (Beschluss der Kultusministerkonferenz vom 15.10.2004) werden für den Kompetenzbereich „Sprache und Sprachgebrauch untersuchen" für den Teilbereich „Gemeinsamkeiten und Unterschiede von Sprachen entdecken“ mit Blick auf Sprachvergleiche die folgenden Konkretisierungen vorgenommen: „Deutsch – Fremdsprache, Dialekt – Standardsprache, Deutsch – Muttersprachen der Kinder mit Migrationshintergrund, Deutsch – Nachbarsprachen“; untersucht werden sollen außerdem „gebräuchliche Fremdwörter“ (Sekretariat der Ständigen Konferenz der Kultusminister der Länder 2005, 13). In Verbindung mit einem weiteren Teilbereich aus diesem Kompetenzbereich „an Wörtern, Sätzen und Texten arbeiten“, lässt sich hier grundsätzlich auch gut sprachvergleichend an Schriftstrukturen arbeiten, womit zugleich ein Beitrag geleistet werden kann zur Ausbildung eines „Sprachdifferenzbewusstseins“ (Fuhrhop & Müller 2010, 4). Auch mit Blick auf dieses sprachvergleichende Arbeiten sollten die Schüler:innen – unabhängig von der gewählten Begrifflichkeit – über ein bestimmtes kategoriales Wissen verfügen. In den Bildungsstandards im Fach Deutsch für den Primarbereich werden hier u.a. genannt: „Buchstabe, Laut, Selbstlaut, Mitlaut, Umlaut, Silbe, [...] Wortstamm, Wortbaustein [...] Nomen [...] Verb [...] Adjektiv [...]“ (Sekretariat der Ständigen Konferenz der Kultusminister der Länder 2005, 14).

In einem Unterrichtsvorschlag, in dem Verben (Infinitive und konjugierte Verbformen) im Deutschen und im Niederländischen sprachvergleichend untersucht werden, findet sich u.a. die Anregung, Infinitivform und konjugierte Verbform (3. Pers. Sg.) im gesprochenen und im geschriebenen Wort gegenüber zu stellen und dabei besonders auf die Aussprache der Vokale („Länge“ / „Kürze“) in betonten offenen (auf Vokal endenden) und betonten geschlossenen (auf Konsonant endenden) Silben zu achten (Kamzela 2010, 28ff.). Schon ein Blick auf die Beispiele in Abb. 13 legt die Annahme nahe, dass im Niederländischen wie im Deutschen Vokale in betonten offenen Silben „lang“ gesprochen werden, im Unterrichtsvorschlag gibt es hierzu entsprechende Aussprachehinweise (Kamzela 2010, 29). Im Niederländischen wird Vokallänge in geschlossenen Silben orthographisch durch die Verdopplung des Vokals markiert. Im Deutschen bleibt die Aussprache des Vokals in der betonten Silbe konstant, unabhängig davon, ob der Wortstamm lob- in einer offenen oder einer geschlossenen Silbe vorkommt. Die Wortschreibung gibt den Leser:innen hier also keine direkten Aussprachehinweise. Im gesprochenen Wort [ʃvɪmən] (schwimmen), wird der Laut [m] von verschiedenen Sprachwissenschaftler:innen als „Silbengelenk“ interpretiert, das im geschriebenen Wort verdoppelt werden muss (vgl. etwa Eisenberg 2016, Fuhrhop 2020, Fuhrhop & Müller 2010). Der Doppelkonsonant bleibt im Deutschen auch im einsilbigen Wort erhalten. Auch dieses Beispiel zeigt, dass im Deutschen anders als im Niederländischen „Wortbausteine“ (Morpheme) möglichst gleich geschrieben werden (morphologisches Prinzip), auch wenn diese Schreibung mit Blick auf die Aussprache des Wortes redundant ist.

Nl. 3. Pers. Sg.	**Nl. Infinitiv**	**Dt. 3. Pers. Sg.**	**Dt. 3. Pers. Sg.**
ik slaap je slaapt hij/zij/het slaapt	slapen	ich schlafe, du schläfst er/sie/es schläft	schlafen
loopt	lopen (laufen)		
		ich lobe du lobst er lobt	loben
drinkt	drinken	trinkt	trinken
zwemt	zwemmen	schwimmt	schwimmen
bakt	bakken	backt	backen
treft	treffen	trifft	treffen

Abb. 16 Verbformen vergleichen (nach Kamzela 2010, 31)

Phonem-Graphem-Beziehungen

In den oben erwähnten Handreichungen für Schulen in NRW, die sich an dem Programm KOALA – Koordiniertes mehrsprachiges Lernen – beteiligen, finden sich im Anhang Unterrichtshilfen für die Einbeziehung von Herkunftssprachen in der Klasse, dazu gehören auch Laut-Buchstaben-Tabellen (Bezirksregierung Köln 2021, 145ff.), fachsprachlich werden solche Zuordnungen auch als Phonem-Graphem-Beziehungen bezeichnet (Fuhrhop 2020). Nach dem Ampel-Prinzip (mit Rot für „Halt“ und Gelb für „Vorsicht“) farblich verschieden unterlegt werden in der Handreichung in einer Laut-Buchstaben-Tabelle für das Türkische, die Schriftzeichen in drei Gruppen eingeteilt. Zu Gruppe 1 (in der Tabelle grün unterlegt) werden Schriftzeichen gerechnet, die in beiden Sprachen dem gleichen Sprachlaut zugeordnet sind. Hierbei wird allerdings nicht berücksichtigt, dass im Deutschen für zwei bedeutungsunterscheidende Sprachlaute (Phoneme) bei den Vokalen nur ein Schriftzeichen (Graphem) zur Verfügung steht, vgl. etwa Hüte [hy:tə] (Hüte) und [hYtə] (Hütte). Bei den Vokalen käme also auch die Zuordnung zur Gruppe 2 (gelb unterlegt) in Betracht: Zu dieser Gruppe werden Schriftzeichen gerechnet, die sowohl im Türkischen als auch im Deutschen vorkommen, aber unterschiedlichen Sprachlauten zugeordnet sind (Cc, Jj, Ss, Vv, Yy, Zz). Zur Gruppe 3 (rot unterlegt) werden Schriftzeichen gerechnet, die nur im Türkischen vorkommen, wie etwa Ş, ş, wobei der zugeordnete Sprachlaut auch im Deutschen vorkommen kann, hier aber einem anderen Schriftzeichen, Sch, sch, zugeordnet ist. Ergänzen könnte man diese Übersicht noch durch den Hinweis, dass die folgenden Grapheme im Deutschen, aber nicht im Türkischen vorkommen <ä, ch, qu, ß, sch>.

Suprasegmentale Ebene: Silbe und Morphem

Die folgenden Beispiele zeigen, dass für den Vergleich von Schriftsystemen auch die suprasegmentale Ebene mit den Einheiten Silbe und Morphem von Bedeutung sein kann: kitap – kitabı (Buch), maksat – maksadı (Absicht), renk – rengi (Farbe). Hier wird im deutschen Schriftsystem das morphologische Prinzip wirksam: Die Auslautverhärtung wird hier nicht berücksichtigt: Loben – Lob (gesprochen: [lo:p]), Monde – Mond (gesprochen: [mo:nt]), Wege – Weg (gesprochen: [ve:k]). Dieser Sprachvergleich mit Beispielen aus dem deutschen, dem niederländischen und dem türkischen Schriftsystem soll veranschaulichen, dass kontrastive Spracharbeit unter Einbeziehung von Lautsystem und Schriftsystem einen Beitrag leisten kann zur Entwicklung von Sprachaufmerksamkeit und Sprachdifferenzbewusstheit, aber hohe Ansprüche an die Lehrkräfte stellt, die diese Unterrichtseinheiten vorbereiten und mit ihren Schüler:innen durchführen wollen, sowie an diejenigen, die zur Unterstützung der Lehrkräfte für diesen Bereich Arbeitsmaterialien entwickeln und (vor-)erproben.

Zusammenfassung und Ausblick

In fachlichen Diskursen im Bildungsbereich wird ebenso wie in der Gesetzgebung der Länder in diesem Bereich der Einbeziehung der verfügbaren vielfältigen sprachlichen Ressourcen der Schüler:innen in den Unterricht eine besondere Bedeutung für die Entwicklung von Sprachaufmerksamkeit und Sprachdifferenzbewusstheit bei den Schüler:innen beigemessen. Sie wird außerdem als ein Zeichen der Wertschätzung dieser Kompetenzen angesehen und damit auch als ein Beitrag für eine gelingende Integration. Eine Mehrsprachigkeitsdidaktik kann einen wesentlichen Beitrag zur Entwicklung von Sprachaufmerksamkeit und Sprachdifferenzbewusstheit leisten. Diese baut zum einen auf Expertenwissen auf und trägt zum anderen zum Ausbau von Expertenwissen bei. Im Rahmen des oben erwähnten Forschungsprogramms COACTIV zur professionellen Kompetenz von Lehrkräften führen Baumert & Kunter (2011, 37) zum Verständnis von Fachwissen im Rahmen des Forschungsprogramms aus: „Referenz für das fachliche Wissen von Mathematiklehrkräften ist für uns ein profundes mathematisches Verständnis des Hintergrunds des Schulstoffes. Dieses Wissen hat sein Fundament in der akademischen Referenzdisziplin, stellt aber selbst einen Wissensbereich eigenen Rechts dar, der durch Curricula definiert und in Rückkopplung mit der Unterrichtspraxis fortgeschrieben wird." Für das Fach Deutsch ist die Germanistik akademische Referenzdisziplin. Zum fachlichen Wissen der Lehrkräfte gehört hier ein profundes linguistisches Verständnis des Hintergrunds des Schulstoffes im Bereich „Sprache", welches auch eine gute Basis für den Unterricht in bilingualen Programmen in Kooperation mit weiteren Sprachlehrkräften sowie für eine „Didaktik der Mehrsprachigkeit" bilden kann. Die Arbeit in diesen Bereichen stellt besondere Anforderungen an die beteiligten Lehrkräfte und bedarf daher auch einer besonderen Unterstützung im Rahmen der Lehrplanentwicklung, der Unterrichts- und der Materialentwicklung sowie der Aus- und Fortbildung von Lehrkräften.

Testfragen

01 Welche Zielsetzungen rückten mit dem Paradigmenwechsel von der „Ausländerpädagogik" zur einer Interkulturellen Pädagogik in den Vordergrund und welche weiteren Facetten von Interkulturalität rücken in den Fokus einer „Pädagogik der Vielfalt"?

02 Welche Minderheiten- und Regionalsprachen genießen in Deutschland einen besonderen Schutz?

03 Erläutern Sie knapp wesentliche Merkmale ‚großer' Sprachen.

04 Welche vier Formen gesellschaftlicher Mehrsprachigkeit unterscheidet Riehl (2014)?

05 Erläutern Sie am Beispiel des Obersorbischen und des Niedersorbischen den Begriff „Sprachinselminderheit".

06 Nennen Sie wesentliche Merkmale von ‚two way immersion'-Programmen, beziehen Sie sich dabei auf im Text vorgestellte Beispiele.

07 Bitte nennen Sie die beiden Organisationsformen, in denen in den Bundesländern grundsätzlich herkunftssprachlicher Unterricht erteilt werden kann.

08 Was sollte nach Ehlich (2017) ein Gesamtsprachencurriculum leisten?

09 Was ist nach Weinert (2001) unter dem Begriff Kompetenz zu verstehen?

10 Erläutern Sie am Beispiel des Schülertextes „Die Fliegende Statd", was nach Decker & Kaplan (2019) unter einer fördernden Beurteilung zu verstehen ist.

11 Erläutern Sie mit Bezug auf geeignete Beispiele in Abb. 13 „Verbformen vergleichen" das morphologische Prinzip.

Literaturverzeichnis 6

A

Ahrenholz, B. *Erstsprache – Zweitsprache – Fremdsprache – Mehrsprachigkeit,* 2017a (4., vollständig überarbeitete und erweiterte Auflage) | B. Ahrenholz & I. Oomen-Welke (Hg.), Deutsch als Zweitsprache, Baltmannsweiler: Schneider Verlag Hohengehren, 3–20

Ahrenholz, B. *Zweitspracherwerbsforschung,* 2017b (4. vollständig überarbeitete und erweiterte Auflage) | B. Ahrenholz & I. Oomen-Welke (Hg.), Deutsch als Zweitsprache, Baltmannsweiler: Schneider Verlag Hohengehren, 102–120

Allemann-Ghionda, C. *Mehrsprachige Bildung in Europa*, 1997, BW AG München (Hg.): LIFE. Ideen und Materialien für interkulturelles Lernen, Lichtenau: AOL-Verlag 1–10

Apeltauer, E. *Lernersprache(n)*, 2010, Krumm, H.J. et al. (Hg.) Deutsch als Fremd- und Zweitsprache. Ein internationales Handbuch. Berlin/New York: De Gruyter/ Mouton, 833–842

Asher, J. *Learning Another Language through Actions: The Complete Teacher's Guidebook*, 1977, Los Gatos, Calif.: Sky Oakes Productions

Auernheimer, G. *Einführung in die Interkulturelle Erziehung,* 1996 (2., überarbeitete und ergänzte Auflage), Darmstadt: Primus

Auernheimer, G. *Einführung in die Interkulturelle Pädagogik*, 2016, Darmstadt: WBG

Austin, J. *How to do things with words,*1962, Oxford: OUP

B

Bachman, L.F., Palmer, A.S. *Language Teaching in Practice*, 1996, Oxford: OUP

Baker, C., Hornberger, N. (Hg.) *An Introductory Reader to the Writings of Jim Cummins*, 2001, Clevedon: Multilingual Matters

Baldegger, M., Müller, M., Schneider, G. in Zusammenarbeit mit Näf, A. *Kontaktschwelle Deutsch als Fremdsprache*, 1980, Berlin: Langenscheidt

Ballis, A., Schneider, M. *Sommerschule in Augsburg – „SIOP made in Germany*, 2008, A. Ballis & K. Spinner (Hg.), 93–114

Ballis, A. & Spinner, K. (Hg.) *Sommerschule, Sommerkurse, Summer Learning. Deutsch lernen im außerschulischen Kontext*, 2008, Baltmannsweiler: Schneider Verlag Hohengehren

Baumert, J., & Kunter, M. *Das Kompetenzmodell von COACTIV*, 2011, M. Kunter, J. Baumert, W. Blum, U. Klusmann, S. Krauss, & M. Neubrand (Hg.), Professionelle Kompetenz von Lehrkräften: Ergebnisse des Forschungsprogramms COACTIV Münster: Waxmann, 29–53

Baur, Rupprecht S./ Scholten-Akoun, D. (Hg.) *Deutsch als Zweitsprache (DaZ) in der Lehrerausbildung. Bedarf – Umsetzung – Perspektiven. Dokumentation der Fachtagung zur Situation in Deutschland und in Nordrhein-Westfalen am 10. und 11. Dezember 2009*, 2010 (http://www.mercator-foerderunterricht.de/projekt/publikationen.html [12.04.2021])

Baurmann, J. & Müller, A. *Gemeinsam lernen – Der Umgang mit Vielfalt im Deutschunterricht* 2016, Praxis Deutsch (Themenheft) 258, 4–11

Bayerisches Staatsministerium für Arbeit und Sozialordnung, Familie und Frauen, Staatsinstitut für Frühpädagogik, München *Der Bayerische Bildungs- und Erziehungsplan für Kinder*, 2005, Weinheim und Basel: Beltz Verlag

Bayerisches Staatsministerium für Familie, Arbeit und Soziales und Staatsinstitut für Frühpädagogik *Der Bayerische Bildungs- und Erziehungsplan für Kinder in Tageseinrichtungen bis zur Einschulung*, 2019, Berlin: Cornelsen

Bayerisches Staatsministerium für Bildung und Kultus, Wissenschaft und Kunst (Hg.) *LehrplanPLUS Grundschule. Lehrplan für die bayerische Grundschule*, 2014, (https://www.lehrplanplus.bayern.de/ [13.07.2021])

Bayerisches Staatsministerium für Bildung und Kultus, Wissenschaft und Kunst (Hg.) *LehrplanPLUS Mittelschule. Lehrplan für die bayerische Mittelschule*, 2016, (https://www.lehrplanplus.bayern.de/ [13.07.2021])

Beauftragter der Bundesregierung für Aussiedlerfragen und nationale Minderheiten *Nationale Minderheiten in Deutschland und Sprachgruppe Niederdeutsch*, o.J. (https://www.aussiedlerbeauftragter.de/Webs/AUSB/DE/themen/minderheiten-sprachgruppen/minderheiten-sprachgruppen-node.html]18.03.2021])

Becker-Mrotzek, M., Böttcher, I. *Schreibkompetenz entwickeln und beurteilen*, 2018 (8. Aufl. unter Mitarbeit von J. Dreher, J. Jost, F. Schneider & K. Tetling), Berlin: Cornelsen

Becker-Mrotzek, M. *Schreibleistungen bewerten und beurteilen*, 2014, H. Feilke & T. Pohl (Hg.), Schriftlicher Sprachgebrauch – Texte verfassen, Baltmannsweiler: Schneider Hohengehren, 501–513

Becker-Mrotzek, M., Roth, H.J. (Hg.) *Sprachliche Bildung. Grundlagen und Handlungsfelder*, 2017, Münster: Waxmann

Becker-Mrotzek, M., Schramm, K., Thürmann, E., Vollmer H. J. (Hg.) *Sprache im Fach – Sprachlichkeit und fachliches Lernen*, 2013, Münster: Waxmann

Becker-Mrotzek, M & Schindler, K. *Schreibkompetenz modellieren*, 2007, M. Becker-Mrotzek & K. Schindler (Hg.), Texte schreiben. Duisburg: Gilles & Francke, 41–61

Becker-Mrotzek, M & Schindler, K. *Schreibkompetenz modellieren, entwickeln und testen*, 2008, Didaktik Deutsch Sonderheft, 94–106

Behrens, H. *Usage-based and emergentist approaches to language acquisition*, 2009, Linguistics 47, 383–411

Beitinger, G.; Mandl, H., Renkl, A. *Suggestopädischer Unterricht - eine empirische Untersuchung zu kognitiven, motivational-emotionalen und sozialen Auswirkungen*, 1993, Unterrichtswissenschaft 21 (1993) 3, 195–21

Bezirksregierung Köln (Hg.) *KOALA – Koordiniertes mehrsprachiges Lernen – Handreichung zum Planen und Vorbereiten*, 2021, Köln: Bezirksregierung Köln

Bloomfield, L. *Language*, 1935, New York: Holt

Boeckmann, K.-B. *„Europäische" Werte und die Problematik der Beurteilung der Kompetenzkomponente „Einstellungen" (attitudes)*, 2019, S. Schmölzer-Eibinger, M. Akbulut, B. Bushati (Hg.), Mit Sprache Grenzen überwinden – Sprachlernen und Wertebildung im Kontext von Flucht und Migration. Münster: Waxmann, 41–54

Böhnisch, M. (Hg.) *Beiträge zum 16. Symposion Deutschdidaktik „Kompetenzen im Deutschunterricht"*, 2008a, Didaktik Deutsch Sonderheft 2008

Böhnisch, M. *Diskussionslinien innerhalb der Kompetenzdebatte. Ein Strukturierungsversuch*, 2008b, Böhnisch, M. (Hg.) *Beiträge zum 16. Symposion Deutschdidaktik „Kompetenzen im Deutschunterricht"*, 2008b, Didaktik Deutsch Sonderheft 2008, 5–19

Böttcher, I. (Hg.) *Kreatives Schreiben*, 2021[10], Berlin: Cornelsen

Böttle, Y. & Jeuk, S. *Türkisch*, 2008, S. Colombo-Scheffold, P. Fenn, S. Jeuk, J. Schäfer (Hg.) *Ausländisch für Deutsche: Sprachen der Kinder – Sprachen im Klassenzimmer*, Freiburg im Breisgau: Fillibach, 187–197

Braun, K., Nieder, L., Schmöe, F. *Deutsch als Fremdsprache 1A. Grundkurs. Neubearbeitung*, 1978, Stuttgart, Klett

Bredel, U. *Sprachstandsmessung – eine verlassene Landschaft*, 2006, Bundesministerium für Bildung und Forschung (Hg.), 77–119

Bredel, U., Müller, A., Hinney, G. (Hg.) *Schriftsystem und Schrifterwerb*, 2010, Berlin: De Gruyter

Bredel, U. & Reissig, T. (Hg.) *Weiterführender Orthographieerwerb*, 2011, Baltmannsweiler: Schneider Hohengehren

Bredel, U. & Reissig T. (Hg.) *Weiterführender Orthographieerwerb*, 2022, Baltmannsweiler: Schneider Hohengehren

Bredel, U., Günther, H., Klotz, V., Ossner, J., Siebert-Ott, G. (Hg.) *Didaktik der deutschen Sprache*, 2 Bände, 2006 (2. Aufl.), Paderborn u.a.: Schöningh

Bredel, U. & Röber, Ch. *Zur Gegenwart des Orthographieunterrichts*, 2011, U. Bredel & T. Reißig (Hg.), Weiterführender Orthographieerwerb, Baltmannsweiler: Schneider Hohengehren, 3–9

Bredel, U. & Röber, Ch. *Zur Gegenwart des Orthographieunterrichts*, 2022; U. Bredel & T. Reißig (Hg.), Weiterführender Orthographieerwerb, Baltmannsweiler: Schneider Hohengehren, 3–9

Bremerich-Vos, A. *Rechtschreiben*, 2014, U. Behrens, A. Bremerich-Vos, M. Krelle, K. Köhme, S.Hunger (Hg.) Bildungsstandards Deutsch: konkret. Sekundarstufe I: Aufgabenbeispiele, Unterrichtsanregungen, Fortbildungsideen, Berlin: Cornelsen, 86–110

Brown, D., Lee, H. *Teaching by Principles: An Interactive Approach to Language Pedagogy*, 2015, White Plains: Pearsons

Brown, G., Yule, G. *Discourse Analysis*, 1983, Cambridge: CUP

Bruner, J. *Child's Talk: Learning to Use Language*, 1983, Oxford: Oxford University Press

Burwitz-Melzer, E, Mehlhorn, G., Riemer, C., Bausch, K.R., Krumm, H.-J. (Hg.) *Handbuch Fremdsprachenunterricht*, 2016, Tübingen: Francke

Bryant, D., Zepter, A. *Performative Zugänge zu DaZ*, 2022, Tübingen: Narr

Bussmann, H. *Lexikon der Sprachwissenschaft*, 2002, Stuttgart: Kröner

Bundesamt für Migration und Flüchtlinge (Hg.) *Das Bundesamt in Zahlen 2015 Asyl, Migration und Integration,* 2016, Nürnberg: Bundesamt für Migration und Flüchtlinge

Bundesverfassungsgericht *Ein pauschales Kopftuchverbot für Lehrkräfte in öffentlichen Schulen ist mit der Verfassung nicht vereinbar,* 2020a (Nr. 14/2015 vom 13. März 2015 https://www.bundesverfassungsgericht.de/SharedDocs/Pressemitteilungen/DE/2015/bvg15-014.html

Bundesverfassungsgericht *Kopftuchverbot für Rechtsreferendarinnen verfassungsgemäß,* 2020b (Pressemitteilung Nr.13/2020 vom 27.1.2020) https://www.bundesverfassungsgericht.de/SharedDocs/Pressemitteilungen/DE/2020/bvg20-013.html

C

Chilla, S. *Spracherwerbsverzögerung – Spracherwerbsstörung,* 2019, S. Jeuk & J. Settinieri (Hg.): Sprachdiagnostik Deutsch als Zweitsprache – Ein Handbuch Berlin: De Gruyter, 71–96

Chilla, S., Rothweiler, M., Babur, E. *Kindliche Mehrsprachigkeit, Grundlagen – Störungen – Diagnostik,* 2010, München und Basel: Ernst Reinhardt Verlag

Chomsky, N. *Syntactic Structures,* 1957, The Hague: Mouton

Chomsky, N. *A Review of B.F. Skinner's Verbal Behavior,* 1959, Language 35 (1), 26–58

Chomsky, N. *Aspects of the Theory of Syntax,* 1965, Cambridge, Mass: MIT Press

Chomsky, N. *Language and Mind,* 1972, New York: Harcourt, Brace, Javanovich

Chomsky, N. *Knowledge of Language: Its Nature, Origin and Use,* 1986, Cambridge, Mass: MIT Press

Clahsen, H. *Die Profilanalyse. Ein linguistisches Verfahren für die Sprachanalyse im Vorschulalter,* 1986, Berlin: Marhold

Clahsen, H. *Normale und gestörte Kindersprache. Linguistische Untersuchungen zum Erwerb von Syntax und Morphologie,* 1988, Amsterdam/Philadelphia: Benjamins

Clahsen, H., Meisel, J., Pienemann, M. *Deutsch als Zweitsprache. Der Zweitspracherwerb ausländischer Arbeiter*, 1983, Tübingen: Narr

Clahsen, H., Muysken, P. *The accessibility of Universal Grammar to adult and child learners*, 1986, Second Language Research 2 (1986), 93–119

Collier, V., Thomas, W. *Validating the power of bilingual schooling: Thirty-two years of largescale, longitudinal research*, 2017, Annual Review of Applied Linguistics (ARAL) 37, 203–217

Corder, S.P. *Idiosyncratic dialects and error analysis*, 1971, IRAL, vol. 9, no.2, 147–159

Cornely Harboe, V., Mainzer-Murrenhoff, M *Bildungssprache von Anfang an?*, 2016, V. Cornely Harboe, M. Mainzer-Murrenhoff, L. Heine, (Hg.): Unterricht mit neu zugewanderten Kindern und Jugendlichen. Münster: Waxmann, 159–200

Cummins, J. *Cognitive/academic language proficiency, linguistic interdependence, the optimum age question and some other matters*, 1979, Working Papers on Bilingualism 19, 121–129

Cummins, J. *BICS and CALP: Empirical and Theoretical Status of the Distinction*, 2008, B. Street & N.H. Hornberger (Hg.) 2008 Encyclopedia of Language and Education, 2nd Edition, Volume 2: Literacy. New York: Springer Science + Business Media LLC, 71–83

D

Dannenbauer, F. *Grammatik*, 2002, Baumgartner, S., Füssenich, I. (Hg.), Sprachtherapie mit Kindern. Grundlagen und Verfahren, München u.a. (5. Aufl.): Reinhardt, 105–161

Decker, L., Guschker, B., Hensel, S., Schindler, K. *Propädeutisches Schreiben in der gymnasialen Oberstufe – Vom Diskursreferat zur Facharbeit*, 2021, Bielefeld: wbv

Decker, L. & Kaplan, I. *Beurteilung schriftlicher Schülerleistungen mithilfe der Textsorten Lehrerkommentar und Kriterienkatalog – ein Vergleich*, 2019, I. Kaplan & I. Petersen (Hg.) Schreibkompetenzen messen, beurteilen und fördern, Münster: Waxmann, 121–149

Decker, L., Kaplan, I. & Siebert-Ott, G. *Professionalisierung angehender Lehrkräfte im DSSZ-Modul*, 2019, B. Ahrenholz, S. Jeuk, B. Lütke, J. Paetsch & H. Roll (Hg.): Fachunterricht, Sprachbildung und Sprachkompetenzen, Berlin: De Gruyter, 303–320

Decker, L. & Siebert-Ott, G. *Sprachsensible Bildungsräume gestalten - Eine Professionalisierungsaufgabe der Lehrer/-innenbildung*, 2019, U. Dirks (Hg.): DaF-/DaZ-/DaM-Bildungsräume: Sprech- & Textformen im Fokus. Phillips-Universität Marburg: Universitätsbibliothek (http://archiv.ub.uni-marburg.de/es/2019/0051/pdf/DaFDaZDaM.pdf [05.06.2021])

Decker-Ernst, Y. *Sprachdiagnostik im Elementarbereich*, 2019, S. Jeuk, J. Settinieri (Hg.), 139–161

Decker-Ernst, Y. *Deutsch als Zweitsprache in Vorbereitungsklassen. Eine Bestandsaufnahme in Baden-Würtemberg*, 2017, Baltmannsweiler: Schneider Hohengehren

Deutscher Bundestag *Mehrheit der Fraktionen gegen den Begriff „Rasse" im Grundgesetz* 2020 (https://www.bundestag.de/dokumente/textarchiv/2020/kw48-de-rassismus-807790 [11.04.2021])

Deutsches PISA-Konsortium (Hg.) *PISA 2000 Basiskompetenzen von Schülerinnen und Schülern im internationalen Vergleich*, 2001, Opladen: Leske u. Budrich

Diehl, E., Christen, H., Leuenberger, S., Pelvat, I., Studer, Th. *Grammatikunterricht: Alles für der Katz?*, 2000, Tübingen: Niemeyer

Dieling, H., Hirschfeld, U. *Phonetik lehren und lernen*, 2000, Berlin: Langenscheidt

Dimroth, Ch. *Zweitspracherwerb bei Kindern und Jugendlichen: Gemeinsamkeiten und Unterschiede*, 2007, T. Anstatt: Mehrsprachigkeit bei Kindern und Erwachsenen, Tübingen: Attempto, 115–138

Dirim, I & Oomen-Welke, I (Hg.) *Mehrsprachigkeit in der Klasse – wahrnehmen – aufgreifen – fördern*, 2013, Stuttgart: Fillibach bei Klett

Döll, M. *Sprachdiagnostik und durchgängige Sprachbildung – Möglichkeiten der Feststellung sprachlicher Fähigkeiten mehrsprachiger Jugendlicher in der Sekundarstufe*, 2013, I. Gogolin, I. Lange, U. Michel, H.H. Reich (Hg.) Herausforderung Bildungssprache und wie man sie meistert. Münster: Waxmann, 170–180

Döll, M. *Sprachdiagnose durch Beobachtung,* 2019, S.Jeuk & J. Settinieri (Hg.), 569–583

Döll, M., Reich, H.H. *Niveaubeschreibungen Deutsch als Zweitsprache für die Primarstufe,* 2013a, Radebeul: Sächsisches Bildungsinstitut

Döll, M., Reich, H.H. *Niveaubeschreibungen Deutsch als Zweitsprache für die Sekundarstufe I,* 2013b, Radebeul: Sächsisches Bildungsinstitut

Döll, M., Reich, H.H. *Niveaubeschreibungen Deutsch als Zweitsprache für die Sekundarstufe II,* 2015, Radebeul: Sächsisches Bildungsinstitut

Doff, S. (Hg.) *Bilingualer Sachfachunterricht in der Sekundarstufe: Eine Einführung,* 2010, Tübingen: Narr

Doff, S. *Vermittlungsmethoden: Historischer Überblick,* 2016, Burwitz-Melzer et al. (Hg.), Handbuch Fremdsprachenunterricht, Tübingen: Francke, 320–325

Dohmen, D., Hurrelmann, K. (Hg.) *Generation Corona? Wie Jugendliche durch die Pandemie benachteiligt werden,* 2021, Weinheim Beltz Juventa

E

Echevarría, J., Vogt, ME, Short, D. *Making Content Comprehensible for English Learners. The SIOP Model,* 2017[5], Boston:Pearson.

Edelmann, W. *Suggestopädie – ganzheitliches Lernen,*1991, Unterrichtswissenschaft, 19, 6–22

Ehlich, K. et al. *Anforderungen an Verfahren der regelmäßigen Sprachstandsfeststellung als Grundlage für die frühe individuelle Förderung von Kindern mit und ohne Migrationshintergrund,* 2005, Bonn/Berlin: Bundesministerium für Bildung und Forschung (BMBF)

Ehlich, K. *Ein Gesamtsprachencurriculum für die Schule des frühen 21. Jahrhunderts: Erforderliche Ziele, absehbare Risiken,* 2017, M. Becker-Mrotzek, Roth, H.-J.

(Hg.), Sprachliche Bildung - Grundlagen und Handlungsfelder, Münster: Waxmann, 249–271

Eisenberg, P. *Phonem und Graphem – Der Laut und die Lautstruktur des Wortes und Der Buchstabe und die Schriftstruktur des Wortes* 2016 (9. vollständig überarbeitete Aufl.), A. Wöllstein und Dudenredaktion (Hg.): Duden – Die Grammatik, Berlin: Dudenverlag, 19–94

Ellis, R. *The study of second language acquisition,* 1994, Oxford: OUP

Ellis, R., Shintani, N. *Exploring Second Langugae Pedagogy through Second Language Acquisition Research,* 2014, London, New York: Routledge

Europäische Kommission *Die europäischen Bürger und ihre Sprachen,* 2012, Spezial Eurobarometer 386/ Welle EB 77.1

Europarat *Gemeinsamer europäischer Referenzrahmen für Sprachen: lernen, lehren, beurteilen,* 2001, München. Langenscheidt.

Europarat *Gemeinsamer europäischer Referenzrahmen für Sprachen: lernen, lehren, beurteilen. Begleitband*, 2020, Stuttgart: Klett.

European Commission *Europeans and their Languages*, 2006, Special Eurobarometer 243/ Wave 64.3.

F

Ferguson, Ch. *General Introduction to the Series*, 1962, Moulton, W., The Sounds of English and German, Chicago: The University of Chicago Press, v-vi

Feilke, H. *Bildungssprachliche Kompetenzen – fördern und entwickeln,* 2012, Praxis Deutsch 233, 4–13

Feilke, H. *Begriff und Bedingung literaler Kompetenz,* 2014 | H. Feilke, T. Pohl (Hg.), 33–53

Feilke, H., Lehnen, K., Steinseifer, M. *Eristische Literalität – Theorie und Parameter einer Kompetenz,* 2019, M. Steinseifer, H. Feilke, K. (Hg.), Eristische Literalität – Wissenschaftlich streiten – Wissenschaftlich schreiben, Heidelberg: Synchron Wissenschaftsverlag der Autoren, 11–33

Feldmeier Garcia, A. *Das DaZ-Buch - Trainingsheft für Zweitschriftlernende*, 2019, Stuttgart: Klett

Forum Bildung *Förderung von Chancengleichheit – Vorläufige Empfehlungen und Expertenbericht*, 2001, (Materialien des Forums Bildung 6), (http://www.blk-bonn.de/papers/forum-bildung/band06.pdf [10.04.2021]

Fthenakis, W.E., Oberhuemer, P. (Hg.) *Frühpädagogik international. Bildungsqualität im Blickpunkt*, 2004, Opladen: Leske & Budrich

Funk, H. *Didaktische Forschung und Lehrwerkspraxis – am Beispiel von* geni@l, 2003, Vortrag gehalten auf der Deutschlehrertagung des Goethe-Instituts Athen, 12.03.2003

Funk, H., Kuhn, Ch., Skiba, D., Spaniel-Weise, D., Wicke, R. *Aufgaben, Übungen, Interaktion*, 2014, München: Klett-Langenscheidt

Fuhrhop, N. *Orthographie*, 2020 (5. aktual. Aufl.), Heidelberg: Winter

Fuhrhop, N. & Müller, A. *Schriftstrukturen entdecken*, 2010, N. Fuhrhop & A. Müller (Hg.), Schriftstrukturen entdecken, Praxis Deutsch 221, 4–13

Furter, R. *Abschlussbericht zum Projekt Passe partout*, 2018. Fribourg. https://nwedk.ch/sites/default/files/upload/Passepartout%20Schlussbericht_2019.pdf [22.3.2022]

G

Gardner, R.C., Lambert, W.E. *Attitudes and Motivation in Second Language Learning*, 1972, Rowley, M.A. : Newbury House

Gardner, R.C., MacIntyre, P. *A student's contributions to second language learning. Part II: Affective Variables*, 1993, Language Teaching 26, 1–11

Gaschke, S. *Sprachlos bunt Gefangen im Ghetto* 2001, DIE ZEIT Nr.21 vom 17.5.2001

Gawlitzek, I., Kümmerling-Meibauer, B. (Hg.) *Mehrsprachigkeit und Kinderliteratur*, 2013, Stuttgart: Fillibach bei Klett

GEBELE, D., ZEPTER, A.L. *Deutsch als Zweitsprache Unterricht mit neu zugewanderten Kindern und Jugendlichen,* 2018, Baltmannsweiler: Schneider Verlag Hohengehren

GIBBONS, P. *Scaffolding Language, Scaffolding Learning. Teaching Second Language Learners in the Mainstream Classroom*, 2015, Portsmouth, NH: Heinemann

GIBBONS, P. *English Learners, Academic Literacy, and Thinking. Learning in the Challenge Zone*, 2009, Portsmouth: Heinemann

GIBBONS, P. *Unterrichtsgespräche und das Erlernen neuer Register in der Zweitsprache,* 2006, P. Mecheril, & Th. Quehl. (Hg.), Die Macht der Sprachen. Englische Perspektiven auf die mehrsprachige Schule, Münster: Waxmann, 269–290

GLÜCK, H. *Die Anfänge des DaF-Unterrichts: Deutsch als Fremdsprache im Mittelalter und in der frühen Neuzeit*, 2000, A. Wolff; H. Tanzer (Hg.): Sprache – Kultur – Politik. (=Materialien Deutsch als Fremdsprache, Bd. 53), Regensburg, 125–140

GOGOLIN, I. *Der monolinguale Habitus der multilingualen Schule,* 2008², Münster: Waxmann

GOGOLIN, I., DUARTE, J. *Migration und sprachliche Bildung,* 2018, I. Gogolin, V. B. Georgi, M. Krüger-Potratz, D. Lengyel, W. Sandfuchs (Hg.), Handbuch Interkulturelle Pädagogik, 2018, Bad Heilbrunn: Klinkhardt, 67–72

GOGOLIN, I, KRÜGER-POTRATZ, M. *Einführung in die Interkulturelle Pädagogik,* 2020 (3., vollständig überarbeitete Auflage), Opladen: Barbara Budrich

GORBATSCHOW, M. *Perestroika. Die zweite russische Revolution – Eine neue Politik für Europa und die Welt*, 1987, Darmstadt: Droemer Knaur

GRIESBACH, H. *Deutsch für Fortgeschrittene. Sprachheft 1*, 1970, München: Hueber

GROTJAHN, R. *Lernstile/Lernertypen*, 2003a, Bausch, K.-R., Christ, H., Krumm, H.J. (Hg.), Handbuch Fremdsprachenunterricht, Tübingen: Francke, 326–331

GROTJAHN, R. *Leistungsmessung und Leistungsbewertung*, 2003b, Hagen: FernUniversität

Grundgesetz für die Bundesrepublik Deutschland vom 23. Mai 1949. Ausgegeben in Bonn am 23. Mai 1949. Bundesgesetzblatt 1949 Nr. 1 (https://www.1000dokumente.de/index.html?c=dokument_de&dokument=0014_gru&object=facsimile&st=&l=de) [16.08.2021]

Grundgesetz für die Bundesrepublik Deutschland (https://www.gesetze-im-internet.de/gg/BJNR000010949.html) [16.08.2021]

Günther, H. *Mündlichkeit und Schriftlichkeit,* 1997, Balhorn, H., Niemann, H. (Hg.): Sprachen werden Schrift, Lengwil: Libelle, 64–73

Günther, H. *Die Sprache des Kindes und die Schrift der Erwachsenen*, 1998, L. Huber, G. Kegel, A. Speck-Hamdan (Hg.), Einblicke in den Schriftspracherwerb. Frankfurt: Westermann, 25–40

H

Haberzettl, S. *Progression im ungesteuerten und im gesteuerten Erwerb*, 2006, B. Ahrenholz (Hg.), Kinder mit Migrationshintergrund. Freiburg im Breisgau: Fillibach, 203–220

Haberzettl, S. *Zweitspracherwerb und Mehrsprachigkeit bei Kindern und Jugendlichen in der Migrationsgesellschaft,* 2014, S. Chilla, S. Haberzettl (Hg.), Handbuch Spracherwerb und Sprachentwicklungsstörungen, München: Elsevier, 3–18

Hallet, W., Königs, F. G. (Hg.) *Handbuch Bilingualer Unterricht,* 2013, Seelze: Klett Kallmeyer

Hammond, J., Gibbons, P. *Putting Scaffolding to work: The contribution of Scaffolding in articulating ESL education*, 2005, Prospect 20/1, 6–30

Heidelberger Forschungsprojekt ‚Pidgin-Deutsch' *Sprache und Kommunikation ausländischer Arbeiter*, 1975, Kronberg/Taunus: Scriptor

Henrici, G., Vollmer, H.J. et al. *Lernen und Lehren von Fremdsprachen: Kognition, Affektion, Interaktion. Ein Forschungsüberblick*, 2001, ZFF 12 (2), 1–145

Hobusch, A., Lutz, N., Wiest, U. *Sprachstandüberprüfung und Förderdiagnostik (SFD). Testverfahren für Grundschulkinder mit Deutsch als Erst- und Zweitsprache,* 2016, Hamburg: Persen

Holder, F. *Wege zum Metaphernverstehen*, 2019, Baltmannsweiler: Schneider Verlag Hohengehren

Hormel, U. *Rassismus und Diskriminierung*, 2018, I. Gogolin, V. B. Georgi, M. Krüger-Potratz, D. Lengyel, U. Sandfuchs (Hg.), Handbuch Interkulturelle Pädagogik, Bad Heilbrunn: Klinkhardt, 81–87

Hurrelmann, B. *Leseleistung – Lesekompetenz. Folgerungen aus PISA mit einem Plädoyer für ein didaktisches Konzept des Lesens als kultureller Praxis*, 2002, Praxis Deutsch 176, 6–18

Hurrelmann, B. *Kinder- und Jugendliteratur in der literarischen Sozialisation*, 2005, G. Lange: Taschenbuch der Kinder- und Jugendliteratur, Bd. 2, Baltmannsweiler: Schneider Verlag Hohengehren, 901–920

Hymes, D. *On Communicative Competence*, 1971, J.B. Pride, J. Holmes (Hg.), 1972, Sociolinguistics. Harmondsworth: Penguin, 269–293

J

Jeuk, S. *Deutsch als Zweitsprache in der Schule Grundlagen – Diagnose – Förderung*, 2013 (2. akt. Aufl.), Stuttgart: Kohlhammer

Jeuk, S., Lütke, B. *Sprachdiagnostik im Primar- und Sekundarbereich*, 2019, S. Jeuk, J. Settinieri (Hg.), 163–195

Jeuk, S., Settinieri, J. (Hg.) *Sprachdiagnostik Deutsch als Zweitsprache – Ein Handbuch*, 2019, Berlin: De Gruyter

Jost, J. & Böttcher, I. *Leistungen messen, bewerten und beurteilen*, 2015[6], M. Becker-Mrotzek & I. Böttcher (Hg.), Schreibkompetenz entwickeln und beurteilen, Berlin: Cornelsen, 113–144

Junk-Deppenmeier, A., Jeuk, S. *Praxismaterial Förderdiagnostik. Werkzeuge für den Sprachunterricht in der Sekundarstufe I*, 2016, Stuttgart: Fillibach bei Klett

K

Kaltenbacher, E., Klages, H. *Sprachprofil und Sprachförderung bei Vorschulkindern mit Migrationshintergrund*, 2006, B. Ahrenholz (Hg.), Kinder mit Migrationshintergrund. Freiburg: Fillibach, 80–97

Kamzela, K. *Schriftsprachen vergleichen Deutsch und Niederländisch*, 2010, N. Fuhrhop & A. Müller (Hg.), Schriftstrukturen entdecken, Praxis Deutsch 221, 28–31

Kaplan, I. *Lehramtsstudierende beurteilen einen Text eines Schülers mit Deutsch als Zweitsprache – eine qualitative Studie*, 2019, I. Kaplan & I. Petersen (Hg.), Schreibkompetenzen messen, beurteilen und fördern, Münster: Waxmann, 141–157

Kaplan, I. *Einstellungen von Lehramtsstudierenden zum Unterricht in sprachlich vielfältigen Klassen – Lehrerprofessionalisierung im Rahmen des Deutsch-als-Zweitsprache-Moduls in NRW* , 2020, N. Masanek & J. Kilian (Hg.), Professionalisierung im Lehramtsstudium Deutsch – Überzeugungen, Wissen, Defragmentierung, Berlin: Lang, 63–89

Kaspar, K., Becker-Mrotzek, M, Hofhues, S. König, J. & Schmeinck, D. (Hg.) *Bildung, Schule, Digitalisierung*, 2020, Münster: Waxmann

Klieme, E. *Zusammenfassung zentraler Ergebnisse der DESI-Studie*, 2006, Frankfurt/M.: Deutsches Institut für Internationale Pädagogische Forschung

Kniffka, G. *Sprachstandsermittlung mittels „Fehleranalyse“*, 2006, D. Heints, J.E. Müller, L. Reiberg, (Hg.), Mehrsprachigkeit macht Schule. KöBeS (4), Duisburg: Gilles & Francke, 73–84

Kniffka, G. *Deutsch als Zweitsprache lernen im Museum – Einblicke in die Ferienschule der Universität zu Köln*, 2008, A. Ballis & K. Spinner (Hg.), 93–114

Kniffka, G. *Fachsensibler Sprachunterricht in der Erstintegration neu zugewanderter Schüler*innen*, 2019, L. Decker, K. Schindler (Hg.), Von (Erst- und Zweit-)Spracherwerb bis zu (ein- und mehrsprachigen) Textkompetenzen. Duisburg: Gilles & Franke, 265–280

Kniffka, G., Benati,R., Sieber, T., Siebert-Ott, G. *Meine Freunde und ich. Deutsch als Zweit- und Fremdsprache für Kinder*, 2019, Stuttgart: Ernst Klett Sprachen

Kniffka, G., Neuer, B. (Hg.) *INTRO Deutsch als Zweitsprache*, 2017, Braunschweig: Westermann

Kniffka, G., Montefiori, N., Dronske, U. *Deutsch als Zweitsprache in der Erstintegration im schulischen Bereich im deutschsprachigen Raum*, 2019, B. Forster Vosicki, C. Gick, Th. Studer, (Hg.) IDT 2017.Band 3: Sprachenpolitik: Expertenberichte und Freiburger Resolution, Berlin: Erich Schmidt Verlag,115–133

Kniffka, G., Riemer, C. *Methodisch-didaktische Prinzipien für die Sprachvermittlung und Sprachförderung DaF und DaZ – mehr Synergien als Unterschiede?*, 2022, Deutsch als Fremdsprache 03/2022, 131–141

Kniffka, G., Roelcke, Th. *Fachsprachenvermittlung im Unterricht*, 2016, Paderborn: Schöningh

Koch, P., Oesterreicher, W. *Sprache der Nähe – Sprache der Distanz. Mündlichkeit und Schriftlichkeit im Spannungsfeld von Sprachtheorie und Sprachgeschichte*, 1986, Romanistisches Jahrbuch 1986, 15–43

Krüger, M. *Übungsabläufe im kommunikativen Fremdsprachenunterricht*, 1981, G. Neuner, M. Krüger, U. Grewer (Hg.), Übungstypologie zum kommunikat ven Deutschunterricht. München, Langenscheidt, 17–28

Kruczinna, R. *Inhalte nutzen, Sprache entwickeln. Der planvolle Weg zu einem sprachbewussten Fachunterricht*, 2010, Benholz, C., Kniffka, G., Winters-Ohle, E. (Hg.) Fachliche und sprachliche Förderung von Schülern mit Migrationsgeschichte. Münster: Waxmann, 187–203

Krüger-Potratz, M. *Interkulturelle Pädagogik*, 2018, I. Gogolin, V.B. Georgi, M. Krüger-Potratz, D. Lengyel, W. Sandfuchs (Hg.) Handbuch Interkulturelle Pädagogik, 2018, Bad Heilbrunn: Klinkhardt, 181–190

Kunter, M. *Lehrer auf dem Prüfstand: Die professionelle Kompetenz von Mathematiklehrkräften*, 2006, Berlin: Max-Planck-Institut für Bildungsforschung (https://www.mpg.de/393446/forschungsSchwerpunkt1 [31.05.2021])

Kunter, M., Baumert, J., Blum, W., Klusmann, U., Krauss, S. Neubrand, M. (Hg.) *Professionelle Kompetenz von Lehrkräften. Ergebnisse des Forschungsprogramms COACTIV* 2011, Münster: Waxmann

L

Laackmann, K. *Hamburger TheaterSprachkamp*, 2008, A. Ballis & K. Spinner (Hg.), 76–92

Lechner, M. *Deutsch als Fremdsprache 1A. Dialogische Übungen*, 1978, Stuttgart: Klett

Legutke, M. *Projektunterricht*, 2003, in: K.R. Bausch et al. (Hg.), Handbuch Fremdsprachenunterricht, Tübingen: Francke, 259–262

Legutke, M. / Thomas, H. *Process and Experience in the Language Classroom*, 1991, New York, London: Routledge

Leisen, J. *Handbuch Sprachförderung im Fach – Sprachsensibler Fachunterricht in der Praxis*, 2013, Stuttgart: Klett

Lemke Muniz De Faria, Y.-C. *Zwischen Fürsorge und Ausgrenzung. Afrodeutsche „Besatzungskinder" im Nachkriegsdeutschland*, 2002, Berlin: Metropol

Leopold, W. *Speech development of a bilingual child*, 1949, New: AMS Press

Lightbown, P.M. *Exploring relationships between developmental and instructional sequences in L2 acquisition*, 1983, H.W. Seliger & M.H. Long (Hg), Classroom Oriented Research in Second Language Acquisition, Rowley, M.A: Newbury House, 217–241

Lightbown, P. M., Spada, N. *How Languages are Learned*, 2013, Oxford: OUP

Linnemann, M., Stephany, S. *Ferienschulen als Feld wissenschaftlicher Exploration*, 2022, P. Gretsch & N. Wulff (Hg.), Deutsch als Zweit- und Fremdsprache in Schule und Beruf. Eine Festschrift für Gabriele Kniffka. Paderborn: Brill/Schöningh, 78–98

Lozanov, G. *Suggestology and Outlines of Suggestopedy*, 1978, New York: Gordon and Breach

Long, M. *Stabilization and Fossilization in Interlanguage Development*, 2003, C. Doughty & M. Long (Hg.), Handbook of second language acquisition Oxford: Blackwell, 487–536

Luchtenberg, S. *Language Awareness*, 2017 (4., vollständig überarbeitete und erweiterte Auflage), B. Ahrenholz & I. Oomen-Welke (Hg.), Deutsch als Zweitsprache, Baltmannsweiler: Schneider Verlag Hohengehren,150–162

Lucy, J. *The Implications of Linguistic Relativity for Language Learning*, 2016, R. Alonso (Hg.), Crosslinguistic Influence in Second Language Learning. Bristol: Multilingual Matters, 53–70

Lukesch, H. *Lernen ohne Anstrengung? Der Sirenengesang der geheimen Verführer*, 2000, Zeitschrift für Pädagogische Psychologie (2000), 14, 59–62. https://doi.org/10.1024//1010-0652.14.23.59

Lüsebrink, H.-J. *Kulturraumstudien und Interkulturelle Kommunikation*, 2008, A. Nünning & V. Nünning (Hg.), Einführung in die Kulturwissenschaften, Stuttgart: Metzler, 307–328

Lüsebrink, H.-J. *Interkulturelle Kommunikation - Interaktion, Fremdwahrnehmung, Kulturtransfer*, 2012 (3., aktualisierte und erweiterte Auflage), Stuttgart: Metzler

Lütke, B., Petersen, I., Tajmel, T. (Hg.) *Fachintegrierte Sprachbildung*, 2017, Berlin: De Gruyter

M

MacIntyre, P. *How does anxiety affect second language learning? A reply to Sparks and Ganschow*, 1995, Modern Language Journal 79/1, 90–99

Maier, H. *25 Jahre Kruzifix-Beschluss: Plötzlich eine fast magische Bildauffassung*, 2020, FAZ-Net 29.05.2020 (https://www.faz.net/aktuell/feuilleton/hans-maier-25-jahre-kruzifix-beschluss-des-bundesverfassungsgerichts-16784030.html [11.04.2021])

Mandl, H. Friedrich, H. & Hron, A. *Psychologie des Wissenserwerbs*, 1986, B. Weidenmann & A. Krapp (Hg.): Pädagogische Psychologie. Weinheim: Beltz, 143–187

Marx, N. *Von einer Didaktik der Mehrsprachigkeit profitieren alle*, 2019, ZMI Magazin 2019, 16–17 (https://zmi-koeln.de/publikation/#1 [01.05.2021])

Masanek, N. & Kilian, J. — *Professionalisierung im Lehramtsstudium Deutsch – Überzeugungen, Wissen, Defragmentierung,* 2020, N. Masanek & J. Kilian (Hg.), Professionalisierung im Lehramtsstudium Deutsch – Überzeugungen, Wissen, Defragmentierung, Berlin: Lang, 9–18

Massumi, M., von Dewitz, N., Grießbach, J., Terhart, H., Wagner, K., Hippmann, K. & Altinay, L. — *Neu zugewanderte Kinder und Jugendliche im deutschen Schulsystem. Bestandsaufnahme und Empfehlungen,* 2015, Köln: Mercator-Institut für Sprachförderung und Deutsch als Zweitsprache und Zentrum für LehrerInnenbildung der Universität zu Köln (https://www.mercator-institut-sprachfoerderung.de/publikationen/ [14.04.2021])

Massumi, M., von Dewitz, N., Grießbach, J. — *Entwicklungen 2015, Neu zugewanderte Kinder und Jugendliche und junge Erwachsene,* 2016, Köln: Mercator-Institut für Sprachförderung und Deutsch als Zweitsprache und Zentrum für LehrerInnenbildung der Universität zu Köln (https://www.mercator-institut-sprachfoerderung.de/publikationen/ [14.04.2021])

Meisel, J. — *Mehrsprachigkeit in der frühen Kindheit: Zur Rolle des Alters bei Erwerbsbeginn,* 2007, T. Anstatt (Hg.), Mehrsprachigkeit bei Kindern und Erwachsenen, Tübingen: Attempto, 93–113

Michalak, M., Lemke, V., Goeke, M. — *Sprache im Fachunterricht – Eine Einführung in Deutsch als Zweitsprache und sprachbewussten Unterricht,* 2015, Tübingen: Narr

Ministerium für Schule, Wissenschaft und Forschung des Landes Nordrhein-Westfalen (Hg.) — *Muttersprachlicher Unterricht. Lehrplan für die Jahrgänge 1 bis 4 und 5 und 6,* 2000, Frechen: Ritterbach

Ministerium für Schule, Wissenschaft und Forschung des Landes Nordrhein-Westfalen (Hg.) — *Kernlehrplan für den Muttersprachlichen Unterricht in der Sekundarstufe I und für den Unterricht in der Muttersprache anstelle einer zweiten oder dritten Pflichtfremdsprache in den Klassen 7–10,* 2006, Frechen: Ritterbach

Ministerium für Schule und Weiterbildung des Landes Nordrhein-Westfalen (Hg.) *Hinweise und Materialien für einen systematischen Rechtschreibunterricht in der Primarstufe in NRW – Handreichung* 2019 (2. Aufl.), Düsseldorf: Ministerium für Schule und Bildung des Landes Nordrhein-Westfalen (https://www.schulentwicklung.nrw.de/cms/grundwortschatz-nrw/handreichung/index.html [01.07.2021])

Ministerium für Schule und Bildung des Landes Nordrhein-Westfalen (Hg.) *Lehrplanentwurf Deutsch für die Primarstufe* 2021 (https://www.schulentwicklung.nrw.de/lehrplaene/lehrplannavigator-grundschule/ [28.06.2021]).

MLAT Modern Language Aptitude Test (MLAT), lltf.net/mlat-sample-items/mlat-part-iv, (15.01.2023)

Morek, M, Heller, V. *Bildungssprache – Kommunikative, epistemische, soziale und interaktive Aspekte ihres Gebrauchs*, 2012, Zeitschrift für Angewandte Linguistik 57, 67–101

Morris-Lange, S., Wagner, K. & Altinay, L. *Lehrerbildung in der Einwanderungsgesellschaft – Qualifizierung für den Normalfall Vielfalt,* 2016, Forschungsbereich beim Sachverständigenrat deutscher Stiftungen für Integration und Migration (Hg.), Policy Brief des SVR-Forschungsbereichs 2016–4 sowie Policy Brief des SVR-Forschungsbereichs und des Mercator Instituts für Sprachförderung und Deutsch als Zweitsprache, gefördert von der Stiftung Mercator, Berlin: SVR-GmbH

Motsch, H.-J. *ESGRAF-MK. Evozierte Diagnostik grammatischer Fähigkeiten für mehrsprachige Kinder,* 2011, München: Ernst Reinhardt

Moulton, W. *The Sounds of English and German*, 1962, Washington: Center for Applied Linguistics

Müller, A. *Rechtschreiben lernen. Die Schriftstruktur entdecken – Grundlagen und Übungsvorschläge,* 2017, Seelze: Klett Kallmeyer

Müller, N., Kupisch, T., Schmitz, K., Cantone, K. *Einführung in die Mehrsprachigkeitsforschung*, 2011 (3., überarbeitete Auflage), Tübingen: Narr

Müller, N., Schmitz, K. *Mehrsprachigkeit von Geburt an*, 2020 (2. aktualisierte und erweiterte Auflage), R. Braches-Chyrek, C. Röhner, H. Sünker, Hopf (Hg.): Handbuch frühe Kindheit, Opladen: Budrich, 215–229

N

Näger, S. *Literacy – Kinder entdecken Buch-, Erzähl- und Schriftkultur*, 2017, Freiburg im Breisgau: Herder

Naumann, C. L. & Weinhold, S. *Rechtschreiben*, 2018⁶, A. Bremerich-Vos, D. Granzer, U. Behrens, O. Köller (Hg.) Bildungsstandards Deutsch für die Grundschule: konkret, Berlin: Cornelsen, 185–201

Nauwerk, P. (Hg.) *Kultur der Mehrsprachigkeit in Schule und Kindergarten*, 2009, Freiburg im Breisgau: Fillibach

Neugebauer, U., Becker-Mrotzek, M. *Die Qualität von Sprachstandsverfahren im Elementarbereich – Eine Analyse und Bewertung*, 2013, Köln: Mercator-Institut für Sprachförderung und Deutsch als Zweitsprache

Neuner, G. *Lehrwerkforschung – Lehrwerkkritik*, 1994, B. Kast & G. Neuner (Hg.), Zur Analyse, Begutachtung und Entwicklung von Lehrwerken. München: Langenscheidt, 8–22

Neuner, G. *Deutschlernen in deutschsprachiger Umgebung – Fragen und Aspekte der Entwicklung einer Zweitsprachendidaktik*, 1995, V. Kilian, G. Neuner, W. Schmitt (Hg.), Deutsch als Zweitsprache in der Erwachsenenbildung. Curriculumentwicklung – Übungsmaterial – Lehrerfortbildung. Berlin/München: Langenscheidt, 25–41

Neuner, G. *Vermittlungsmethoden: Historischer Überblick*, 2003, K-R.Bausch, H. Christ, H.J. Krumm (Hg.), Handbuch Fremdsprachenunterricht, Tübingen: Francke, 225–234

Neuner, G., Hunfeld, H. *Methoden des fremdsprachlichen Deutschunterrichts. Eine Einführung*, 1993, Berlin/München: Langenscheidt

O

OECD *Ländernotiz Programme for International Student Assessment (PISA) . PISA 2018 Ergebnisse*, 2019, (https://www.oecd.org/pisa/publications/PISA2018_CN_DEU_German.pdf [09.04.2021])

Ohm, U. *Literater Sprachausbau im Übergang Schule-Beruf. Sprachentwicklung als konstitutives Moment fachlichen Lernens und beruflichen Handelns mit einem Fokus auf Deutsch als Zweitsprache,* 2016, A. Daase, U. Ohm, & M. Mertens, (Hg.), Interkulturelle und sprachliche Bildung im mehrsprachigen Übergangsbereich. Münster: Waxmann, 227–261

Oomen-Welke, I. *Entwicklung sprachlichen Wissens und Bewusstseins im mehrsprachigen Kontext,* 2006 (2. Aufl.), U. Bredel, H. Günther, V. Klotz, J. Ossner, G. Siebert-Ott (Hg.), Didaktik der deutschen Sprache, Bd. 1, Paderborn u.a.: Schöningh, 30–41

Oomen-Welke, I. *Präkonzepte: Sprachvorstellungen ein- und mehrsprachiger SchülerInnen,* 2017a (4., vollständig überarbeitete und erweiterte Auflage), B. Ahrenholz & I. Oomen-Welke (Hg.), Deutsch als Zweitsprache, Baltmannsweiler: Schneider Verlag Hohengehren, 493–506

Oomen-Welke, I. *Didaktik der Sprachenvielfalt,* 2017b (4., vollständig überarbeitete und erweiterte Auflage), B. Ahrenholz, I. Oomen-Welke (Hg.), Deutsch als Zweitsprache, Baltmannsweiler: Schneider Verlag Hohengehren, 617–632

Oomen-Welke, I. *Deutsch und andere Sprachen im Vergleich,* 2017c (4., vollständig überarbeitete und erweiterte Auflage), B. Ahrenholz & I. Oomen-Welke (Hg.), Deutsch als Zweitsprache, Baltmannsweiler: Schneider Verlag Hohengehren, 69–84

Oomen-Welke, I. *Mehrsprachigkeit in der Klasse – ein Schritt zu Sprachenlernen, Methodenkompetenz und Miteinander,* 2019, S. Schmölzer-Eibinger, M. Akbulut, B. Bushati (Hg.), Mit Sprache Grenzen überwinden – Sprachlernen und Wertebildung im Kontext von Flucht und Migration. Münster: Waxmann, 117–140

Oomen-Welke, I. & Bremerich-Vos, A. *Sprache und Sprachgebrauch untersuchen,* 2014, U. Behrens, A. Bremerich-Vos, M. Krelle, K. Köhme, S. Hunger, (Hg.) Bildungsstandards Deutsch: konkret. Sekundarstufe I: Aufgabenbeispiele, Unterrichtsanregungen, Fortbildungsideen, Berlin: Cornelsen, 215–246

Oomen-Welke, I. & Kühn, P. *Sprache und Sprachgebrauch untersuchen,* 2018, A. Bremerich-Vos, D. Granzer, U. Behrens, O. Köller (Hg.) Bildungsstandards Deutsch für die Grundschule: konkret, Berlin: Cornelsen, 139–184

Ossner, J. *Kompetenzen und Kompetenzmodelle im Deutschunterricht*, 2006, Didaktik Deutsch 21, 5–19

Ossner, J. *Sprachdidaktik Deutsch. Eine Einführung für Studierende*, 2008 (2. überarbeitete Aufl.), Paderborn: Schöningh

P

Petersen, I. *Messung, Beurteilung und Förderung von Schreibkompetenz in Deutsch als Erst- und Zweitsprache – ein Überblick*, 2019, I. Kaplan & I. Petersen (Hg.) Schreibkompetenzen messen, beurteilen und fördern, Münster: Waxmann, 11–36

Pinker, S. *Language Learnability and Language Development*, 1984, Cambridge, Mass.: Havard University Press

Pinker, S. *Der Sprachinstinkt. Wie der Geist die Sprache bildet*, 1996, München: Kindler

Q

Quehl, Th., Trapp, U. *Sprachbildung im Sachunterricht der Grundschule*, 2013, Münster: Waxmann

R

Ranta, L. *The role of learners' language analytic ability in the communicative classroom*, 2002, P. Robinson (Hg.), Individual Differences and Instructed Language Learning, Amsterdam: John Benjamins. 159–180

Reich, H. *Tests und Sprachstandsmessungen bei Schülern und Schülerinnen, die Deutsch nicht als Muttersprache haben*, 2003, U. Bredel et al. (Hg), Didaktik der deutschen Sprache, Bd. 2, Paderborn: Schöningh, 914–923

Reich, H.H., Jeuk, S. *Sprachstandserhebungen ein- und mehrsprachig*, 2017, B. Ahrenholz & I. Oomen-Welke (Hg.), 548–569

Reich, H. H., Roth, H.-J. in Zusammenarbeit mit I. Dirim, J.N. Jørgensen, Gu. List, U. Neumann, G. Siebert-Ott, U. Steinmüller, F. Teunissen, T. Vallen, V. Wurnig *Spracherwerb zweisprachig aufwachsender Kinder und Jugendlicher. Ein Überblick über den Stand der nationalen und internationalen Forschung*, 2002, (https://www.foermig.uni-hamburg.de/pdf-dokumente/spracherwerb.pdf [22.02.21])

Reich, H. H., Roth, H.-J. *HAVAS-5. Hamburger Verfahren zur Analyse des Sprachstandes bei 5-Jahrigen*, 2004, Hamburg: Landesinstitut für Lehrerbildung und Schulentwicklung

Reich, H. H., Roth, H.-J., Döll, M. *Der Sturz ins Tulpenbeet. Deutsche Sprachversion, Auswertungsbogen und Auswertungshinweise* 2009 | T. Klinger, K. Schwippert, B. Leiblein (Hg.), Evaluation im Modellprogramm FÖRMIG, Planung und Realisierung eines Evaluationskonzepts, Münster: Waxmann, 207–241

Reich, H. H., Roth, H.-J., Gantefort, C. *Fast Catch Bumerang – Auswertungshinweise, Schreibimpulse und Auswertungsbogen,* 2008, D. Lengyl, H.H. Reich, H.-J. Roth & M. Döll (Hg.), Von der Sprachdiagnose zur Sprachförderung, Münster: Waxmann, 209–237

Reithofer, R. *Grenzziehungen im kolonialistischen Migrationsdiskurs – Fremdheitsproduktion und illiberale Demokratie,* 2019, S. Schmölzer-Eibinger, M. Akbulut, B. Bushati (Hg.), Mit Sprache Grenzen überwinden – Sprachlernen und Wertebildung im Kontext von Flucht und Migration. Münster: Waxmann, 29–39

Richards, J. C., Rodgers, Th. S. *Approaches and Methods in Language Teaching*, 2014[3], Cambridge: CUP

Riehl, C. *Sprachkontaktforschung. Eine Einführung*, 2014 (3., überarbeitete Auflage), Tübingen: Narr

Riemer, C. *Motivation*. 2010, W. Hallet & F.G. Königs (Hg.), Handbuch Fremdsprachendidaktik. Seelze-Velber: Klett-Kallmeyer, 168–172

Riemer, C. *Affektive Faktoren*, 2016, E. Burwitz-Melzer, G. Mehlhorn, C. Riemer, K.R. Bausch, H.J. Krumm (Hg.), Handbuch Fremdsprachenunterricht. Tübingen: A. Francke, 271.

Röber-Siekmeyer, Ch. *Die Entwicklung orthographischer Fähigkeiten im mehrsprachigen Kontext*, 2006, U. Bredel, H. Günther, V. Klotz, J. Ossner, G. Siebert-Ott (HG.), Bd. 1, 392–403

Röber, Ch. & Olfert, H. (Hg.) *Schriftsprache- und Orthographieerwerb: Erstlesen, Erstschreiben*, 2011, Baltmannsweiler: Schneider Hohengehren

Rösch, H. *Das Jacobs-Sommercamp – neue Ansätze zur Förderung von Deutsch als Zweitsprache*, 2006, B. Ahrenholz. (Hg.): Kinder mit Migrationshintergrund – Spracherwerb und Fördermöglichkeiten, Freiburg: Fillibach, 287–302

Rösch, H. *Mercator-Feriencamps in Berlin* , 2008, A. Ballis & K. Spinner (Hg.), 33–52

Rösler, D. *Deutsch als Fremdsprache*, 1994, Stuttgart/Weimar: Metzler

Rohlfing, K. J. *Frühe Sprachentwicklung*, 2019, Tübingen: Narr Francke Attempto

Ronjat, J. *Le développement du langage oberservé chez un enfant bilingue*, 1913, Paris: Champion

Rothland, M., Herlinger, S. (Hg.) *Digital ?! Perspektiven der Digitalisierung für den Lehrerberuf und die Lehrerbildung* 2020, Münster: Waxmann

Rothweiler, M. *Bilingualer Spracherwerb und Zweitspracherwerb*, 2007, M. Steinbach et al. (Hg.), Schnittstellen der germanistischen Linguistik, Stuttgart: Metzler, 103–135

Rothweiler, M. *Spracherwerb*, 2015 (3. überarbeitete und aktualisierte Auflage), J. Meibauer et al. (Hg.), Einführung in die germanistische Linguistik, Stuttgart: Metzler, 255–297

Ruberg, T., Rothweiler, M. *Spracherwerb und Sprachförderung in der der KiTa*, 2012, Stuttgart: Kohlhammer

S

Sächsisches Staatsministerium für Kultus *Lehrplan für Vorbereitungsgruppen / Vorbereitungsklassen an allgemeinbildenden Schulen Deutsch als Zweitsprache* 2021, Dresden: Sächsisches Staatsministerium für Kultus (http://lpdb.schule-sachsen.de/lpdb/web/downloads/1_lp_daz_allgemeinbildende_schule_2021.pdf?v2/)

Sächsisches Staatsministerium für Kultus *Lehrplan für Vorbereitungsgruppen / Vorbereitungsklassen an Berufsbildenden Schulen Deutsch als Zweitsprache* mit Grundlagen der Ausbildungsreife und Berufsorientierung 2017, Dresden: Sächsisches Staatsministerium für Kultus (www.bildung.sachsen.de/apps/lehrplandb/)

Sandfuchs, U., Zumhasch, C., Kaweik, H. & Sewin, S. (Hg.) *Bilingue e interculturale. Konzept, Praxis und Evaluation der Deutsch-Italienischen Gesamtschule Wolfsburg*, 2013, Bad Heilbrunn: Klinkhardt

Schader, B. *Sprachenvielfalt als Chance: Handbuch für den Unterricht in mehrsprachigen Klassen. Hintergründe und 95 Unterrichtsvorschläge für Kindergarten bis Sekundarstufe I*, 2012, Zürich: Orell Füssli

Scheerer-Neumann, G. *Entwicklung der basalen Lesefähigkeit*, 2006, U. Bredel, H. Günther, V. Klotz, J. Ossner, G. Siebert-Ott (Hg.), Bd. 1, 513–524

Schindler, K, Rosell, S, Gleis, A. *Wissenschaftliches Schreiben an der Schule lernen? Überlegungen am Beispiel der Facharbeit*, 2018, S. Schmölzer-Eibinger, B. Bushati, C. Ebner, L. Niederdorfer (Hg.), Wissenschaftliches Schreiben lehren und lernen. Diagnose und Förderung wissenschaftlicher Textkompetenz in Schule und Universität, Münster: Waxmann, 105–123

Schindler, K., Siebert-Ott, G. *Textkompetenzen im Übergang Oberstufe – Universität*, 2012, H. Feilke, J. Köster, M. Steinmetz (Hg.), Textkompetenzen in der Sekundarstufe II. Freiburg: Filibach, 151–175

Schindler, K., Siebert-Ott, G. *Schriftspracherwerb im Kontext von Mehrsprachigkeit*, 2014a, S. Chilla, S. Haberzettl (Hg.), Handbuch Spracherwerb und Sprachentwicklungsstörungen. Mehrsprachigkeit. München: Elsevier, 39–51

Schindler, K. & Siebert-Ott, G. *Schreiben in der Zweitsprache*, 2014b, H. Feilke, T. Pohl (Hg.), Schriftlicher Sprachgebrauch / Texte verfassen. Baltmannsweiler: Schneider Verlag Hohengehren, 195–215

Schmölzer-Eibinger, S., Dorner, M., Langer, E., Helter-Pacher, M.-R. *Sprachförderung im Fachunterricht in sprachlich heterogenen Klassen*, 2014, Stuttgart: Fillibach bei Klett

Schmölzer-Eibinger, S., Akbulut, M., Bushati, B. (Hg.) *Mit Sprache Grenzen überwinden – Sprachlernen und Wertebildung im Kontext von Flucht und Migration*, 2019, Münster: Waxmann

Schnieders, G., Komor. A. — *Eine Synopse aktueller Verfahren der Sprachstandsfeststellung*, 2005, | Bundesministerium für Bildung und Forschung (Hg.), Bonn, Berlin: BMBF, 261–342

Schöndorf, S. & Steinmetz, E. — *Umgang mit heterogenen Gruppen in der DaZ-Weiterbildung der Universität Siegen*, 2021, J. Asmacher, C. Serrand, H. Roll (Hg.) Universitäre Weiterbildungen im Handlungsfeld von Deutsch als Zweitsprache, Münster: Waxmann, 143–170

Schründer-Lenzen, A. — *Schriftspracherwerb*, 2013 (4., völlig überarbeitete Auflage), Wiesbaden: Springer VS

Schüller, L., Bulizek, B., Fiedler, M. — *Digitale Medien und Inklusion im Deutschunterricht*, 2021, Münster: Waxmann

Schulz, P. & Tracy, R. — *LiSe-DaZ. Linguistische Sprachstandserhebung – Deutsch als Zweitsprache*, 2011, Göttingen: Hogrefe

Searle, J.R. — *Speech acts. An essay in the philosophy of language*, 1969, Cambridge: CUP

Sekretariat der Ständigen Kultusministerkonferenz der Länder in der Bundesrepublik Deutschland (Hg.) — *Bildungsstandards im Fach Deutsch für den Mittleren Schulabschluss – Beschluss vom 04.12.2003*, 2004, München: Wolters Kluwer URL: https://www.kmk.org/fileadmin/veroeffentlichungen_beschluesse/2003/2003_12_04-BS-Deutsch-MS.pdf [12.07.2021]

Sekretariat der Ständigen Kultusministerkonferenz der Länder in der Bundesrepublik Deutschland (Hg.) — *Bildungsstandards im Fach Deutsch für den Primarbereich – Beschluss vom 15.10.2004*, 2005, München: Wolters Kluwer URL: https://www.kmk.org/fileadmin/Dateien/veroeffentlichungen_beschluesse/2004/2004_10_15-Bildungsstandards-Deutsch-Primar.pdf [12.07.2021]

Selinker, L. — *Interlanguage*, 1972, International Review of Applied Linguistics 24, 209–239

Senatsverwaltung für Jugend, Bildung und Familie — *Rahmenvorgaben der Staatlichen Europa-Schule Berlin (SESB) als Schule besonderer pädagogischer Prägung*, 2018, (https://www.berlin.de>schule>sesb-rahmen-2018.pdf [13.07.2021])

Shanahan, T., Shanahan, C. *Teaching Disciplinary Literacy to Adolescents. Rethinking Content Area Literacy*, 2008, Harvard Educational Review, Vol. 78, I. 1 (2008), 40–59

Shanahan, T., Shanahan, C. *What is Disciplinary Literacy and Why Does It Matter?*, 2012, Topics in Language Disorders, Vol. 32, I. 1, 7–18

Sieber, P. *Sprachförderung – mit PISA in anderem Licht?*, 2003, Didaktik Deutsch 15, 4–17

Siebert-Ott, G. *Frühe Mehrsprachigkeit*, 2001, Tübingen: Niemeyer

Siebert-Ott, G. *Muttersprachendidaktik – Zweitsprachendidaktik – Fremdsprachendidaktik – Multilingualität*, 2006a, U. Bredel, H. Günther, V. Klotz, J. Ossner, G. Siebert-Ott, (Hg.), Bd. 1, Paderborn u.a.: Schöningh, 30–41

Siebert-Ott, G. *Entwicklung der Lesefähigkeiten im mehrsprachigen Kontext*, 2006b, U. Bredel, H. Günther, V. Klotz, J. Ossner, G. Siebert-Ott (Hg.), Bd. 1, Paderborn u.a.: Schöningh, 536–547

Siebert-Ott, G. *Mehrsprachigkeit als Bildungsressource und die Sozialisationsrolle von Kinderbüchern*, 2011, JuLit 2, 9–13

Siebert-Ott, G. *Spracherwerb: ein- und mehrsprachig*, 2017, M. Becker-Mrotzek & H.J. Roth, (Hg.), Sprachliche Bildung - Grundlagen und Handlungsfelder, Münster: Waxmann, 173.

Siebert-Ott, G., Decker, L. *Zweisprachige und mehrsprachige Schulen*, 2017 (4., vollständig überarbeitete und erweiterte Auflage), B. Ahrenholz & I. Oomen-Welke (Hg.), Deutsch als Zweitsprache, Baltmannsweiler: Schneider Verlag Hohengehren, 633–643

Siebert-Ott, G., Decker, L. *Zum Umgang mit sprachlicher Diversität an deutschen Schulen*, 2018, D. Gebele & A. L. Zepter (Hg.), Deutsch als Zweitsprache Unterricht mit neu zugewanderten Kindern und Jugendlichen, Baltmannsweiler: Schneider Verlag Hohengehren, 16–31

Siebert-Ott, G., Decker, L., Kaplan, I., Macha, K. *Akademische Textkompetenzen bei Studienanfängern und fortgeschrittenen Studierenden des Lehramtes (AkaTex). Kompetenzmodellierung und erste Ergebnisse der Kompetenzerfassung*, 2015, U. Riegel, I. Schubert, G. Siebert-Ott, K. Macha (Hg.): Kompetenzmodellierung und Kompetenzmessung in den Fachdidaktiken. Münster: Waxmann, 257-273

Skinner, B. F. *Verbal behavior,* 1957, New York: McMillan

Somani, N., Mobbs, M. *Using Pauline Gibbons' Planning Framework: Examples of Practice*, 1997, NALDIC News 13, November 1997

Spiewak, M. *Gefangen im Ghetto* 2000, DIE ZEIT Nr.16 vom 13.4.2000

Staatsministerium für Wissenschaft und Kunst des Freistaates Sachsen *Fünfter Bericht der Sächsischen Staatsregierung zur Lage des sorbischen Volkes,* 2017, Dresden: Sächsisches Staatsministerium für Wissenschaft und Kunst

Stanat, P., Baumert, J., Müller, A.G. *Das Jacobs Sommercamp in Bremen,* 2008, A. Ballis & K. Spinner (Hg.), 14–32

Steinhoff, T. *Differenzierte Schülertextbeurteilung. Entwicklungs-, Prozess- und Situierungsdimension,* 2010, T. Pohl & T. Steinhoff (Hg.), Textformen als Lernformen, Duisburg: Gilles & Francke, 257–280

Steinig, W., Ramers, K.H. *Orthographie,* 2020, Tübingen: Narr

Sunderland, J. *Language and gender in second and foreign language education*, 2000, Language Teaching 33, 203–223

Sweet, H. *A Practical Study of Languages*, 1899, Neudruck London: OUP

T

Tanger, G. *Muss der Sprachunterricht umkehren? Ein Beitrag zur neusprachlichen Reformbewegung im Zusammenhange mit der Überbürdungsfrage*, 1888, Berlin: Langenscheidtsche Verlags-Buchhandlung.

Thoma, D., Tracy, R. *Deutsch als frühe Zweitsprache: zweite Erstsprache?,* 2006, B. Ahrenholz (Hg.): Kinder mit Migrationshintergrund. Spracherwerb und Fördermöglichkeiten, Freiburg: Fillibach, 58–79

Tracy, R. *Spracherwerb und Mehrsprachigkeit,* 2020 (2.aktualisierte und erweiterte Auflage), R. Bracher-Chyrek, C. Röhner, H. Sünker, M. Hopf (Hg.), *Handbuch frühe Kindheit,* Opladen: Budrich, 187–199

TOMASELLO, M. *Constructing a Language: A Usage-Based Theory of Language Acquisition,* 2005, Havard: University Press

U

UHMANN, S. *Das Mittelfeld im Gespräch,* 1993, M. Reis (Hg.), Wortstellung und Informationsstruktur, Tübingen: Niemeyer, 313–354

ULICH, M., MAYR, T. *SISMIK - Sprachverhalten und Interesse an Sprache bei Migrantenkindern in Kindertageseinrichtungen,* 2003, Freiburg: Herder

ULICH, M., MAYR, T. *SELDAK, Sprachentwicklung und Literacy bei deutschsprachig aufwachsenden Kindern, 10 Bögen (Broschiert) Begleitheft mit Beobachtungsbögen,* 2006, Freiburg: Herder

UNABHÄNGIGE KOMMISSION ZUWANDERUNG *Zuwanderung gestalten – Integration fördern,* 2001, Berlin: Bundesministerium des Inneren Öffentlichkeitsarbeit

V

VAN AVERMAET, P., SLEMBROUK, S., VAN GORP, K., SIERENS, S., MARYNS, K. *Introduction: The Multilingual Edge of Education,* 2018, P. Van Avermaet, S. Slembrouk, K. Van Gorp, S. Sierens, K. Maryns (Hg.), The Multilingual Edge of Education, London: Palgrave Macmillan, 1–6

VAN AVERMAET, P., SLEMBROUK, S. VAN GORP, K., . SIERENS, S, MARYNS, K. (HG.) *The Multilingual Edge of Education,* 2018, London: Palgrave Macmillan

VIËTOR, W. *Der Sprachunterricht muss umkehren. Ein Beitrag zur Überbürdungsfrage von Quousqua tandem,*1882, Heilbronn: Henninger

VOGT, M. E. *Making Content Comprehensible for Language Minority Students in the Mainstream Classroom: The SIOP Model,* 2010, C. Benholz, G. Kniffka, E. Winters-Ohle (Hg.), Fachliche und sprachliche Förderung von Schülern mit Migrationsgeschichte. Münster: Waxmann, 39–52

W

Weinert, F. E. *Vergleichende Leistungsmessung in Schulen – eine umstrittene Selbstverständlichkeit*, 2001, F. E. Weinert (Hg.), Leistungsmessung in Schulen. Weinheim: Beltz, 17–32

Weinrich, L. *„Königinnen und Könige der Farben“ Ein Sprachfördercamp für Kölner Grundschulkinder*, 2008, A. Ballis & K. Spinner (Hg.), 115–134

Wieler, P. *Vorlesen in der Familie – Fallstudie zur literarisch-kulturellen Sozialisation von Vierjährigen*, 1997, Weinheim: Juventa

Wieler, Petra *Vorlesen, Erzählen – ein- und mehrsprachige Kinder auf dem Weg zur Literalität*, 2017, B. Ahrenholz & I. Oomen-Welke, (Hg.), 341–352

Wierlacher, A., Bogner, A. (Hg.) *Handbuch interkulturelle Germanistik*, 2003, Stuttgart: Metzler

Wode, H. *Einführung in die Psycholinguistik*, 1993, Ismaning: Hueber

Wode, H. *Lernen in der Fremdsprache: Immersion und bilingualer Unterricht*, 1995, Ismaning: Hueber

Woerfel, T., Höfler, M., Witte, A., Knaus, A., Twente, L., Wanka, R., Becker-Mrotzek, M. *Protokoll: Systematisches Review zur Wirkung von didaktisch-methodischen Ansätzen des sprachsensiblen Unterrichts*, 2020, Köln

Z

Zepter, A. L. *Sprache und Körper – Vom Gewinn der Sinnlichkeit für Sprachdidaktik und Sprachtheorie* 2013, Frankfurt am Main: Peter Lang

Zepter, A. L. *Schreiben im bildungssprachlichen Register: Generative Textproduktion in der Sekundarstufe*, 2018, D. Gebele & A.L. Zepter, (Hg.), Deutsch als Zweitsprache. Unterricht mit neu zugewanderten Kindern und Jugendlichen, Baltmannsweiler: Schneider Verlag Hohengehren, 124–140

ZEPTER, A.L. *Grammatisches Lernen in der Zweitsprache performativ gestützt. Beispiel Präpositionen und Kasus,* 2019, L. Decker & K. Schindler (Hg.), Von (Erst- und Zweit-)Spracherwerb bis zu (ein- und mehrsprachigen) Textkompetenzen, Duisburg: Gilles & Francke, 281–301

ZIMMER, D.E. *Lieber gleich ins kalte Wasser,* 1998, DIE ZEIT Nr.47 vom 12.11.1998

‚ZUWANDERUNGSGESETZ' *Gesetz zur Steuerung und Begrenzung der Zuwanderung und zur Regelung des Aufenthalts und der Integration von Unionsbürgern und Ausländern (Zuwanderungsgesetz) vom 30.Juli 2004* | Bundesgesetzblatt Jahrgang 2004 Teil I Nr. 41, ausgegeben zu Bonn am 5. August 2004

Register | 7